La Critique stendhalienne de Balzac à Zola

La Critique stendhalienne de Balzac à Zola

Textes choisis et présentés

par

Emile Talbot

French Literature Publications Company
York, South Carolina
1979

Publication of this volume was made possible through a generous grant from the Graduate Research Board of the University of Illinois at Urbana-Champaign.

Une partie de l'introduction à ce volume a été publiée sous forme d'article dans la revue *Stendhal-Club,* numéro 80 (juillet 1978), pp. 343-355.

TABLE

Introduction

«Je pensais n'être pas lu avant 1880.»[1] On a souvent cité
cette prédiction de Stendhal faite dans une lettre à Balzac en
1840. On sait qu'il proposa ailleurs encore d'autres dates, mais
celle de 1880 est devenue célèbre parce qu'elle semble se révéler
une prophétie assez exacte: c'est en effet en 1882 que la gloire
de Stendhal se voit consacrée par un article de Bourget, et dans
la décennie suivante que Casimir Stryienski révèle au monde des
lettres d'importantes œuvres inédites de l'auteur du *Rouge*.
Stendhal aurait ainsi prédit sa propre renommée avec une exactitude étonnante. Toutefois, cette date proposée par Stendhal
lui-même n'a-t-elle pas contribué à obscurcir le vrai développement de la critique stendhalienne? Il ne faudrait pas oublier que,
si l'article de Bourget s'impose comme un des points marquants
de la critique de l'œuvre de Beyle, cet essai ne vint nullement
combler un vide. De fait, une tradition de critique stendhalienne
existe à partir du vivant même de Stendhal.

On a souvent répété qu'au lendemain de ses obsèques, les
journaux n'accordèrent que quelques lignes à l'annonce de la
mort de Henri Beyle. Ce sont là, toutefois, des renseignements
trompeurs, car on pourrait en déduire, faussement, que Stendhal
n'était pas, en fin de compte, une personnalité bien connue à
son époque. De fait, il avait déjà atteint une certaine réputation.
Si les notices nécrologiques furent brèves et même erronées,
elles furent compensées dans les quelques semaines qui suivirent
par des articles fort favorables à Stendhal dans le *National* et dans
le *Courrier français*. De son vivant, ses essais ayant trait à l'Italie
avaient été bien remarqués, même à l'étranger, et assez lus.
Même ses romans n'étaient pas passés inaperçus. Rappelons, à
titre d'exemple, que *le Rouge et le Noir* avait été l'objet de
comptes rendus dans des journaux et revues estimés, tels que la
Revue de Paris, la *Revue encyclopédique*, la *Gazette littéraire*, la
Gazette de France, le *Mercure du XIXe siècle*, l'*Artiste*, le *Temps*
et le *Journal des Débats*. Si ces comptes rendus ne furent pas

toujours élogieux (la *Gazette de France* appela le *Rouge* une
«honteuse production»), ils ont du moins fait connaître ce roman
qui, selon les mots de Jules Janin dans les *Débats,* «mérite
d'être lu» et se révèle «digne d'être étudié.»[2] Rappelons également que *la Chartreuse de Parme* avait suscité l'article d'Arnould
Frémy dans la *Revue de Paris,* et que Balzac avait consacré un
numéro entier de sa *Revue parisienne* à son éloge. N'oublions
pas, non plus, que si Beyle reçut la croix de la Légion d'honneur,
ce fut à titre d'homme de lettres plutôt qu'à titre de serviteur
distingué des intérêts de la France comme il l'aurait préféré.

Ne serait-il pas, toutefois, tombé dans l'oubli après sa
mort? Nullement. Paul Jacquinet, professeur de langue et de
littérature françaises à l'Ecole Normale Supérieure, suscita,
surtout dans les années 1848-1850, un véritable engouement
pour Stendhal. Ses élèves, devenus professeurs, initièrent par la
suite leurs propres étudiants au «culte» beyliste. Plusieurs des
critiques qui précèdent Bourget ont remarqué, de fait, la réputation croissante de Stendhal. Du vivant de Stendhal, Arnould
Frémy s'était déjà référé à *Rouge et Noir* en tant que «roman
que tout le monde a lu, que tout le monde a dans sa mémoire.»[3]
En 1853 le même critique constata: «Pourtant, les esprits qui,
aujourd'hui, recherchent Stendhal avec le plus d'amour sont
précisément les plus jeunes. . . Ils aiment Stendhal, ils parlent
de lui tous les jours avec une sorte d'exaltation.»[4] Cette même
année, Charles Monselet se référa à «ce Stendhal, de qui l'on
paraît vouloir s'engouer aujourd'hui.»[5] Au dire de Sainte-Beuve,
Stendhal était déjà presque un classique en 1854. «Dix ans à
peine écoulés, écrit le critique des *Lundis,* voilà toute une génération nouvelle qui se met à s'éprendre de ses œuvres, à le rechercher, à l'étudier en tous sens presque comme un ancien, presque
comme un classique; c'est autour de lui et de son nom comme
une Renaissance.»[6] Déjà en 1868, Albert Collignon, publiant
un volume sur *L'Art et la Vie de Stendhal,* a pu commencer son
introduction en citant les noms de dix-huit commentateurs de
Stendhal qui l'avaient précédé. Si Stendhal ne devint pas rapidement un phénomène populaire, il est visible que dans les vingt-
cinq ans qui ont suivi sa mort, il a été lu et commenté par les
lettrés. Reste à savoir si ces commentateurs l'ont tous compris. . .

Avouons qu'il a été méconnu par certains, car dès la
parution de ses premiers ouvrages, il y a eu des gens qui se sont

obstinés à ne pas le comprendre. Il y a au dix-neuvième siècle —et jusqu'à un certain point au vingtième siècle—une critique négative de Stendhal, critique qui provient partiellement de gens hostiles à Stendhal, à laquelle se joignent des commentateurs qui lui sont, pour la plupart, favorables. Cette critique atteint et l'homme et ses techniques romanesques.

Certains ont vu dans Henri Beyle un être foncièrement immoral, un cynique de la pire espèce. Elme Caro, par exemple, nous présente un mauvais ami, un mépriseur d'hommes, qui manque de sentiments élevés, a le cœur sec, et ne comprend l'amour que du côté moins noble. Stendhal ignore ce que veut dire le devoir, ce que signifient les mots décence, mœurs, vertu. Cuvillier-Fleury constate que Henri Beyle fut «indifférent au bien et au mal,»[7] et qu'il possède une «métaphysique de fanfaron.»[8] Eugène Pelletan affirmera même que «M. Beyle n'observait pas plus les convenances pour la propriété que pour la religion. Il était un socialiste de la pire espèce, avant même la parution du socialisme.»[9] Alfred Nettement a vu en lui un «fanfaron d'athéisme» qui «représente l'extrême gauche de l'école révolutionnaire et irréligieuse.»[10] Il faut dire que certaines de ces accusations s'appuient sur les témoignages des amis de Beyle, en particulier sur ceux de Mérimée. De toute façon, de telles évaluations de l'homme ne sont pas prometteuses pour une appréciation de l'œuvre, et, de fait, les romans de Stendhal ont mis du temps à faire reconnaître universellement leur valeur. Certains, tel Elme Caro, ont affirmé que «Stendhal n'a jamais su ce que c'est qu'un roman.»[11] Zola, pour sa part, s'est plaint que Stendhal ne portât pas assez d'attention à la physiologie et à l'infuence des milieux. D'autres s'en sont pris à un roman en particulier, ou à certains aspects d'un roman.

C'est *Armance*, bien sûr, qui rencontra le plus de dé-sapprobations. Il est probable que les critiques de l'époque se rendaient compte de la source des bizarreries d'Octave, ou du moins s'en doutaient, comme l'avouait le critique de la *Pandore*. Toutefois, la lettre à Mérimée qui propose d'expliquer la nature du problème d'Octave ne fut généralement connue qu'à partir de 1855, et les critiques sont restés perplexes devant ce personnage. Le *Globe* s'étonna de cet «être prodigieusement bizarre.»[12] Bussière se plaignit qu'en lisant *Armance,* «on croit se promener dans une maison de fous.»[13] Le roman fut même dénigré par Charles Monselet, son préfacier de l'édition Giraud

(1853) qui lui reprocha d'être «laborieux à excès.»[14] Certains qui étaient au courant de la clef de l'ouvrage ne l'apprécièrent pas davantage.   Romain Colomb, par exemple, considérait qu'il était invraisemblable qu'un impuissant tombe amoureux.   «La nature ne se trompe guère, écrit-il dans sa *Notice sur la vie et les ouvrages de M. Beyle;* elle ne crée pas à plaisir des impossibilités; et ces mouvements de l'âme, cette absorption complète d'un être par un autre être, cette fièvre des sens, cette frénésie qu'on nomme *amour*, sont la plus éclatante preuve de l'immuable logique qui préside à toutes ses œuvres.   Ne troublez pas dans leur solitude des malheureux condamnés à une vie incolore.»[15] En plus de la vraisemblance du personnage, le critique du *Globe* et Sainte-Beuve mirent en question la vraisemblance de la description des salons de la Restauration.

Dans *le Rouge et le Noir,* c'est surtout le personnage de Julien qui rebuta les critiques, même ceux qui étaient favorables à Stendhal.   Jules Janin dans son compte rendu du *Journal des Débats* qualifia Julien d'odieux, ridicule, et fat, et affirma nettement: «Je déteste Julien.»[16]   Janin constate qu'un jeune homme si atroce ne peut exister dans la nature.   Bussière fut choqué par la notion du devoir chez Julien, ne se rendant pas compte que le devoir pour lui n'est pas intrinsèque à sa personnalité, mais plutôt une affectation qu'il reconnaîtra comme telle pendant son séjour en prison.   Charles Bigot constata même qu' «il n'y a pas au fond de pire gredin que ce Julien Sorel, et jamais couteau de guillotine n'a tranché de tête moins digne de regrets.»[17]   Même Babou, un des critiques les plus perspicaces de Stendhal, trouvait l'éthique du roman répugnante.

Comme la vraisemblance demeure au XIXe siècle un critère important de la critique, on appliqua rigoureusement cette mesure à *Rouge et Noir.*   Janin s'étonnait «de si graves invraisemblances»[18] et osa dire qu'il n'y a pas à Paris «une société qui ressemble à celle que veut peindre M. de Stendhal.»[19]   Cette plainte fut reprise par d'autres, nottamment par Caro qui rejeta le roman en partie parce qu'il ne présente pas de personnages purs.   On a l'impression, en lisant certains des critiques qui insistent sur l'invraisemblance, que cette accusation cache souvent des griefs moraux.   Choqués par ce qu'ils considèrent comme l'immoralité des personnages, et ne voulant pas s'avouer moralisateurs, ils se penchent sur l'invraisemblance de ces personnages «immoraux.»   Quelques-uns, tel Alfred Nettement, ne se gênèrent pas pour qualifier le *Rouge* de «roman absurdement immoral.»[20]

Quoique la *Chartreuse* fût le roman le mieux accueilli à l'époque, il ne fut pas à l'abri des reproches. Frémy croyait que l'on pourrait améliorer le roman en éliminant tout à fait son arrière-plan italien; Balzac aurait voulu supprimer le personnage de l'abbé Blanès et tout ce qui précède la bataille de Waterloo, et avait blâmé la négligence du style; Sainte-Beuve prétendait que la *Chartreuse* était «moins un roman que des Mémoires sur la vie de Fabrice et de sa tante;»[21] Zola, se déclarant incapable de reconnaître le génie de Mosca, affirmait ne rien voir de sublime dans ce roman. Caro, qui n'aimait pas *le Rouge et le Noir*, plaça la *Chartreuse* à un rang inférieur au *Rouge*. Pour lui, le roman manque de bon sens, de vraisemblance, et, par surcroît, est ennuyeux.

Ce qu'il est important de souligner, c'est que ces méconnaissances ne constituent qu'une partie de la critique de Stendhal à l'époque. Les années avant 1882 ne furent pas—tout stendhalien averti le sait—l'âge des ténèbres de la critique stendhalienne. Car, avant Bourget, on avait déjà reconnu les traits essentiels de la personnalité de Stendhal, remarqué tout l'intérêt de ses essais, reconnu *le Rouge et le Noir* et *la Chartreuse de Parme* comme des chefs-d'œuvre, et l'on avait même élaboré la défense du style de Stendhal.

Si les esprits bornés de l'époque ont cru que Stendhal fut un cynique immoral qui ne croyait à rien, d'autres critiques plus avisés, se sont rendu compte que le côté cynique et railleur ne représentait qu'une personnalité de surface, qu'au fond, le caractère de Stendhal est paradoxal. Déjà, dans un article publié quelques mois après la mort de l'écrivain, Auguste Bussière a reconnu un aspect fondamental de sa personnalité, à savoir, son besoin d'être soi: «Pour résoudre ce problème capital qu'il s'était posé: être soi, M. de Stendhal s'est avisé d'un expédient qui a déjà sa nouveauté. Sciemment ou non, il a pris justement le contre-pied de sa propre nature.»[22] Et Bussière de préciser ces paradoxes: Stendhal, le penseur sérieux qui se fait paraître léger; l'esprit logique qui veut qu'on le croie négligé, l'âme chaleureuse qui refrène son enthousiasme. Lui qui se disait

ennemi de la vanité, il s'est plu à la démasquer, à la

> désoler par la constance et la sagacité malicieuse de ses attaques; mais cette *idée du voisin* dont il dénonçait les burlesques effets dans les autres, il n'a pas su mieux qu'un autre en secouer le joug; le spectre du *voisin* a sans repos ni trêve posé devant lui; harcelé, tourmenté, obsédé par cette vision incessante, lui-même l'évoquait sans cesse pour se raidir à la braver ou se fatiguer à la fuir. Epris du sans-gêne et du naturel, il a passé sa vie à se travestir.[23]

Ce paradoxe du masque stendhalien fut également reconnu par Frémy qui rattacha cette manie de Stendhal à sa conscience de sa propre laideur: «Ne pouvant être beau, M. de Stendhal s'en vengea en se faisant bizarre.»[24] Ainsi la parodie de soi a pour fin d'empêcher de se faire parodier par les autres. Si Bussière et Frémy n'ont pas cherché à approfondir d'avantage ces paradoxes de la personnalité de Stendhal, ils ont toutefois établi les bases sur lesquelles se fonderont les analyses de l'avenir.

Hippolyte Babou, pour sa part, scrutera d'avantage le para-doxe stendhalien en postulant une tension fondamentale à l'intérieur de la personnalité de Stendhal, à savoir un besoin de cacher sa profonde sensibilité d'une part, et son besoin de faire vérifier cette sensibilité par ses frères sensibles d'autre part. Ce besoin chez Stendhal de communier avec d'autres âmes sensibles sans que les êtres insensibles s'en aperçoivent, voilà une des données de la critique stendhalienne de nos jours. Babou l'avait proposé en 1846: «Peu à peu cependant, comme cette âme est infiniment sensible, c'est-à-dire inquiète et mobile, elle cherche au dehors une garantie de la sincérité de ses impressions. La voilà forcée de se quitter un moment, de respirer un air nouveau. Elle choisit, pour les consulter, des âmes sympathiques, c'est-à-dire faites à son image. Dès lors sa vue s'étend autour d'elle, elle échange un regard, une parole et le bon accueil qu'elle reçoit lui donne quelque assurance.»[25] Frémy, dans son article de 1853, met l'accent sur la sensibilité de Stendhal en le défendant contre l'accusation de méchanceté, défense que reprendra Albert Colli-gnon en 1868 lorsqu'il affirmera que «son âme était sensible et tendre, trop amie des choses aimables. . .jamais envieuse, jamais hypocrite, ni cruelle, ni méchante, comme on l'a dit.»[26] Bussière, quelques années plus tôt, s'était rendu compte que le matérialisme affiché par Stendhal n'empêchait pas celui-ci de demeurer spiritualiste par le sentiment. Le Stendhal sensible est loin d'être une découverte de Bourget.

Quelques-uns des aspects importants de la pensée de Stendhal furent également connus assez tôt. Presque tous les critiques ont reconnu chez Stendhal l'influence de Cabanis et de Tracy; la plupart ont signalé ses affinités avec le dix-huitième siècle, et avec Montesquieu en particulier. Bussière a deviné que Stendhal, l'écrivain d'ouvrages sur la musique, la peinture et les mœurs, s'avère surtout un psychologue qui s'intéresse particulièrement à la façon dont les hommes vont à la quête du bonheur. Collignon a loué la tendance chez Stendhal à rattacher la psychologie aux races et aux milieux, et Taine a reconnu en lui le premier à tenir compte des conditions morales qui produisent une telle littérature, un tel art, le premier à discerner que l'histoire est au fond un problème de psychologie. C'est Sainte-Beuve, néanmoins, qui a signalé toute l'importance du rôle intellectuel de Stendhal à son époque. Sainte-Beuve a parfaitement reconnu que Beyle fut un important excitateur d'idées. «Beyle, a-t-il écrit, c'est le Français (l'un des premiers) qui est sorti de chez soi littérairement parlant, et qui a comparé.»[27] Le mérite de Stendhal, c'est qu'il a voyagé un peu partout, y recueillant des idées intéressantes, les utilisant par la suite pour aiguillonner la pensée française. Stendhal a ainsi rendu à la France un grand service culturel:

> Justice est donc d'accepter Beyle à son moment et de lui tenir compte des services qu'il a pu rendre. Ce qu'il a fait en musique pour la cause de Mozart, de Cimarosa, de Rossini, contre les Paër, les Berton et les maîtres jurés de la critique musicale d'alors, il l'a fait en littérature contre les Dussault, les Duvicquet, les Auger, les critiques de l'ancien *Journal des Débats,* de l'ancien *Constitutionnel,* et les oracles de l'ancienne Académie.[28]

Saint-Beuve reviendra sur cette idée: «Quoi qu'il en soit, l'honneur d'avoir détruit quelques-unes des préventions et des routines qui s'opposaient en 1820 à toute innovation, même modérée, revient en partie à Beyle et aux critiques qui, comme lui, ont travaillé à notre éducation littéraire.»[29] Le rôle de Stendhal dans l'histoire des idées n'a pas été suffisamment étudié, mais Sainte-Beuve en a déjà posé les lignes générales.

Si c'est à cause de ses romans que Stendhal s'est attiré le plus de critiques négatives au dix-neuvième siècle, il ne faudrait pas croire pour cela que les aspects importants de son œuvre romanesque sont restés cachés. Déjà en 1843, Bussière a reconnu un des traits fondamentaux des romans de Stendhal, à savoir qu'ils ont pour but d'affirmer la supériorité des caractères pour qui la passion est le mobile principal. Cet aperçu fut dévelopé par les critiques qui suivirent Bussière, en particulier par Taine et Bourget qui soulignèrent tout le génie de Stendhal dans son sondage de la vie intérieure de ses personnages. Zola, se plaçant dans une perspective historique, loua Stendhal de ne pas s'être laissé séduire par le roman romantique et trouva en lui un lien entre le roman du dix-huitième siècle et le roman réaliste.

Nous avons déjà constaté qu'*Armance,* pour des raisons évidentes, fut le moins compris des romans de Stendhal. Il n'y eut vraiment que la *Revue encyclopédique* et la revue florentine, l'*Antologia,* qui se hasardèrent à admirer le personnage d'Armance ainsi que certains personnages secondaires. Il faudrait signaler, cependant, qu'Hippolyte Babou, tout en admettant qu'*Armance* n'est pas un chef-d'œuvre, aborda l'ouvrage en 1846 avec d'assez bonnes dispositions. C'est lui qui a eu le mérite d'être le premier à s'apercevoir qu'Octave appartient à la même famille que les autres héros, plus célèbres, de Stendhal: «Octave de Malivert est le frère de Julien et de Fabrice. Ces trois victimes de la vie sociale, ces trois représentants de l'instinct, qui ne tombent pas pour un coup d'épingle comme les risibles martyrs canonisées dans les romans humanitaires. . ., appartiennent à une même famille. Octave tranche la difficulté suprême par le suicide, Julien par le meurtre, et Fabrice, trop cruellement frappé pour avoir l'énergie de tuer ou de mourir, laisse faire la souffrance qui le gagne peu à peu comme un froid mortel.»[30] Il faudra attendre l'ouvrage d'Edouard Rod en 1892 pour que se manifeste à nouveau une telle sympathie pour ce roman.

La Chartreuse de Parme fut le premier roman de Stendhal à connaître une certaine gloire. Presque tous les critiques s'accordèrent à reconnaître l'originalité et la très grande qualité de la description de la bataille de Waterloo. Frémy, rendant compte du roman dans la *Revue de Paris* en 1839 insista surtout sur la vérité du récit:

> On ne peut guère pousser plus loin la vérité du récit; on se croirait parfois sur le lieu même de la bataille. Toute cette description sent la poudre à canon; on aperçoit la fumée, la poussière des escadrons; on entend la fusillade,

le galop des chevaux. . .ces dialogues de soldats entremêlés
de bruits de mousqueterie. C'est là, en vérité, un tableau
tracé de main de maître; on croirait que chaque circonstance, chaque particularité a été recueillie sur les lieux
mêmes: c'est la mosaïque du vrai.[31]

A peu près quatre ans plus tard, Bussière est revenu sur cette
scène pour proposer qu'en plus d'être vraie, la description de
Stendhal est fort originale. Bussière se rendait compte de ce
que Georges Blin a appelé de nos jours le «réalisme de point de
vue» de Stendhal: «Qui ne voit qu'il ne cède point à la tentation
de décrire cette bataille et de faire un brillant hors-d'œuvre,
mais qu'il décrit tout simplement les impressions de son héros
mis aux prises avec le danger, en ne montrant de danger que ce
que le personnage en peut voir lui-même?»[32] Si Stendhal avait
fait comme les autres, s'il avait dépeint une belle bataille vue à
vol d'oiseau, le portrait général n'aurait-il pas effacé le personnage? «Mais qui eût aperçu Fabrice, le héros de l'action et non
de la bataille, se demande Bussière, au milieu de ces cent mille
hommes qui jouent leur vie et à côté de cet empereur qui joue
son empire? M. Beyle a caché tout cela pour ne laisser voir que
des généraux qui passent au galop, des boulets qui font jaillir
la boue, des cantinières, des blessés, des traînards, qui volent des
chevaux, toutes les brutalités, toutes les petites misères de la
gloire des batailles. Il a laissé l'histoire pour rester dans son
sujet, au lieu de quitter son sujet pour se jeter dans l'histoire.»[33]
L'essentiel de cette analyse sera repris, non moins éloquemment,
par Hippolyte Babou qui insista en plus sur la vigueur du récit.

Outre cette quasi-unanimité à l'égard de la scène de la
bataille de Waterloo, Arnould Frémy a souligné la qualité
poétique de l'œuvre et le grand mérite des scènes de la Citadelle,
et Auguste Bussière a reconnu ce qui est de nos jours une lapalis-
sade, à savoir que la *Chartreuse* représente la somme des idées,
des sentiments, et des expériences de Stendhal. Zola ajouta que
la *Chartreuse*, c'est «le seul roman français écrit sur un peuple
étranger, qui ait l'odeur de ce peuple.» Stendhal, selon Zola,
«est allé au fond de la race.»[34] D'une façon plus générale, Balzac signala la *Chartreuse* comme le chef-d'œuvre de la littérature
d'idées et souligna à maintes reprises les scènes qui lui parais-
saient géniales. Babou est allé jusqu'à affirmer que *la Chartreuse
de Parme* «anéantit par comparaison toute *la Comédie humaine*
de M. de Balzac.»[35]

Le Rouge et le Noir a mis un peu plus de temps à se faire reconnaître comme chef-d'œuvre. Frémy s'en était plaint dans son compte rendu des *Mémoires d'un touriste* en 1838 et s'était permis d'affirmer: «Nous avons tout à l'heure prononcé le mot de *génie*! Je ne sais à quels mouvements du cœur nous l'accorderons, si nous le refusons à certaines pages de *Rouge et Noir*.»[36] Frémy avait bien reconnu toute l'originalité du personnage de Mathilde, «venu opérer une réforme complète parmi les héroïnes et romans.» Selon Frémy, c'est «toute une révolution qu'une création semblable. Il y a là plus de véritable hardiesse et de nouveauté que dans tant de prétendus caractères romantiques chez qui l'innovation n'a jamais dépassé l'épithète.»[37] D'autre part, Romain Colomb, qui avait vu dans Julien un portrait fidèle d'un type de jeunes gens, loua la «ravissante création»[38] qu'est Madame de Rênal et l'excellence des tableaux de la vie parisienne.

Toutefois, c'est bien Hippolyte Taine qui a imposé *le Rouge et le Noir* en tant que chef-d'œuvre. Son originalité, c'est d'avoir eu une très bonne compréhension du personnage de Julien qui avait dérouté tant de critiques. Taine relève qu'il n'y a «rien de mieux composé que le caractère de Julien.»[39] Son résumé de la personnalité de Julien reste valable de nos jours:

> Il a pour ressort un orgueil excessif, passionné, ombrageux, sans cesse blessé, irrité contre les autres, implacable à lui-même, et une imagination inventive et ardente, c'est-à-dire la faculté de produire au choc du moindre événement des idées en foule et de s'y absorber. De là une concentration habituelle, un retour perpétuel sur soi-même, une attention incessamment repliée et occupée à s'interroger, à s'examiner, à se bâtir un modèle idéal auquel il se compare, et d'après lequel il se juge et se conduit. Se conformer à ce modèle, bon ou mauvais, est ce que Julien appelle le *devoir,* et ce qui gouverne sa vie. Les yeux fixés sur lui-même, occupé à se violenter, à se soupçonner de faiblesse, à se reprocher ses émotions, il est téméraire pour ne pas manquer de courage, il se jette dans les pires dangers de peur d'avoir peur.[40]

Ce qui avait surtout rebuté les contemporains de Stendhal, même certains de ses admirateurs, c'était qu'il avait fait d'un hypocrite, un héros. Sans vouloir défendre Julien, Taine reconnaît dans son hypocrisie «l'art de la faiblesse,»[41] et remarque que, tout en ayant une importance stratégique, elle n'est pas un trait constitutif.

Les éléments importants d'une défense du style de Stendhal furent également élaborés assez tôt. Dans son compte rendu de la *Chartreuse,* Arnould Frémy en avait déjà précisé quelques points. Contre ceux qui accusent Stendhal de ne pas avoir de style, il affirme ce que voici: «l'auteur de *la Chartreuse de Parme,* dit-on n'a pas de style. Qu'entendez-vous par *avoir un style?* Est-ce écrire d'une façon apprêtée, guindée, souvent emphatique; chercher ces expressions gourmandes, qui s'épanouissent au détriment de l'ensemble, s'étalent orgueilleusement comme des pavots dans un parterre? S'il est vrai qu'avoir un style consiste à oublier l'idée, à la négliger pour pomponner la phrase, pour courir après les termes ambitieux et collet monté, nous avouons que l'auteur de la *Chartreuse de Parme,* n'a pas de style, et nous l'en félicitons sincèrement.»[42] C'est l'argument que reprendra Taine, en l'expliquant d'une façon plus succincte: au fond, la suppression du style est la perfection du style.

Bussière, en 1843, déjà s'était rendu compte de certaines caractéristiques du style de Stendhal. Il avouait que c'était un style «créé à force d'ellipses, de tours hâchés, de sens rompus ou interrompus, et faits pour rebuter une curiosité purement oisive, à force de rapprochements disparates, au premier abord, entre des propositions dont il omet les termes intermédiaires, d'allusions à peine indiquées, de demi-mots, de taquineries, d'espiègleries de tout genre.»[43] Mais l'essentiel, c'est que le style de Stendhal soit adapté à ses buts, et là, Stendhal se montre maître de son style: «s'il paraît avoir peu étudié la langue sous le point de vue de la correction, il en a étudié profondément le génie et combiné les ressources quant aux effets qu'il veut en tirer le plus habituellement.»[44] Bussière reviendra, dans ce même essai, sur cette grande capacité chez Stendhal d'utiliser un style parfaitement approprié au sens: «Il a poussé aussi loin que personne l'art de trouver le mot qui va au fond des choses, le tour qui rend avec plus de vivacité, de netteté, de lumière, sa pensée et l'intention particulière qu'il a pu y ajouter. En ce sens, on peut dire qu'il a découvert des ressources, des finesses nouvelles dans la langue, qu'il lui a imprimé son cachet, et qu'il a une manière bien à lui.»[45] Frémy reprendra dans son article de 1853 ce même point de vue: «Personne ne rêvera, sans doute, pour les bonnes pages de *Rouge et Noir* et de la *Chartreuse de Parme* un style plus juste, mieux adapté à la nature du sujet. Ce n'est ni dans les écrivains du dix-huitième siècle, ni dans aucun moment du passé, qu'il avait pris cette manière de raconter si expressive et si nette; il l'avait prise dans son âme, dans sa pensée, là où l'on puisera toujours toute éloquence véritable.»[46]   Ceux qui s'étaient donné la peine de réfléchir au style de Stendhal sans préjugés se rendirent ainsi compte de la réponse qu'il faut faire à ceux qui l'accusent de ne pas avoir de style: il avait le style qu'il lui fallait. Ou, si l'on veut bien nous permettre d'emprunter une phrase à Barrès, son style exprime admirablement du Stendhal.

Il est donc bien évident que Stendhal a été au dix-neuvième siècle un auteur controversé, un écrivain qui s'est attiré à la fois de grands admirateurs et de grands détracteurs. Ce qui est frappant, néanmoins, c'est que dans une période qui n'est pas connue comme sympathique à Stendhal, celui-ci a été loué non seulement par des critiques mineurs tels que Bussière, Frémy et Babou, mais aussi par Balzac, Taine et Barbey d'Aurevilly, tandis que Sainte-Beuve et Zola lui ont reconnu d'importants rôles historiques. Ce n'est pas un mauvais bilan pour une époque qui ne connaissait qu'une partie du corpus stendhalien. L'essai de Bourget vient donc parfaire le travail de toute une période. Stendhal écrivain original, grand psychologue, homme sensible, ce sont là des traits reconnus par des devanciers avertis tels que Bussière, Babou et Taine. Ce que Bourget apporte aux aperçus de ses prédécesseurs, c'est l'appui d'un écrivain dont la renommée grandira dans les décennies suivantes, qui est lui même enclin à la psychologie et qui se montre par surcroît un fervent, voire un zélé admirateur de Stendhal. Bien sûr Bourget n'a pas que renchéri sur les perceptions des autres. Il a souligné l'importance du soliloque dans l'œuvre romanesque de Stendhal et proposé avec justesse que la manière de conter de Stendhal s'avère une méthode de découverte: l'auteur qui aime découvrir les motifs des hommes permet à ses personnages une découverte de soi. Surtout, Bourget a insisté sur la modernité de Stendhal. Le seul fait que son essai fasse partie d'une série d'essais sur Baudelaire, Renan, Flaubert, Taine, Dumas fils, Leconte de Lisle, les Goncourt, Tourguéniev et Amiel, série qui a pour but d'analyser la sensibilité moderne, en dit long sur l'actualité de Stendhal en 1882.

L'essai de Bourget, c'est le dernier grand essai qui ne s'appuie que sur les œuvres de Stendhal publiées de son vivant ou sur celles publiées par Romain Colomb dans l'édition Michel Lévy de 1853-1855; c'est ainsi le dernier grand essai écrit sans la connaissance du *Journal*, de la *Vie de Henry Brulard*, et des *Souvenirs d'égotisme*, le dernier composé sans la connaissance des textes de *Lamiel* et de *Lucien Leuwen*. Tous ces textes seront publiés, soit par Casimir Stryienski (pour les œuvres intimes et *Lamiel*), soit par Jean de Mitty (pour *Lucien Leuwen*), dans la période 1888-1894. L'appui de Bourget a sans doute aidé à lancer cette nouvelle période d'un stendhalisme qui remonte à Balzac.

⁂

Il nous manquait une édition de la critique stendhalienne antérieure à Bourget qui puisse mettre à la portée des stendhaliens n'ayant pas accès à de grandes bibliothèques les meilleurs écrits de leurs devanciers. Adolphe Paupe le premier nous a révélé l'existence de cette critique dans son *Histoire des œuvres de Stendhal* (1904) où il cita les articles et ouvrages parus sur Stendhal dès son vivant. Il faut aussi rendre hommage à Jean Mélia qui dans son *Stendhal et ses commentateurs* (1911) nous livra la première esquisse historique du stendhalisme en nous révélant l'essentiel de la critique stendhalienne jusqu'à son temps. Mais en dépit de l'excellente capacité d'exposition et du véritable don de paraphrase de son auteur, cet ouvrage ne peut satisfaire ceux qui désirent lire le text même.

Les essais que nous proposons ne constituent qu'une partie —à notre avis la meilleure—de la critique stendhalienne de Balzac à Zola. Bien sûr, ce choix ne peut être que subjectif: d'autres auraient sans doute choisi différemment. Nous sommes persuadés, toutefois, d'avoir choisi des pièces d'intérêt. Nous avons dû, pour des raisons pratiques, éliminer de notre collection tout essai qui concerne uniquement la personne de Stendhal, préférant nous en tenir aux textes qui traitent de l'homme et de l'œuvre ou de l'œuvre exclusivement. Ainsi l'absence dans cette anthologie des «Souvenirs anecdotiques sur M. de Stendhal» d'Arnould Frémy, du *H. B.* de Mérimée, ou de chapitres de l'*Art et la Vie de Stendhal* d'Albert Collignon (1868) dont seul le premier volume, portant sur l'homme, a paru. Une anthologie de ce genre ne peut pas, non plus, enregistrer tous les commentaires faits sur Stendhal à l'époque, qu'il s'agisse des commentaires favorables d'un Goethe ou d'un Nietzsche, ou des remarques hostiles d'un Flaubert ou d'un Cuvillier-Fleury. Notre but n'est donc pas de faire l'histoire du stendhalisme, sujet passionnant qui attend toujours son historien, mais de combler une lacune.

Honoré de Balzac

Etudes sur M. Beyle
(Frédéric Stendalh *[sic]*)
1840

Stendhal et Balzac se connaissaient (peut-être même depuis 1827) sans être pour cela des amis. Le 29 mars 1839, Stendhal écrit à Balzac pour le prier de lui donner une adresse afin qu'il puisse lui envoyer un exemplaire de la *Chartreuse* ou pour l'inviter, s'il préfère, à venir en prendre un exemplaire chez lui.[1] Balzac, ayant lu l'extrait de la *Chartreuse* publié dans le *Constitutionnel*, s'empresse d'accepter l'offre de Stendhal. Il lui écrit en ces termes:

> J'ai déjà lu dans le *Constitutionnel* un article tiré de la *Chartreuse* qui m'a fait commettre le péché d'envie. Oui, j'ai été saisi d'un accès de jalousie à cette superbe et vraie description de bataille que je rêvais pour les *Scènes de la vie militaire,* la plus difficile portion de mon œuvre, et ce morceau m'a ravi, chagriné, enchanté, désespéré. Je vous le dis naïvement. C'est fait comme Borgognone et Vouvermans, Salvator Rosa et Walter Scott. Aussi ne vous étonnez pas si je saute sur votre offre, si j'envoie chercher le livre et comptez sur ma probité pour vous dire ma pensée.[2]

Il semble que Balzac ait lu la *Chartreuse* sans tarder puisque, dès le 5 avril, il écrit à Stendhal: «*La Chartreuse* est un grand et beau livre. Je vous le dis sans flatterie, sans envie, car je serais incapable de le faire, et l'on peut louer franchement ce qui n'est pas de notre métier. Je fais une fresque et vous avez fait des statues italiennes. Il y a un *progrès* sur tout ce que nous vous devons. Vous savez ce que je vous ai dit sur *Rouge et Noir*. Et bien, ici tout est original et neuf! Mon éloge est absolu, sincère.»[3] Balzac se permettait d'observer que c'était une erreur de nommer Parme (critique qu'il ne répétera pas dans son essai de la *Revue parisienne*), que le livre comporte des longueurs à supprimer, qu'il faudrait ajouter au côté physique dans la peinture de quelques personnages. Le 11 avril, Stendhal note dans les marges d'un exemplaire de la *Vie de Rossini* qu'il vient de rencontrer Balzac sur le boulevard et que celui-ci lui a vanté la *Chartreuse* lui affirmant qu'il n'y avait «rien de pareil depuis 40 ans.»[4]   En juin, Stendhal, qui doit reprendre le chemin de l'Italie sans revoir Balzac, lui écrit «de se souvenir qu'il a un admirateur, et l'on ose ajouter un ami à Civita-Vecchia.»[5] C'est le 25 septembre 1840 que Balzac fit paraître dans sa *Revue parisienne* l'essai que nous publions ci-dessous.

Suivant le mode de son temps, Balzac se préoccupe surtout de résumer le roman pour ses lecteurs, mais son résumé n'en est pas moins instructif: il est à remarquer que Balzac interrompt sa narration très souvent pour s'écrier qu'une scène, qu'un passage, est admirable, remarquable, génial. Le panégyrique de Balzac serait important par le seul fait qu'il est de la plume d'un des plus grands romanciers français. Toutefois, cet essai qui devance l'opinion a un mérite qui lui est propre: pour la première fois, un critique estime que Stendhal est assez important pour faire parti d'un courant littéraire. La division que fait Balzac de la littérature en *littérature des images* et *littérature des idées,* tout en permettant un hybride, la *littérature éclectique,* est, certes, discutable, mais c'est une perspective qui nous aide à comprendre la particularité de Stendhal dans le développement de la littérature de la première moitié du dix-neuvième siècle. Séparer Stendhal de Victor Hugo, de Chateaubriand, et de Lamartine pour l'associer à Musset, Mérimée, et Nodier, c'est déjà un premier pas de fait.

Ce qu'il y a peut-être de plus intéressant à propos de cet essai, c'est que Balzac considère Mosca et la Sanseverina et les intrigues de la cour auxquelles ils sont associés, comme le centre du roman, n'accordant au drame de Fabrice qu'un intérêt subsidiaire. De fait, les amours de Fabrice et de Clélia inquiètent Balzac. De son point de vue, le roman n'est pas l'histoire de Fabrice même si le rôle de ce dernier devient très important vers la fin du roman. Si Stendhal voulait écrire l'histoire de Fabrice, il n'aurait pas dû permettre, selon Balzac, que Fabrice fût «primé par des figures aussi typiques, aussi poétiques que le sont les Princes, la Sanseverina, Mosca, Palla Ferrante *[sic]*.» Tout en étant incapable de s'en accommoder, Balzac s'est rendu compte d'un aspect très important de la *Chartreuse,* à savoir le polycentrisme de son intérêt. Quoique l'on ait reconnu depuis que c'est le destin de Fabrice qui est de première importance dans la *Chartreuse,* il est indiscutable que le jeune héros est absent pendant une bonne partie de l'intrigue et qu'à ces moments, le lecteur s'intéresse surtout à Mosca et à la Sanseverina. La composition ne fait pas défaut, toutefois, car les absences de Fabrice permettent à Stendhal de développer le milieu politico-historique dans lequel se déroulera le destin de Fabrice.

Le 16 octobre 1840, Stendhal consigne dans la marge de son exemplaire de la *Chartreuse* qu'il a lu l'article de Balzac.[6] Il note plus loin, à la même date, toujours dans les marges de la *Chartreuse,* «I read in Rome, the art [de Balzac]. J'ai besoin d'y penser for feeling this bonheur.»[7] Quelques semaines plus tard, il décide de profiter des critiques qu'avait faites Balzac sur le plan et sur le style, et il se met à l'œuvre. «Après avoir lu l'article de M. de Balzac, écrit-il dans les marges de son roman, je prends mon courage à deux mains pour corriger le style.»[8] Cela demande un effort, et c'est à contrecœur qu'il entame ce travail.[9] A peu près à cette même époque, Stendhal rédige une lettre à Balzac dans laquelle il expose ses propres vues.[10] Il exprime d'abord sa surprise quant à cet article et remercie Balzac de ses louanges. Il avoue que c'est avec douleur et nostalgie qu'il conçoit la réduction du début du roman tel que l'avait proposée Balzac. «J'avais le plaisir le plus vif à écrire ces 54 pages; je parlais des choses que j'adore, et je n'avais jamais songé à l'*art* de faire un roman.»[11] Stendhal veut bien accepter toutes les critiques de Balzac à l'exception de celles sur le style, dont il défend la spontanéité. «En dictant la *Chart[reuse],* écrit-il, je pensais qu'en faisant imprimer le premier jet, j'étais plus vrai, plus *naturel,* plus digne de plaire en 1880. . . .»[12]

Stendhal semble avoir envoyé cette lettre à Colomb pour que celui-ci la remette à Balzac. En avril 1841, il écrit à ce dernier que Colomb va lui remettre une lettre ainsi qu'une «*Chartr[euse]* parsemée de pages blanches qui demande vos réflexions.»[13] On sait qu'il n'y a eu aucune suite à cette démarche, Stendhal étant mort l'année suivante. En 1846, Colomb a demandé à Balzac la permission de réimprimer l'article de la *Revue parisienne* en préface de *la Chartreuse de Parme.* Balzac a accepté ne demandant que d'en recevoir un exemplaire, et ne manquant pas de louer de nouveau Stendhal et son œuvre.

❧

Dans notre époque, la littérature a bien évidemment trois faces; et, loin d'être un symptôme de décadence, cette triplicité, expression forgée par M. Cousin en haine du mot *trinité,* me semble un effet assez naturel de l'abondance des talents littéraires: elle est l'éloge du dix-neuvième siècle, qui n'offre pas une seule et même forme, comme le dix-septième et le dix-huitième siècle, lesquels ont plus ou moins obéi à la tyrannie d'un homme ou d'un système.

Ces trois formes, faces ou systèmes, comme il vous plaira de les appeler, sont dans la nature et correspondent à des sympathies générales qui devaient se déclarer dans un temps où les Lettres ont vu, par la diffusion des lumières, s'agrandir le nombre des appréciateurs et la lecture faire des progrès inouïs.

Dans toutes les générations et chez tous les peuples, il est des esprits élégiaques, méditatifs, contemplateurs, qui se prennent plus spécialement aux grandes images, aux vastes spectacles de la nature et qui les transportent en eux-mêmes. De là toute une école que j'appellerais volontiers *la Littérature des Images,* à laquelle appartient le lyrisme, l'épopée, et tout ce qui dépend de cette manière d'envisager les choses.

Il est, au contraire, d'autres âmes actives qui aiment la rapidité, le mouvement, la concision, les chocs, l'action, le drame, qui fuient la discussion, qui goûtent peu les rêveries, et auxquels plaisent les résultats. De là, tout un autre système d'où sort ce que je nommerais par opposition au premier *la Littérature des Idées.*

Enfin, certaines gens complets, certaines intelligences *bifrons,* embrassent tout, veulent et le lyrisme et l'action, le drame et l'ode, en croyant que la perfection exige une vue totale des choses. Cette école, qui serait *l'Eclectisme littéraire,* demande un représentation du monde comme il est: les images et les idées, l'idée dans l'image ou l'image dans l'idée, le mouvement et la rêverie. Walter-Scott a entièrement satisfait ces natures éclectiques.

Quel parti prédomine, je n'en sais rien. Je ne voudrais pas qu'on inférât de cette distinction naturelle des conséquences forcées. Ainsi, je n'entends pas dire que tel poète de l'Ecole des Images est sans idées, et que tel autre de l'Ecole des Idées ne sait pas inventer de belles images. Ces trois formules s'appliquent seulement à l'impression générale que laisse l'œuvre des poètes, au moule dans lequel l'écrivain jette sa pensée, à la pente de son esprit. Toute image répond à une idée ou plus exactement à un *sentiment* qui est une collection d'idées, et l'idée n'aboutit pas toujours à une image. L'idée exige un travail de développement qui ne va pas à tous les esprits. Aussi l'image est-elle essentiellement populaire, elle se comprend facilement. Supposez que *Notre-Dame de Paris* de M. Victor Hugo paraisse en même temps que *Manon Lescaut: Notre-Dame* saisirait les masses bien plus promptement que *Manon,* et semblerait l'emporter aux yeux de ceux qui s'agenouillent devant le *Vox populi.*

Néanmoins, quel que soit le genre d'où procède un ouvrage, il ne demeure dans la Mémoire Humaine qu'en obéissant aux lois de l'Idéal et à celles de la Forme. En littérature, l'Image et l'Idée correspondent assez à ce qu'en peinture on appelle le Dessin et la Couleur. Rubens et Raphaël sont deux grands peintres; mais l'on se tromperait étrangement si l'on croyait que Raphaël n'est pas coloriste; et ceux qui refuseraient à Rubens d'être un dessinateur, pourraient aller s'agenouiller devant le tableau que l'illustre Flamand a mis dans l'église des Jésuites à Gênes, comme un hommage au dessin.

M. Beyle, plus connu sous le pseudonyme de Stendalh, est, selon moi, l'un des maîtres les plus distingués de *la Littérature des Idées,* à laquelle appartiennent MM. Alfred de Musset, Mérimée, Léon Gozlan, Béranger, Delavigne, Gustave Planche, madame de Girardin, Alphonse Karr et Charles Nodier. Henri Monnier y tient par le vrai de ses Proverbes, souvent dénués d'une idée mère, mais qui n'en sont pas moins pleins de ce naturel et de cette stricte observation qui sont un des caractères de l'Ecole.

Cette Ecole, à laquelle nous devons déjà de beaux ouvrages, se recommande par l'abondance des faits, par sa sobriété d'images, par la concision, par la netteté, par la petite phrase de Voltaire, par une façon de conter qu'a eue le XVIIIe siècle, par le sentiment du comique surtout. M. Beyle et M. Mérimée, malgré leur profond sérieux, ont je ne sais quoi d'ironique et de narquois dans la manière avec laquelle ils posent les faits. Chez eux, le comique est contenu. C'est le feu dans le caillou.

M. Victor Hugo est certes le talent le plus éminent de *la Littérature des Images.* M. de Lamartine appartient à cette Ecole, que M. de Chateaubriand a tenue sur les Fonts baptismaux, et dont la philosophie a été créée par M. Ballanche. Obermann en est. MM. Auguste Barbier, Théophile Gautier, Sainte-Beuve en sont, ainsi que beaucoup d'imitateurs impuissants. Chez quelques-uns des auteurs que je viens de citer, le Sentiment l'emporte quelquefois sur l'Image, comme chez M. de Senancourt et chez M. Sainte-Beuve. Par sa poésie plus que par sa prose, M. de Vigny se rattache à cette grande école. Tous ces poètes ont peu le sentiment du comique, ils ignorent le dialogue, à l'exception de M. Gautier, qui en a un vif sentiment. Le dialogue de M. Hugo est trop sa propre parole, il ne se transforme pas assez, il se met dans son personnage, au lieu de devenir le personnage. Mais cette Ecole a, comme l'autre, produit de belles œuvres. Elle est remarquable par l'ampleur poétique de sa phrase, par la richesse de ses images, par son poétique langage, par son intime union avec la Nature, l'autre Ecole est Humaine, et celle-ci est Divine en ce sens qu'elle tend à s'élever par le sentiment vers l'âme même de la Création. Elle préfère la Nature à l'Homme. La langue française lui doit d'avoir reçu une forte dose de poésie qui lui était nécessaire, car elle a développé le sentiment poétique auquel a long-temps résisté le positivisme, pardonnez-moi ce mot, de notre langue, et la sécheresse à elle imprimée par les écrivains du XVIIIe siècle. Jean-Jacques Rousseau, Bernardin de Saint-Pierre ont été les promoteurs de cette révolution que je regarde comme heureuse.

Le secret de la lutte des Classiques et des Romantiques est tout entier dans cette division assez naturelle des intelligences. Depuis deux siècles, la littérature à Idées régnait exclusivement, les héritiers du XVIIIe siècle ont dû prendre le seul système littéraire qu'ils connussent, pour toute la littérature. Ne les blâmons pas, ces défenseurs du Classique! La littérature à Idées, pleine de faits, serrée, est dans le génie de la France. La *Profession de foi du vicaire savoyard, Candide,* le *Dialogue de Sylla et d'Eucrate, La Grandeur et la Décadence des Romains,* les *Provinciales, Manon Lescaut, Gil Blas,* sont plus dans l'Esprit

français que les œuvres de la *Littérature des Images.* Mais nous
devons à celle-ci la poésie que les deux siècles précédents n'ont
pas même soupçonnée en mettant à part La Fontaine, André de
Chénier et Racine. La littérature à Images est au berceau, et
compte déjà plusieurs hommes dont le génie est incontestable;
mais, en voyant combien l'autre école en compte, je crois plus à
la grandeur qu'à la décadence dans l'empire de notre belle langue.
La lutte finie, on peut dire que les Romantiques n'ont pas
inventé de nouveaux moyens, et qu'au théâtre, par exemple,
ceux qui se plaignaient d'un défaut d'action se sont amplement
servis de la tirade et du monologue, et que nous n'avons encore
entendu ni le dialogue vif et pressé de Beaumarchais, ni revu le
comique de Molière, qui procédera toujours de la raison et des
idées. Le Comique est l'ennemi de la Méditation et de l'Image.
M. Hugo a énormément gagné à ce combat. Mais les gens
instruits se souviennent de la guerre faite à M. de Chateaubriand,
sous l'Empire; elle fut tout aussi acharnée et plus tôt apaisée,
parce que M. de Chateaubriand était seul et sans le *stipante
catervâ* de M. Hugo, sans l'antagonisme des journaux, sans le
secours que fournissaient aux Romantiques les beaux génies de
l'Angleterre et de l'Allemagne, plus connus et mieux appréciés.

Quant à la troisième Ecole, qui participe de l'une et de
l'autre, elle n'a pas autant de chances que les deux premières
pour passionner les masses, qui aiment peu les *mezzo termine,*
les choses composites, et qui voit dans l'éclectisme un arrangement contraire à ses passions en ce qu'il les calme. La France
aime la guerre en toute chose. En paix, elle se bat encore.
Néanmoins, Walter-Scott, madame de Staël, Cooper, Georges
Sand me paraissent d'assez beux génies. Quant à moi, je me
range sous la bannière de l'Eclectisme littéraire par la raison que
voici: je ne crois pas la peinture de la société moderne possible
par le procédé sévère de la littérature du XVIIe et du XVIIIe
siècle. L'introduction de l'élément dramatique, de l'image, du
tableau, de la description, du dialogue me paraît indispensable
dans la littérature moderne. Avouons-le franchement, *Gil Blas,*
est fatiguant comme forme: l'entassement des événements et
des idées a je ne sais quoi de stérile. L'Idée, devenue Personnage,
est d'une plus belle intelligence. Platon dialoguait sa morale psychologique.

La Chartreuse de Parme est dans notre époque et jusqu'à
présent, à mes yeux, le chef-d'œuvre de la littérature à idées,

et M. Beyle y a fait des concessions aux deux autres écoles, qui sont admissibles par les bons esprits et satisfaisantes pour les deux camps.

Si j'ai tant tardé, malgré son importance, à parler de ce livre, croyez qu'il m'était difficile de conquérir une sorte d'impartialité. Encore ne suis-je pas certain de la garder, tant à une troisième lecture, lente et réfléchie, je trouve cette œuvre extraordinaire.

Je sais combien de plaisanteries excitera mon admiration. On criera, certes, à l'engouement quand j'ai tout simplement encore de l'enthousiasme, après le temps où il aurait dû cesser. Les gens d'imagination, dira-t-on, conçoivent aussi promptement qu'ils l'oublient leur tendresse pour de certaines œuvres auxquelles le vulgaire prétend orgueilleusement et ironiquement ne rien comprendre. Des personnes simples, ou même spirituelles et qui de leurs superbes regards effleurent les surfaces, diront que je m'amuse à des paradoxes à donner de la valeur à des riens, que j'ai, comme M. Sainte-Beuve, mes chers inconnus. Je ne sais pas composer avec la vérité, voilà tout.

M. Beyle a fait un livre où le sublime éclate de chapitre en chapitre. Il a produit, à l'âge où les hommes *trouvent* rarement des sujets grandioses et après avoir écrit une vingtaine de volumes extrêmement spirituels, une œuvre qui ne peut être appréciée que par les âmes et par les gens vraiment supérieurs. Enfin, il a écrit *Le Prince moderne,* le roman que Machiavel écrirait, s'il vivait banni de l'Italie au dix-neuvième siècle.

Aussi le plus grand obstacle au renom mérité de M. Beyle vient-il de ce que *La Chartreuse de Parme* ne peut trouver de lecteurs habiles à la goûter que parmi les diplomates, les ministres, les observateurs, les gens du monde les plus éminents, les artistes les plus distingués; enfin, parmi les douze ou quinze cents personnes qui sont la tête de l'Europe. Ne soyez donc pas étonnés que, depuis dix mois que cette œuvre surprenante a été publiée, il n'y ait pas un seul journaliste qui l'ait ni lue, ni comprise, ni étudiée, qui l'ait annoncée, analysée et louée, qui même y ait fait allusion. Moi qui crois m'y connaître un peu, je l'ai lue pour la troisième fois, ces jours-ci: j'ai trouvé l'œuvre encore plus belle, et j'ai senti dans mon âme l'espèce de bonheur que cause une bonne action à faire.

N'est-ce pas faire une bonne action que d'essayer de rendre justice à un homme d'un talent immense, qui n'aura de génie qu'aux yeux de quelques êtres privilégiés et à qui la transcendance de ses idées ôte cette immédiate mais passagère popularité que recherchent les courtisans du peuple et que méprisent les grandes âmes? Si les gens médiocres savaient qu'ils ont une chance de s'élever jusqu'aux gens sublimes en les comprenant, *La Chartreuse de Parme* aurait autant de lecteurs qu'en a eus *Clarisse Harlowe* à son apparition.

Il y a dans l'admiration légitimée par la conscience des douleurs ineffables. Aussi tout ce que je vais dire ici, l'adressé-je aux cœurs nobles et purs, qui, malgré d'assez tristes déclamations, existent en tout pays, comme des pléïades inconnues, parmi les familles d'esprits voués au culte de l'Art. l'Humanité, de génération en génération, n'a-t-elle pas ici-bas ses constellations d'âmes, son ciel, ses anges, selon l'expression favorite du grand prophète suédois, de Swedenborg, peuple d'élite pour lequel travaillent les vrais artistes et dont les jugements leur font accepter la misère, l'insolence des parvenus et l'insouciance des gouvernements.

Vous me pardonnerez, je l'espère, ce que les malveillants appelleront des longueurs. D'abord, je le crois fermement, l'analyse de cette œuvre si curieuse et si intéressante fera plus de plaisir aux personnes les plus difficiles que ne leur en procurerait la Nouvelle inédite dont elle tiendra la place. Puis toute autre critique emploierait au moins trois articles aussi étendus que celui-ci, s'il voulait expliquer convenablement cet ouvrage, qui souvent contient tout un livre dans une page, et qui ne peut être expliqué que par un homme à qui l'Italie du Nord est un peu familière. Enfin, soyez persuadé qu'à l'aide de M. Beyle, je vais tâcher de me rendre assez instructif pour me faire lire avec plaisir jusqu'au bout.

Une sœur du marquis Valserra del Dongo, nommée Gina, l'abréviation d'Angelina, dont le premier caractère, celui de la jeune fille, ressemblerait assez, si jamais une Italienne peut ressembler à une Française, au caractère de madame de Lignolle dans *Faublas,* épouse à Milan, contre le gré de son frère, qui veut la marier à un vieillard, noble, riche et Milanais, un comte Pietranera, pauvre et sans un sou.

Le comte et la comtesse sont du parti français et font l'ornement de la cour du prince Eugène. Nous sommes au temps du royaume d'Italie, quand le récit commence.

Le marquis del Dongo, Milanais attaché à l'Autriche et son espion, attend pendant quatorze ans la chute de l'empereur Napoléon. Aussi ce marquis, frère de la Gina Pietranera, ne vit-il pas à Milan: il habite son château de Grianta sur le lac de Côme; il y élève son fils aîné dans l'amour de l'Autriche et dans les bonnes doctrines; mais il a un fils cadet nommé Fabrice dont raffole la Pietranera: Fabrice est cadet; comme elle, il sera sans un sou de fortune. Qui ne sait la tendresse des belles âmes pour les déshérités! Aussi veut-elle en faire quelque chose. Puis, par bonheur, Fabrice est un charmant enfant; elle obtient de le mettre au collège à Milan, où, par échappées, elle lui fait voir la cour du vice-roi.

Napoléon tombe une première fois. Pendant qu'il est à l'île d'Elbe, dans la réaction qui a lieu à Milan, que les Autrichiens reprennent, une insulte faite aux armées italiennes en présence de Pietranera, qui la relève, est cause de sa mort: il est tué en duel.

Un amant de la comtesse refuse de venger le mari, la Gina l'humilie par une de ces vengeances, magnifique au delà des Alpes, et qu'on trouverait stupide à Paris. Voici la vengeance:

Quoiqu'elle méprise, *in petto,* cet amant qui l'adore à distance et infructueusement depuis six ans, elle a des attentions pour ce misérable, et, quand il est dans le paroxisme de l'espérance, elle lui écrit:

> «Voulez-vous agir une fois en homme d'esprit? Figurez-vous que vous ne m'avez jamais connue. Je suis, avec un peu de mépris, votre servante,
>
> «Gina Pietranera.»

Puis, pour désespérer davantage cet homme riche de deux cent mille livres de rente, elle *gingine*. . .(*Ginginer* est un verbe milanais qui signifie tout ce qui se passe à distance entre deux amants avant de se parler; le verbe a son substantif: on est *gingino.* C'est le premier degré de l'amour) Donc, elle gingine un moment avec un niais qu'elle quitte; puis elle se réfugie avec une pension de quinze cents francs, à un troisième étage où tout le Milan de ce temps vient la voir et l'admire.

Son frère, le marquis, la prie de venir au château patri-monial sur le lac de Côme. Elle y va, pour revoir et protéger son gentil neveu Fabrice, pour consoler sa belle-sœur et pour délibérer sur son avenir au milieu du sublime paysage du lac de Côme, son pays natal et celui de ce neveu dont elle a fait son fils: elle n'a pas d'enfants. Fabrice, qui aime Napoléon, apprend le débarquement au golfe Juan et veut aller servir le souverain de son oncle Pietranera. Sa mère, qui, femme d'un marquis riche de cinq cent mille livres de rente, ne dispose pas d'un sou, sa tante Gina, qui n'a rien, lui donnent leurs diamants: Fabrice est pour elles un héros.

Le volontaire exalté traverse la Suisse, arrive à Paris, assiste à la bataille de Waterloo, puis il revient en Italie, où, pour avoir trempé dans la conspiration de 1815 contre la sûreté de l'Europe, son père le maudit, et le gouvernement autrichien le met à l'index. Pour lui, rentrer à Milan, ce serait aller au Spielberg. Dès-lors, Fabrice, malheureux, persécuté pour son héroïsme, cet enfant sublime devient tout pour la Gina.

La comtesse retourne à Milan, elle obtient de Bubna, et des gens d'esprit que l'Autriche mit en ce moment à Milan, de ne pas persécuter Fabrice, que, selon le conseil d'un très-habile chanoine, elle tient caché, à Novare. Au milieu de tous ces événements, pas d'argent. Mais la Gina est d'une beauté sublime, elle est le type de cette beauté lombarde (*bellezza folgorante*) qui ne se comprend bien qu'à Milan et à la Scala, quand vous y voyez les mille belles femmes de la Lombardie. Les événements de cette vie agitée ont développé chez elle le plus magnifique caractère italien: elle a l'esprit, la finesse, la grâce italienne, la plus charmante conversation, un empire étonnant sur elle-même; enfin, la comtesse est tout à la fois madame de Montespan, Ca-therine de Médicis, Catherine II aussi, si vous voulez: le génie politique le plus audacieux et le génie féminin le plus étendu, cachés sous une beauté merveilleuse. Avoir veillé sur son neveu, malgré la haine de l'aîné qui en est jaloux, malgré la haine et l'indifférence du père, l'avoir arraché à ces dangers, avoir été l'une des reines de la cour du vice-roi Eugène, puis rien; toutes ces crises ont enrichi sa force naturelle, exercé ses facultés et réveillé les instincts engourdis au fond de son âme par sa prospérité première, par un mariage dont les joies ont été rares, à cause des constantes absences du serviteur dévoué de Napoléon. Chacun voit ou devine en elle les mille trésors de la passion, les ressources et les brillants du plus beau cœur féminin.

Le vieux chanoine, qu'elle a séduit, met à Novare, petite ville piémontaise, Fabrice sous la protection d'un curé. Ce curé arrête les recherches de la police par ce mot: «C'est un cadet mécontent de ne pas être aîné.» Au moment où la Gina, qui avant rêvé que Fabrice serait aide-de-camp de Napoléon, voit Napoléon à Sainte-Hélène, elle comprend que Fabrice, inscrit au livre noir de la police milanaise, est à jamais perdu pour elle.

Pendant les incertitudes qui régnèrent en Europe au moment de la bataille de Waterloo, la Gina a fait la connaissance du comte Mosca della Rovere, le ministre du fameux prince de Parme, Ranuce-Ernest IV.

Arrêtons-nous ici.

Certes, après avoir lu le livre, il est impossible de ne pas reconnaître, dans le comte Mosca, le plus remarquable portrait qu'on puisse jamais faire du prince de Metternich, mais transporté, de la grande chancellerie de l'empire d'Autriche, dans le modeste Etat de Parme. L'Etat de Parme et le fameux Ernest IV me semblent également être le prince de Modène et son duché. M. Beyle dit d'Ernest IV qu'il est un des princes les plus riches de l'Europe: la fortune du duc de Modène est célèbre. Afin d'éviter les personnalités, l'auteur a dépensé plus de talent qu'il n'en a fallu à Walter-Scott pour faire le plan de *Kenilworth.* En effet, ces deux ressemblances sont assez vagues à l'extérieur pour être niées, et si réelles à l'intérieur, que les connaisseurs ne peuvent pas s'y tromper. M. Beyle a tant exalté le sublime caractère du premier ministre de l'Etat de Parme, qu'il est douteux que le prince de Metternich soit aussi grand que Mosca, quoique le cœur de ce célèbre homme d'Etat offre, à qui sait bien sa vie, un ou deux exemples de passions d'une étendue au moins égale à celle de Mosca. Ce n'est pas calomnier le ministre autrichien que de le croire capable de toutes les grandeurs secrètes de Mosca. Quant à ce qu'est Mosca dans tout l'ouvrage, quant à la conduite de l'homme que la Gina regarde *comme le plus grand diplomate de l'Italie,* il a fallu du génie pour créer les incidents, les événements et les trames innombrables et renaissantes au milieu desquelles cet immense caractère se déploie. Tout ce que M. de Metternich a fait dans sa longue carrière n'est pas plus extraordinaire que ce que vous voyez faire à Mosca. Quand on vient à songer que l'auteur a tout inventé, tout brouillé, tout débrouillé, comme les choses se brouillent et se débrouillent dans une cour, l'esprit le plus intrépide, et à qui les conceptions sont familières, reste étourdi, stupide devant un pareil travail. Quant à moi, je crois à quelque *lampe merveilleuse littéraire.* Avoir osé mettre en scène un homme de génie de la force de M. de Choiseul, de Potemkin, de M. de Metternich, le créer, prouver la création par l'action même de la créature, le faire mouvoir dans un milieu qui lui soit propre et où ses facultés se déplient, ce n'est pas l'œuvre d'un homme, mais d'une fée, d'un enchanteur. Figurez-vous que les plans les plus savamment compliqués de Walter-Scott n'arrivent pas à l'admirable simplicité qui règne dans le récit de ces événements si nombreux, si *feuillus,* pour employer la célèbre expression de Diderot.

Voici le portrait de Mosca. Nous sommes en 1816, notez ce point!

«Il pouvait avoir quarante ou quarante-cinq ans, il avait de grands traits, aucun vestige d'importance, et un air gai et simple qui prévenait en sa faveur: il eût été fort bien encore, si une bizarrerie de son prince ne l'eût obligé à porter de la poudre dans les cheveux, comme gage de bons sentiments politiques.»

Ainsi, la poudre que porte M. de Metternich, et qui adoucit sa figure déjà si douce, est justifiée chez Mosca par la volonté du maître. Malgré les prodigieux efforts de M. Beyle, qui de page en page, y naturalise des inventions merveilleuses pour tromper son lecteur et détourner ses allusions, l'esprit est à Modène, et ne consent point à rester à Parme. Quiconque a vu, connu, rencontré M. de Metternich, croit l'entendre parler par la bouche de Mosca, lui en prête la voix et lui donne ses manières. Quoique, dans l'œuvre, Ernest IV meure, et que le duc de Modène existe, on se souvient toujours de *ce prince si célèbre par ses sévérités, que les libéraux de Milan appelaient des cruautés.* Telles sont les expressions de l'auteur en parlant du prince de Parme.

Ces deux portraits, commencés avec des intentions piquantes, n'ont d'ailleurs rien de blessant, rien qui sente la vengeance.   Quoique M. Beyle n'ait pas à se louer de M. de Metternich, qui lui a refusé l'*exequatur* du consulat de Trieste, et quoique le duc de Modène n'ait jamais pu voir avec plaisir l'auteur de *Rome, Naples et Florence,* des *Promenades dans Rome,* etc., ces deux figures sont d'un grand goût et d'une haute convenance.

Voici ce qui sans doute est arrivé dans le travail même de ces deux créations. Emporté par l'enthousiasme nécessaire à qui manie la glaise et l'ébauchoir, la brosse et la couleur, la plume et les trésors de la nature morale, M. Beyle parti pour peindre une petite cour d'Italie et un diplomate, a fini par le type du PRINCE et par le type des premiers ministres. La ressemblance, commencée avec la fantaisie des esprits moqueurs, a cessé là où le génie des arts est apparu à l'artiste.

La convention des masques une fois faite, le lecteur, vivement intéressé, accepte l'admirable paysage d'Italie que peint l'auteur, la ville et toutes les constructions nécessaires à ses récits, qui, en bien des parties, ont la magie d'un conte de l'Orient.

Cette longue parenthèse était indispensable. Continuons.

Mosca se prend d'amour, mais d'un amour immense, éternel, infini pour la Gina, absolument comme M. de Metternich pour la Leykam. Il lui donne, au risque de se compromettre, les nouvelles diplomatiques avant tout le monde. La présence à Milan du ministre de Parme est parfaitement expliquée plus tard.

Pour vous peindre cet amour si célèbre des Italiens et des Italiennes, il faut vous raconter un fait assez célèbre. A leur départ, en 1799, les Autrichiens, virent en partant, sur le Bastion, une certaine comtesse B. . .nini qui se promenait en voiture avec un chanoine, insouciants des révolutions et de la guerre, ils s'aimaient.   Le Bastion est une magnifique promenade qui commence à la Porte Orientale (*Porta Renza*), et qui est comme les Champs-Elysées de Paris: à cette différence près, qu'à gauche se déploie *il Duomo,* «cette montagne d'or changée en marbre!» a dit François II, qui avait du trait; et à droite les franges neigeuses, les échancrures sublimes des Alpes. A leur retour en 1814, la première chose que virent les Autrichiens fut la comtesse et le chanoine, dans la même voiture et disant peut-être les mêmes choses, au même endroit du Bastion. J'ai vu, dans cette ville, un jeune homme qui souffrait s'il s'éloignait de plus d'un certain nombre de rues de la maison de sa maîtresse. Quand une femme donne des sensations à un Italien, il ne la quitte plus.

«Malgré son air léger, ses façons brillantes, Mosca, dit M. Beyle, n'avait pas une âme *à la française;* il ne savait pas *oublier* ses chagrins. Quand son chevet avait une épine, il l'usait en y piquant ses membres palpitants.» Cet homme supérieur devine l'âme supérieure de la comtesse, il en devient amoureux à faire des enfantillages de lycéens. «Après tout, se dit le ministre, la vieillesse n'est que l'impuissance de se livrer à ces délicieuses timidités.» La comtesse remarque un soir le regard beau et bienveillant de Mosca. (Le regard avec lequel M. de Metternich tromperait Dieu.)

—A Parme, lui dit-elle, si vous aviez ce regard, cela *leur* donnerait l'espoir de n'être pas pendus.

Enfin, le diplomate, après avoir reconnu combien cette femme est essentielle à son bonheur, et après trois mois de combats, arrive avec trois plans différents, inventés pour faire son bonheur, et la faire consentir au plus sage.

Aux yeux de Mosca, Fabrice est un enfant: l'intérêt excessif que la comtesse porte à son neveu lui semble une de ces *maternités d'élection* qui, jusqu'à ce que l'amour y règne, amusent les belles âmes de femme.

Mosca, par malheur, est marié. Donc, il amène à Milan le duc de San-Severina-Taxis. Laissez-moi, dans cette analyse, glisser quelques citations qui vous donneront des exemples du style vif, dégagé, quelquefois fautif de M. Beyle, et qui me permettront de me faire lire avec plaisir.

—Le duc est un joli petit vieillard de soixante-huit ans, gris pommelé, bien poli, bien propre, immensément riche, mais pas assez noble.—A cela près, ce duc n'est point trop imbécile, dit le ministre, il fait venir de Paris ses habits et ses perruques. Ce n'est pas un homme à méchancetés *pourpensées* d'avance, il croit sérieusement que l'honneur consiste à avoir un cordon, et il a honte de son bien. Il veut une ambassade. Epousez-le, il vous donne cent mille écus, un magnifique douaire, son palais et la plus superbe existence à Parme. Sous ces conditions, je le fais nommer ambassadeur du prince, il aura le grand cordon, et il part le lendemain de son mariage, vous êtes duchesse San-severina, et nous vivons heureux. Tout est convenu avec le duc, qui sera l'homme le plus heureux du monde de nos arrangements: il ne reparaîtra jamais à Parme. Si cette vie vous répugne, j'ai quatre cent mille francs, je donne ma démission et nous irons vivre à Naples.

—Savez-vous que ce que, vous et votre duc, vous arrangez est fort immoral! répond la comtesse.

—Pas plus immoral que ce que l'on fait dans toutes les cours, répond le ministre. Le pouvoir absolu a cela de commode, qu'il justifie tout. Chaque année, nous aurons peur de 1793, et tout ce qui diminuera cette peur sera souverainement moral. Vous entendrez les phrases que je fais là-dessus à mes réceptions. Le prince a consenti, et vous aurez un frère dans le duc, qui n'osait pas s'abandonner à l'espoir d'un tel mariage qui le sauve: il se croit perdu pour avoir prêté vingt-cinq napoléons au grand Ferrante Palla, un républicain, un poète quelque peu homme de génie que nous avons condamné à mort, heureusement par contumace.

La Gina accepte. La voilà duchesse de Sanseverina-Taxis, étonnant la cour de Parme par son amabilité, par la noble sérénité de son esprit. Sa maison est la plus agréable de la ville, elle y règne, elle est la gloire de cette petite cour.

Le portrait du prince Ernest IV, la réception de la duchesse, ses débuts auprès de chaque personnage de la famille régnante, tous ces détails sont des merveilles d'esprit, de profondeur, de concision. Jamais le cœur des princes, des ministres, des courtisans et des femmes n'a été peint ainsi. Vous lirez là une grande page.

Quand le neveu de la duchesse a fui la persécution autrichienne et a passé du lac de Côme à Novare sous la protection de son confesseur et du curé, il a rencontré Fabio Conti, général des armées de l'Etat de Parme, une des figures les plus curieuses de cette cour et du livre, un général qui ne s'occupe que de savoir si les soldats de Son Altesse doivent avoir ou sept ou neuf boutons à leur uniforme; mais ce comique général possède une fille ravissante, Clélia Conti. Fabrice et Clélia, fuyant tous deux les gendarmes, ont échangé une parole. Clélia est la plus belle créature de Parme. Aussitôt que le prince voit l'effet produit dans sa cour par la Sanseverina, il imagine de contrebalancer cette beauté par l'apparition de Clélia. Grand embarras! les demoiselles ne sont pas reçues à la cour: il la fait alors nommer chanoinesse.

Le prince a bien une maîtresse, il a la faiblesse de singer Louis XIV. Donc, par ton, il s'est donné sa La Vallière, une comtesse Balbi, qui met la main dans tous les sacs et n'est oubliée dans aucun marché de fournitures. Ernest IV serait désespéré si la Balbi n'était pas un peu avide: la fortune scandaleuse de sa maîtresse est un signe de puissance royale. Il a du bonheur, la comtesse est avare!

—Elle m'a reçue, dit la duchesse à Mosca, comme si elle attendait de moi une *buona mancia* (un pourboire).

Mais, à la grande douleur de Ranuce-Ernest IV, la comtesse, qui n'a pas d'esprit, n'est pas en état de soutenir la comparaison avec la duchesse; il en est humilié, première cause d'irritation. Sa maîtresse a trente ans, elle offre le modèle du *joli* italien.

«C'était toujours les plus beaux yeux du monde et les petites mains les plus gracieuses; mais sa peau était parsemée d'un nombre infini de petites rides fines qui la faisaient ressembler à une jeune vieille. Comme elle était forcée de sourire à tout ce que disait le prince, et qu'elle voulait lui faire croire par ce malin sourire qu'elle comprenait, le comte de Mosca disait que ces bâillements intérieurs avaient, à la longue, produit les rides.»

La duchesse pare la première botte que lui porte Son Altesse en se faisant une amie de Clélia, qui, par bonheur, est une innocente créature. Par politique, le prince laisse vivre à Parme une sorte de parti, dit libéral (Dieu sait quels libéraux!) Un libéral est un homme qui fait peindre les grands hommes de l'Italie, Dante, Machiavel, Pétrarque, Léon X, recevant Monti dans un plafond. Cela passe pour un épigramme contre le pouvoir qui n'a plus de grands hommes. Ce parti libéral a pour chef une marquise Raversi, assez laide et méchante, taquine comme une Opposition. Fabio Conti, le général, est de ce parti. Le prince, qui pend les agitateurs, a ses raisons pour avoir un parti libéral.

Ernest IV jouit d'un Laubardemont, son Fiscal-Général ou
grand juge, appelé Rassi. Ce Rassi, plein d'esprit naturel, est un
des personnages les plus horriblement comiques ou comiquement
horribles qu'on puisse se figurer: il rit et fait pendre, il plaisante
avec sa justice. Il est nécessaire, indispensable au prince. Rassi
est un mélange de Fouché, de Fouquier-Tinville, de Merlin, de
Triboulet et de Scapin. On appelle le prince *tyran:* il dit que
c'est conspirer et il vous pend. Il a pendu déjà deux libéraux.
Depuis cette exécution célèbre en Italie, le prince, brave sur le
champ de bataille et qui a commandé des armées, le prince,
homme d'esprit, a peur. Ce Rassi devient quelque chose de
terrible, il arrive à des proportions gigantesques en restant toujours grotesque: il est toute la justice de ce petit Etat.

Voici ce qui ne manque pas d'arriver à la cour, des triomphes de la duchesse. Le comte et la duchesse, ce couple
d'aigles en cage dans cette capitalette, offusque bientôt le prince.
D'abord, la duchesse aime sincèrement le comte, le comte est de
jour en jour plus amoureux, et ce bonheur taquine un prince
ennuyé. Les talents de Mosca sont indispensables au cabinet de
Parme. Ranuce-Ernest et son ministre sont attachés l'un à l'autre
comme les deux frères Siamois. En effet, ils ont à eux deux,
ourdi le plan impossible (précaution oratoire de M. Beyle) de
faire un seul Etat du nord de l'Italie. Sous son masque d'absolu-
tisme, le prince trame des intrigues pour devenir le souverain de
ce royaume constitutionnel. Il meurt d'envie de singer Louis
XVIII, de donner une charte et les deux Chambres à la haute
Italie. Il se croit un grand politique, il a son ambition: il relève
à ses yeux sa position chétive par ce projet entièrement connu
de Mosca, il a l'emploi de ses trésors! Plus il a besoin de Mosca
et plus il reconnaît de talent à son ministre, plus il y a de raisons
au fond de cette âme de prince pour une jalousie inavouée. On
s'ennuie à la cour, on s'amuse au palais Sanseverina. Que lui
reste-t-il pour se démontrer à lui-même sa puissance? La chance
de tourmenter son ministre. Et il le tourmente cruellement! Le
prince essaie d'abord, sur le ton plaisant, d'avoir la duchesse
pour maîtresse, elle refuse; il y a des piques d'amour-propre dont
les éléments sont faciles à deviner dans cette courte analyse.
Bientôt, le prince en arrive à vouloir attaquer son ministre dans
la duchesse, et il cherche alors les moyens de la faire souffrir.

Toute cette partie du roman est d'une remarquable solidité littéraire. Cette peinture a la grandiose d'une toile de cinquante pieds de long sur trente de hauteur, et en même temps le faire, l'exécution est d'une finesse hollandaise. Nous arrivons au drame, et au drame le plus complet, le plus saisissant le plus étrange, le plus vrai, le plus profondément fouillé dans le cœur humain qu'on ait jamais inventé, mais qui a existé, certes, à plusieurs époques, et qui reparaîtra dans les cours où il se re-jouera, comme Louis XIII et Richelieu, comme François II et M. de Metternich, comme Louis XV, la Dubarry et M. de Choiseul l'ont joué déjà.

Ce qui, dans cet établissement, a surtout souri à la duchesse, est la possibilité de faire un sort à son héros, à ce fils du cœur, à Fabrice son neveu. Fabrice devra sa fortune au génie de Mosca. L'amour qu'elle a conçu pour l'enfant, elle le continue à l'adolescent. Je puis vous le dire par avance, cet amour deviendra plus tard, à l'insu de la Gina, puis à sa connaissance, une passion qui arrivera au sublime. Néanmoins, elle sera toujours la femme du grand diplomate, à qui elle n'aura pas fait d'autre infidélité que celle des mouvements passionnés de son cœur pour cette jeune i-dole; elle ne trompera pas l'homme de génie, elle le rendra toujours heureux et fier; elle lui fera connaître ses moindres émotions, il en ressentira les plus horribles fureurs de la jalousie, et n'aura jamais lieu de se plaindre. La duchesse sera franche, naïve, sublime, résignée, remuée comme un drame de Shakspeare, belle comme la poésie, et le lecteur le plus sévère n'aura rien à redire. Aussi, peut-être jamais un poète ne s'est-il tiré d'une pareille donnée avec autant de bonheur que M. Beyle dans cette œuvre hardie. La duchesse est une de ces magnifiques statues qui font tout à la fois admirer l'art et maudire la nature avare de pareils modèles. La Gina, quand vous aurez lu le livre, restera devant vos yeux comme une statue sublime: ce ne sera ni la Vénus de Milo, ni la Vénus de Medici; ce sera la Diane avec la volupté de la Vénus, avec la suavité des vierges de Raphaël et le mouvement de la passion italienne. La duchesse n'a surtout rien de français. Oui, le Français qui a modelé, râpé, travaillé ce marbre, n'y a rien mis du terroir. Corinne, sachez-le bien, est une ébauche misé-rable auprès de cette vivante et ravissante créature. Vous la trouverez grande, spirituelle, passionnée, toujours vraie, et ce-pendant l'auteur a soigneusement caché le côté sensuel. Il n'y a pas dans l'ouvrage un mot qui puisse faire penser aux voluptés de l'amour ni les inspirer. Quoique la duchesse, Mosca, Fabrice, le prince et son fils, Clélia, quoique le livre et les personnages soient, de part et d'autre, la passion avec toutes ses fureurs; quoique ce soit l'Italie telle qu'elle est, avec sa finesse, sa dissimulation, sa ruse, son sang-froid, sa ténacité, sa haute politique à tout propos, *la Chartreuse de Parme* est plus chaste que le plus puritain des romans de Walter-Scott. Faire un personnage noble, grandiose, presqu'irréprochable d'une duchesse qui rend un Mosca heureux, et ne lui cache rien, d'une tante qui adore son neveu Fabrice, n'est-ce pas un chef-d'œuvre?   La Phèdre de Racine, ce rôle sublime de la scène française, que le jansénisme n'osait condamner, n'est ni si beau, ni si complet, ni si animé.

Donc, au moment que tout sourit à la duchesse, quand elle s'amuse de cette existence de cour où la tempête est toujours à craindre, lorsqu'elle est le plus tendrement attachée au comte, qui, littéralement, est fou de bonheur; quand il a la patente et les honneurs de premier ministre, *lesquels approchent* fort de ceux que l'on rend au souverain lui-même, elle lui dit un jour:

—Et Fabrice?

Le comte offre alors de lui faire obtenir, en Autriche, la grâce de ce cher neveu.

—Mais, s'il est un peu au-dessus des jeunes gens qui promènent leurs chevaux anglais dans les rues de Milan, quelle vie que celle qui, à dix-huit ans, ne fait rien et qui jouit de la perspective de ne rien faire! Si, dit Mosca, le ciel lui avait accordé une vraie passion, ne fût-ce que pour la pêche à la ligne, je la respecterais; mais que fera-t-il à Milan, une fois sa grâce obtenue?

—Je le voudrais officier, dit la duchesse.

—Conseilleriez-vous à un souverain, dit Mosca, de confier un poste quelconque qui, dans un jour donné, peut avoir quelque importance, à un jeune homme qui a montré de l'enthousiasme, qui, de Côme est allé rejoindre Napoléon à Waterloo? Un del Dongo ne peut être ni marchand, ni avocat, ni médecin. Vous allez jeter les hauts cris, mais vous y viendrez. Si Fabrice le veut, il sera promptement archevêque de Parme, une des plus belles dignités d'Italie, et de là cardinal. Nous avons eu à Parme trois del Dongo archevêques, le cardinal qui a écrit en 16. .: Fabrice en 1700 et Ascagne en 1750. Seulement, serais-je assez long-temps ministre? voilà toute l'objection.

Après deux mois de discussions, la duchesse, battue sur tous les points par les observations du comte, et désespérée de l'état précaire d'un cadet milanais, dit un jour cette profonde parole d'Italienne à son ami:

—Reprouvez-moi que toute autre carrière est impossible pour Fabrice.

Le comte reprouve.

La duchesse, sensible à la gloire, ne voit pas d'autre moyen de salut ici-bas, pour son cher Fabrice, que l'Eglise et ses hautes dignités, car l'avenir de l'Italie est à Rome, et pas ailleurs. Pour quiconque a bien étudié l'Italie, il est démontré que l'unité du gouvernement dans ce pays, que sa nationalité ne se rétablira que par la main d'un Sixte-Quint. Le pape a seul le pouvoir de remuer et de reconstituer l'Italie. Aussi voyez avec quels soins la cour d'Autriche a surveillé depuis trente ans l'élection des papes, à quels vieillards imbéciles elle a laissé ceindre la triple couronne. «Périsse le catholicisme plutôt que ma domination!» semble être le mot d'ordre. L'avare Autriche dépenserait un million pour empêcher l'élection d'un pape à idées françaises. Enfin, si quelque beau génie italien dissimulait assez pour revêtir la soutane blanche, il pourrait mourir comme Ganganelli. Là peut-être se trouve le secret des refus de la cour de Rome, qui n'a pas voulu prendre la potion fortifiante, l'élixir que lui présentaient de beaux génies ecclésiastiques français: Borgia n'eût pas manqué de les faire asseoir parmi ses cardinaux dévoués. L'auteur de la bulle *In caena Domini* aurait compris la grande pensée gallicane, la démocratie catholique, il l'eût appropriée aux circonstances. En faisant sortir cette réforme du sein de l'Eglise, il l'eût rendue salutaire, il aurait sauvé les trônes. M. de Lamennais, cet ange égaré, n'eût pas alors, par obstination bretonne, abandonné l'Eglise Catholique, Apostolique et Romaine.

La duchesse adopte donc le plan du comte. Chez cette grande femme, il y a, comme chez les grands politiques, un moment d'incertitude, d'hésitation devant un plan; mais elle ne revient jamais sur ses résolutions. La duchesse a toujours raison de vouloir ce qu'elle a voulu. La persistance, cette qualité de son caractère impérieux, imprime je ne sais quoi de terrible à toutes les scènes de ce drame fécond.

Rien de plus spirituel que l'initiation de Fabrice à ses futures destinés. Les deux amants étalent à Fabrice les chances de sa vie. Fabrice, garçon d'étonnamment d'esprit, comprend tout et aperçoit la Tiare. Le comte ne prétend pas en faire un prêtre comme on en voit tant en Italie. Fabrice est grand seigneur, il peut rester ignorant si bon lui semble, il n'en sera pas moins archevêque. Fabrice se refuse à mener la vie de café, il a horreur de la pauvreté, et devine qu'il ne peut pas être militaire. Quand il parle d'aller se faire citoyen américain (nous sommes en 1817), on lui explique la triste vie du Dieu Dollar, et le respect dû aux artisans, à la masse qui par ses votes décide tout. Fabrice a horreur de la *canaillocratie.*

A la voix du grand diplomate, qui lui montre la vie comme elle est, les illusions du jeune homme s'envolent. Il n'avait pas compris ce qui est incompréhensible pour les jeunes gens, le *N'ayez pas de zèle!* de M. de Talleyrand.

—Songez, lui dit Mosca, qu'une proclamation, un caprice de cœur précipite l'homme enthousiaste dans le parti contraire à ses sympathies futures.

Quelle phrase!

Les instructions du ministre au néophyte qui ne doit revenir à Parme que *Monsignore,* en bas violets, et qu'il envoie à Naples faire ses études avec des lettres de recommandation pour l'archevêque, un homme d'esprit de ses amis; ces instructions, données dans le salon de la duchesse et en jouant, sont admirables. Une seule citation vous montrera la finesse des aperçus, la science de la vie que l'auteur donne à ce grand personnage:

«Crois ou ne crois pas à ce qu'on t'enseignera, *mais ne fais jamais aucune objection,* dit-il à Fabrice. Figure-toi qu'on t'apprend les règles du jeu de whist; ferais-tu des objections aux règles du whist? et, une fois les règles connues et adoptées, ne voudrais-tu pas gagner? Ne tombe pas dans la vulgarité de parler avec horreur de Voltaire, de Diderot, de Raynal et de tous ces écervelés de Français, qui nous ont valu le sot gouvernement des deux Chambres. Parles-en avec une ironie calme, ce sont gens réfutés depuis long-temps: 93 est là. On te pardonnera de petites intrigues galantes, si elles sont bien menées, et l'on tiendrait note de tes objections: l'âge supprime l'intrigue, et augmente le doute. Crois à tout, ne cède pas à la tentation de briller; sois terne: les yeux fins verront ton esprit dans tes yeux et il sera temps d'avoir de l'esprit quand tu seras archevêque!»

L'étonnante et fine supériorité de Mosca n'est jamais en défaut, ni en action, ni en paroles; elle fait de ce livre un livre aussi profond de page en page que les maximes de La Rochefoucauld. Et remarquez que la passion fait commettre des fautes au comte et à la duchesse, ils sont forcés de déployer leur génie pour les réparer. A un homme qui l'eût consulté, le comte aurait expliqué les malheurs qui l'attendraient à Parme auprès d'Ernest IV. Mais sa passion l'a rendu complètement aveugle pour lui-même. Le talent seul sait vous faire trouver de vous-même ce poignant comique. Les grands politiques ne sont, après tout, que des équilibristes qui, faute d'attention, voient s'écrouler leur plus bel édifice. Richelieu ne fut sauvé de son danger, à la journée des Dupes, que par le bouillon de la reine mère, qui ne voulut pas aller à Saint-Germain sans avoir pris le lait de poule qui lui conservait le teint. La duchesse et Mosca vivent par une tension perpétuelle de toutes leurs facultés; aussi le lecteur qui suit le spectacle de leur vie est-il en transe, de chapitre en chapitre, tant les difficultés de cette existence sont bien posées, sont spirituellement expliquées. Enfin, remarquons-le bien, ces crises, ces terribles scènes sont cousues dans la trame du livre: les fleurs ne sont pas rapportés, elles font corps avec l'étoffe.

—Il faut cacher nos amours, dit tristement la duchesse à son ami, le jour où elle a deviné que sa lutte avec le prince a commencé.

Quand, pour opposer comédie à comédie, elle laisse deviner à Ernest IV qu'elle n'est que médiocrement éprise du comte, elle lui donne un jour de bonheur; mais le prince est fin, il se voit joué tôt ou tard. Et son désappointement accroît l'orage amené par de mauvais vouloirs.

Ce grand ouvrage n'a pu être conçu ni exécuté que par un homme de cinquante ans, dans toute la force de l'âge et dans la maturité de tous les talents. On s'aperçoit de la perfection en toute chose. Le rôle du prince est tracé de main de maître,

et c'est, comme je vous l'ai dit, *le Prince.* On le conçoit admirablement comme homme et comme souverain. Cet homme
serait à la tête de l'empire russe, il serait capable de le mener, il
serait grand; mais l'homme resterait ce qu'il est, susceptible de
vanité, de jalousie, de passion. Au dix-septième siècle, à Versailles, il serait Louis XIV et se vengerait de la duchesse, comme
Louis XIV de Fouquet. La critique ne peut rien reprocher au
plus grand comme au plus petit personnage: ils sont tous ce
qu'ils doivent être. Là est la vie et surtout la vie des cours, non
pas dessinée en caricature comme Hoffmann a tenté de le faire,
mais sérieusement et malicieusement. Enfin, ce livre vous explique admirablement tout ce que la camarilla de Louis XIII
faisait souffrir à Richelieu. Cet ouvrage, appliqué à des intérêts
vastes comme ceux du cabinet de Louis XIV, du cabinet de Pitt,
du cabinet de Napoléon ou du cabinet russe, eût été impossible
à cause des longueurs et des explications qu'auraient voulues
tant d'intérêts voilées; tandis que vous brassez bien l'état de
Parme; et Parme vous fait comprendre, *mutato nomine,* les
intrigues de la cour la plus élevée. Les choses étaient ainsi sous
le pape Borgia, à la cour de Tibère, à la cour de Philippe II; elles
doivent être ainsi à la cour de Pékin!

Entrons dans le terrible drame italien qui s'est lentement
et logiquement préparé d'une façon charmante. Je vous passe
les détails de la cour et ses figures originales: la princesse qui
croit devoir faire la malheureuse, parce que le prince a sa Pompa-
dour; l'héritier présomptif qu'on tient en cage; la princesse
Isota, le chambellan, le ministre de l'intérieur, le gouverneur de
la citadelle, Fabio Conti. On ne peut pas prendre la moindre
chose en plaisanterie. Si, comme la duchesse, Fabrice et Mosca,
vous acceptez la cour de Parme, vous jouez au whist et vos
intérêts sont sur le tapis. Quand le premier ministre se croit
renversé, il dit très-sérieusement:

—Lorsque notre société sera partie, nous aviserons aux
moyens de nous barricader cette nuit; le mieux serait de partir,
pendant que l'on danse, pour votre terre de Sacca, près du Pô,
d'où l'on passe en vingt minutes en Autriche.

En effet, la duchesse, le ministre, tout sujet de Parme
peut aller finir ses jours à la citadelle.

Quand le prince a fait l'aveu de ses velléités à la duchesse, et qu'elle lui a dit:

—De quel front, vous et moi, reverrions-nous Mosca, cet homme de génie et de cœur?

—Mais, dit le prince, j'y ai pensé: nous ne le reverrions plus! la citadelle est là.

La Sanseverina n'a pas manqué de dire cette parole à Mosca, qui s'est mis en règle.

Quatre ans se passent.

Le ministre, qui n'a pas laissé venir Fabrice à Parme pendant ces quatre ans, lui permet d'y reparaître quand le pape l'a fait Monsignore, espèce de dignité qui donne le droit de porter le bas violet. Fabrice a répondu dignement à l'attente de son maître en politique. A Naples, il a eu des maîtresses, il a eu la passion des antiquités, il a vendu ses chevaux pour faire des fouilles, il a été bien, il n'a éveillé aucune jalousie, il pourra devenir pape. Le grand plaisir de son retour à Parme est d'être délivré des attentions de la charmante duchesse d'A. . . Son gouverneur, qui a fait de lui un savant homme, obtient une croix et une pension. Les débuts de Fabrice à Parme, son arrivée, ses diverses présentations à la cour, constituent la plus haute comédie de ce genre, de caractère et d'intrigue qui se puisse lire. En plus d'un endroit, les hommes supérieurs poseront ce livre sur leur table, pour se dire à eux-mêmes:

—Mon Dieu! combien ceci est beau, finement arrangé, profond!

Ils méditeront des paroles comme celles-ci, par exemple, que les princes devraient bien méditer pour leur bonheur: «Les gens d'esprit qui naissent sur le trône (ou à côté) perdent bientôt toute leur finesse de tact; ils proscrivent, autour d'eux, la liberté de conversation qui leur paraît grossièreté, ils ne veulent voir que des masques et prétendent juger de la beauté du teint. Le plaisant est qu'ils se croient du tact.»

Ici commence la passion ingénue de la duchesse pour Fabrice et les tourments de Mosca. Fabrice est un diamant qui n'a rien perdu en se laissant polir. La Gina, qui l'avait envoyé à

Naples avec la tournure d'un hardi cassecou, dont la cravache semblait être une partie inhérente de la personne, lui voit un air noble et assuré devant les étrangers, et dans le particulier le même feu de la jeunesse.

—Ce neveu, dit Mosca à son amie, ornera toutes les dignités.

Mais le grand diplomate, d'abord attentif à Fabrice vient à regarder la duchesse, et *lui trouve des yeux singuliers.*

—J'ai la *cinquantaine,* pense-t-il.

La duchesse est si heureuse, qu'elle ne songe pas au comte. Ce effet profond, causé sur Mosca par un seul regard, est sans remède.

Quand Ranuce-Ernest IV a deviné que la tante aime le neveu un peu plus que la parenté ne le permet, ce qui est un inceste à Parme, il est au comble du bonheur. Il écrit à son ministre une lettre anonyme à ce sujet. Quand il est sûr que Mosca l'a lue, il le mande, sans lui laisser le temps d'aller chez la duchesse, et il le tient sur le gril dans une conférence pleine d'amitié et de chatteries princières. Certes, la douleur de l'amour saignant dans une belle âme est toujours une scène qui attache; mais cette âme est italienne, cette âme est celle d'un homme de génie, et je ne sais rien de saisissant comme le chapitre sur la jalousie de Mosca.

Fabrice n'aime pas sa tante; il l'adore comme tante, elle ne lui inspire pas de désirs comme femme; néanmoins, dans leur entretien, un geste, un mot peut faire éclater la jeunesse, un rien peut faire alors partir sa tante, parce que la richesse, les honneurs ne sont rien pour elle, qui, déjà devant tout Milan, a su vivre à un troisième étage, avec quinze cents francs de rente. Le futur archevêque aperçoit un abîme. Le prince est heureux comme un roi en attendant une catastrophe dans le bonheur privé de son cher ministre. Mosca, le grand Mosca, pleure comme un enfant! La prudence de ce cher Fabrice, qui comprend Mosca, qui comprend sa tante, empêche tout malheur. Le Monsignore se fait amoureux d'une petite Marietta, actrice du dernier ordre, une colombine qui a son arlequin, un certain Giletti, ancien dragon de Napoléon et maître d'armes, un homme affreux d'âme et de corps, qui gruge la Marietta, qui la bat, qui lui vole tous ses châles bleus et tout ce qu'elle gagne.

Mosca respire. Le prince est inquiet, sa proie lui échappe, il pouvait tenir la Sanseverina par son neveu, voilà le neveu qui est un profond politique! Malgré la Marietta, la passion de la duchesse est si naïve, ses familiarités sont si dangereuses, que Fabrice, pour tout concilier, propose au comte, qui est aussi antiquaire et qui fait faire des fouilles, d'aller à la campagne diriger les travaux. Le ministre adore Fabrice. La troupe où est la Marietta, la *mamaccia* de Marietta, figure faite en quatre pages avec une vérité, une profondeur de mœurs, étonnante,— et Giletti, tout ce bagage comique quitte Parme. Ce trio, Giletti, la *mamaccia,* Marietta passent sur la route, au moment où Fabrice chasse. Survient une rencontre du dragon, qui veut, par accès de jalousie italienne, *tuer le calotin,* et de Fabrice, qui s'ébahit de voir Marietta sur la route. Le duel fortuit devient sérieux quand Fabrice voit Giletti, qui n'a qu'un œil, vouloir le défigurer: il le tue. Giletti était bien l'agresseur, les ouvriers occupés à la fouille ont tout vu. Fabrice comprend tout le parti que les Raversi et les libéraux tireront de cette ridicule aventure contre lui, contre les ministres, contre sa tante; il s'enfuit, il passe le Pô. Grâce à l'adresse de Ludovic, un ancien serviteur de la maison Sanseverina, un garçon qui fait des sonnets, il trouve un asile et arrive à Bologne, où il revoit la Marietta. Ludovic s'attache fanatiquement à Fabrice. Cet ancien cocher est une des plus complètes figures du second plan. La fuite de Fabrice, les paysages du Pô, la peinture des lieux célèbres par où passe le jeune prélat, ses aventures pendant son exil de Parme, sa correspondance avec l'archevêque, autre caractère admirablement tracé, les moindres détails sont d'une exécution littéraire marquée au coin du génie. Et tout est italien à faire prendre la poste et courir en Italie, y chercher ce drame et cette poésie. Le lecteur se fait Fabrice.

Durant cette absence, Fabrice va revoir les lieux de sa naissance, le lac de Côme, et le château paternel, malgré les dangers de sa position à l'égard de l'Autriche, alors très sévère. On est en 1821, époque à laquelle on ne badinait pas à l'article passe-port. Le prélat reconnu pour Fabrice del Dongo peut aller au Spielberg. Dans cette partie du livre, l'auteur achève la peinture d'une belle tête, celle d'un abbé Blanès, simple curé, qui adore Fabrice et qui cultive l'astrologie judiciaire. Ce portrait est fait si sérieusement, il y éclate une foi si grande aux sciences occultes, que les plaisanteries dont ces sciences—auxquelles on reviendra et qui ne reposent pas, comme on l'a cru, sur des bases fausses,—peuvent être l'objet, expirent sur les lèvres des incrédules. Je ne sais pas quelle est l'opinion de l'auteur mais il donne raison à l'abbé Blanès. L'abbé Blanès est un personnage vrai en Italie. Le vrai se sent là comme on voit si telle tête de Titien est le portrait d'un Venitien ou une fantaisie.

Le prince fait instruire le procès de Fabrice, et dans ce procès se déploie le génie de Rassi. Le fiscal général fait voyager les témoins favorables, il en soudoie d'accablants, et comme il le dit impudemment au prince, il tire de cette niaiserie—la mort donnée à un Giletti par un del Dongo, dans le cas de défense personnelle, par un del Dongo, frappé le premier!—une condamnation à vingt ans de détention dans la forteresse. Le prince voudrait une condamnation capitale, *afin de faire grâce* et d'humilier ainsi la Sanseverina.

—Mais, dit Rassi, j'ai fait mieux, je lui ai cassé le cou, sa carrière est à jamais barrée. La cour de Rome ne pourra plus rien pour un meurtrier.

Le prince tient enfin dans ses serres la Sanseverina! Ah! c'est alors que la duchesse devient belle, que la cour de Parme est agitée, que le drame s'illumine et prend des proportions gigantesques. Une des plus belles scènes du roman moderne est, certes, celle où la Sanserverina vient faire ses adieux au souverain, et lui pose un *ultimatum.* La scène d'Elisabeth, d'Amy, de Leicester, dans *Kenilworth,* n'est pas plus grande, ni plus dramatique, ni plus terrible. Le tigre est bravé dans son antre; le serpent est pris, il a beau se rouler et demander grâce, la femme l'écrase. La Gina veut, elle ordonne, elle obtient un rescrit du prince qui anéantit la procédure. Elle ne veut pas de grâce, le prince mettra que *la procédure est injuste et ne peut avoir de suite;* ce qui est absurde chez un souverain absolu. Cet absurde, elle l'exige, elle l'obtient. Mosca est magnifique dans cette scène, où les deux amants sont tour à tour sauvés, perdus, en péril pour un geste, pour un mot, pour un regard!

Dans tous les métiers, les artistes ont un amour-propre invincible, un sentiment de l'art, une conscience des choses qui est indélébile chez l'homme. On ne corrompt pas, on n'achète jamais cette conscience. L'acteur qui veut le plus de mal à son théâtre ou à un auteur ne jouera jamais mal un rôle. Le chimiste, appelé pour chercher de l'arsenic dans un cadavre, le trouvera s'il y en a. L'écrivain, le peintre seront toujours fidèles à leur génie, même en présence de l'échafaud. Ceci n'existe pas chez la femme. L'univers est le marchepied de sa passion. Aussi la femme est-elle plus grande et plus belle que l'homme en ceci. La Femme est la Passion, et l'Homme est l'Action. Si ce n'était pas ainsi, l'Homme n'adorerait pas la Femme. Aussi est-ce dans le cercle social de la Cour, qui donne le plus de ressort à la passion, que la femme jette son plus vif éclat. Son plus beau théâtre est le monde du pouvoir absolu. Voilà pourquoi il n'y a plus de femmes en France. Or le comte Mosca supprime, par un amour-propre de ministre, dans le rescrit du prince, les mots sur lesquels appuie la duchesse. Le prince se croit préféré par son ministre à la Sanseverina, et il lui jette un coup d'œil que le lecteur voit. Mosca, comme homme d'Etat, ne veut pas contre-signer une sottise, voilà tout: le prince se trompe. Dans l'ivresse de son triomphe, heureuse d'avoir sauvé Fabrice, la duchesse, qui se fie à Mosca, ne relit pas le rescrit. On la croyait perdue, elle avait fait tous ses préparatifs de départ à la face de Parme, elle revient à la Cour, ayant fait une révolution. On croyait Mosca disgracié. La condamnation de Fabrice était prise comme une insulte du prince à la duchesse et au ministre. Point, la Raversi est exilée. Le prince rit, il tient sa vengeance: cette femme qui l'a humilié, il va la faire mourir de douleur.

La marquise Raversi, au lieu de faire les *Tristes* d'Ovide, comme tous ceux qui sont bannis d'une cour où ils remuaient le pouvoir, se met à l'œuvre. Elle devine ce qui s'est passé chez le prince, elle soutire les secrets de Rassi, qui la laisse faire; il connaît les intentions du prince. La marquise a des lettres de la duchesse, elle envoie son amant au bagne de Gênes faire faire une lettre de la duchesse à Fabrice, qui lui annonce son triomphe et lui donne un rendez-vous au château de Sacca, près du Pô, délicieux séjour où la duchesse passe les étés. Le pauvre Fabrice y accourt, il est pris, on lui met les menottes, il est écroué à la citadelle; et, pendant qu'on l'écroue, il reconnaît la fille du gouverneur, Fabio Conti, la belle et sublime Clélia, pour laquelle il ressentira cet amour éternel qui ne pardonne pas.

Fabrice del Dongo, son neveu, celui qu'elle adore, en tout bien tout honneur, à la citadelle!... Jugez de la duchesse! Elle apprend la faute de Mosca. Elle ne veut plus voir Mosca. Il n'y a plus que Fabrice au monde! Une fois dans cette terrible forteresse, il peut y mourir, y mourir empoisonné!

Voilà le système du prince: quinze jours de terreur, quinze jours d'espérance! et il maniera de cheval ombrageux, cette âme fière, cette Sanseverina dont les triomphes et le bonheur, quoique nécessaires à l'éclat de sa cour, insultaient à son for intérieur. Avec ce jeu, la Sanseverina deviendra maigre, vieille et laide: il la pétrira comme une pâte.

Ce duel terrible où la duchesse a donné la première blessure, et qui a été à fond de cœur sans tuer, où elle recevra pendant un an de nouvelles blessures tous les jours, est ce que le génie du roman moderne a inventé de plus puissant.

Occupons-nous de Fabrice en prison, afin de dégager mon analyse de ce chapitre, qui est un des diamants de cette couronne.

L'épisode des voleurs dans *le Moine,* de Lewis, son *Anaconda,* qui est son plus bel ouvrage, l'intérêt des derniers volumes d'Anne Radcliffe, celui des péripéties des romans sauvages de Cooper, tout ce que je connais d'extraordinaire dans les relations de voyages et de prisonniers, rien ne se peut comparer à la reclusion de Fabrice dans la forteresse de Parme, à trois cents et quelques pieds de la première esplanade. Cet épouvantable séjour est une Vaucluse: il y fait l'amour avec Clélia, il y est heureux, il y déploie le génie des prisonniers, et préfère sa prison à ce que le monde offre de plus enchanteur; La baie de Naples n'est belle qu'avec les yeux de l'*Elvire* de Lamartine; mais, dans les yeux d'une Clélia, dans les roulades de sa voix, il y a des univers. L'auteur peint, comme il sait peindre, par de petits faits qui ont l'éloquence de l'Action shakespearienne, les progrès de l'amour chez ces deux beaux êtres, au milieu des dangers d'une mort imminente par empoisonnement. Cette partie du livre sera lue, la respiration gênée, le cou tendu, les yeux avides, par tout ceux qui ont de l'imagination ou seulement du cœur. Tout y est parfait, rapide, réel, sans invraisemblance. Là, la passion dans toute sa gloire, ses déchirements, ses espérances, ses mélancolies, ses retours, ses abattements, ses inspirations, les seules qui égalent celles du Génie. Rien n'y est oublié. Vous y lirez une encyclopédie de toutes les ressources du prisonnier; ses merveilleux langages auxquels il emploie la nature, les moyens par lesquels il donne la vie au chant et un sens au bruit. Lu en prison, ce livre peut donner la mort à un prisonnier ou lui faire trouer une bastille.

Pendant que Fabrice inspire l'amour et le ressent, pendant les scènes les plus attachantes du drame intérieur de la prison, il y a, vous le comprenez, un combat acharné autour de la forteresse. Le prince, le gouverneur, Rassi, tentent un empoisonnement. La mort de Fabrice est résolue dans le moment où la vanité du prince est mortellement blessée. La charmante Clélia, la plus délicieuse figure que vous puissiez voir dans un rêve, trahit alors tout son amour en aidant à l'évasion de Fabrice, quoiqu'on ait failli tuer son père, le général.

A cette crise de l'ouvrage, on comprend tous les incidents qui l'ont précédée. Sans ces aventures où nous avons vu les hommes, où nous les avons observés agissant, rien ne serait intelligible, tout semblerait faux et impossible.

Revenons à la duchesse? Les courtisans, le parti Raversi triomphe des douleurs de cette noble femme. Son calme tue le prince, et personne ne l'explique. Mosca lui-même ne la comprend pas. Ici, l'on voit que Mosca, quelque grand qu'il soit, est inférieur à cette femme, qui, dès ce moment, vous semble être le Génie de l'Italie. Profonde est sa dissimulation, hardis sont ses plans. Quant à la vengeance, elle sera complète. Le prince a été trop offensé, elle le voit implacable; entre eux, le duel est à mort; mais la vengeance de la duchesse serait impuissante, imparfaite, si elle laissait Ranuce-Ernest IV lui empoisoner Fabrice. Il faut délivrer Fabrice. Cette entreprise semble justement impossible à tous les lecteurs, tant la *tyrannie* a bien pris ses mesures, tant elle a intéressé le gouverneur Fabio Conti, qui met tout son honneur à bien garder ses prisonniers.

Il y a chez cet homme de l'Hudson-Lowe, mais de l'Hudson-Lowe à la dixième puissance; il est Italien, et veut venger la Raversi de la disgrâce que lui a value la duchesse. La Gina ne doute de rien. Voici pourquoi:

«L'amant songe plus souvent à arriver à sa maîtresse que le mari à garder sa femme; le prisonnier songe plus souvent à se sauver que le geôlier à fermer sa porte; donc, malgré les obstacles, l'amant et le prisonnier doivent réussir»;

Elle l'aidera! O la belle peinture que cette Italienne au désespoir et qui ne peut fuir cette cour détestée! «Allons, se dit-
elle, *marche, malheureuse femme*, on pleure en lisant cette
grande parole des femmes)! fais ton devoir, feins d'oublier Fabrice!» *L'oublier!* Ce mot la sauve: elle n'a pas pu pleurer jusqu'à
ce mot. Donc la duchesse conspire, elle conspire avec le premier
ministre, qu'elle a ostensiblement disgracié, mais qui mettrait
Parme à feu et à sang pour elle, qui tuerait tout, même le prince!
Ce véritable amant se reconnaît en faute, il est le dernier des
hommes. Hélas! quelle pauvre excuse! il ne croyait pas son maître, ni si faux, ni si lâche, ni si cruel. Aussi admet-il que sa maîtresse soit implacable. Il trouve naturel que Fabrice soit en ce
moment tout pour elle, il a cette faiblesse des grands hommes
pour leurs maitresses et qui les porte à comprendre jusqu'à l'infidélité de laquelle ils peuvent mourir. L'amoureux vieillard est
sublime! Il ne se dit qu'un mot, dans la scène où Gina l'a fait venir pour la rupture. Une seule nuit a ravagé la duchesse.

—Grand Dieu! s'écrie Mosca en lui-même, elle a ses quarante
ans aujourd'hui!

Quel livre que celui où l'on trouve ces cris de passion, ces
mots profonds des diplomates, et à chaque page. Remarquez
en outre ceci: vous n'y rencontrerez point de ces hors-d'œuvres,
si justement nommés *tartines*. Non, les personnages agissent, ré-
fléchissent, sentent, et le drame marche toujours. Jamais le
poète, dramatique par les idées, ne se baisse sur son chemin
pour y ramasser la moindre fleur, tout a la rapidité d'un dithy-
rambe.

Poursuivons! La duchesse est ravissante dans ses aveux à
Mosca, et sublime de désespoir. En la trouvant si changée, il
la croit malade, et veut faire venir Rasori, le premier médecin
de Parme et de l'Italie.

—Est-il le conseil d'un traître ou d'un ami? dit-elle. Vous
voulez donner à un étranger la mesure de mon désespoir?

—Je suis perdu, pense le comte, elle ne me place plus même
au rang des hommes d'honneur vulgaires.

—Rappelez-vous, lui dit la duchesse de l'air le plus impérieux, que je ne suis pas affligée de l'enlèvement de Fabrice,

que je n'ai pas la moindre velléité de m'éloigner, que je suis remplie de respect pour le prince. Voici pour vous: je compte diriger seule ma conduite, et veux me séparer de vous en bonne et vieille amie. Comptez que j'ai soixante ans, la jeune femme est morte. Fabrice en prison, je ne puis pas aimer. Enfin, je serais la femme la plus malheureuse de compromettre votre destinée. Si vous me voyez me donner l'apparence d'avoir un jeune amant, ne vous en affligez pas. Je puis vous jurer, sur le bonheur de Fabrice, que je ne vous ai pas fait la moindre infidélité, et cela en cinq années de temps. . .c'est bien long! dit-elle en essayant de sourire, je vous jure que je n'en ai jamais eu ni le projet ni l'envie. Cela bien entendu, laissez moi.

Le comte part, il reste deux jours et deux nuits à réfléchir.

—Grand Dieu! s'écria-t-il enfin, la duchesse ne m'a pas parlé d'évasion; aurait-elle manqué de sincérité une fois en sa vie, et sa brouille ne serait-elle que le désir que je trahisse le prince? C'est fait!

Ne vous ai-je pas dit que ce livre était un chef-d'œuvre, et ne le devinez-vous pas, rien que par cette grossière analyse?

Le ministre, après cet aperçu, marche comme s'il n'avait que quinze ans, il ressuscite. Il va débaucher Rassi au prince, et en faire sa créature.

—Rassi, se dit-il, est payé par le maître pour exécuter les sentences qui nous déshonorent en Europe, mais il ne refusera pas d'être payé par moi pour trahir les secrets du maître. Il a une maîtresse et un confesseur. La maîtresse est de si vile espèce, que le lendemain les fruitières sauraient tout.

Il part pour aller faire ses prières à la cathédrale et y trouver l'archevêque.

—Quel homme est-ce que Dugnani, vicaire de Saint-Paul? lui dit-il.

Un petit esprit et une grande ambition, peu de scrupules et une extrême pauvreté; car nous en avons, des vices! dit l'archevêque en levant les yeux au ciel.

Le ministre ne peut s'empêcher de rire de la profondeur à laquelle arrive la piété vraie avec sa bonne foi. Il fait appeler l'abbé et ne lui dit que ceci:

—Vous dirigez la conscience de mon ami le Fiscal-Général; n'aurait-il rien à me dire?

Le comte joue le tout pour le tout: il ne veut savoir qu'une seule chose, le moment où Fabrice sera en danger de mort, et il se propose de ne pas nuire aux plans de la duchesse. Son entrevue avec Rassi est une scène capitale. Voici comment le comte débute, en prenant le ton de la plus haute impertinence:

—Comment! monsieur, vous faites enlever à Bologne un conspirateur que je protège; de plus, vous voulez lui couper le cou, et vous ne me dites rien? Savez-vous le nom de mon successeur? Est-ce le général Conti ou vous?

Le Ministre et le Fiscal conviennent d'un plan qui leur permet de garder leurs positions respectives. Il faut vous laisser le plaisir de lire les admirables détails de cette trame continue où l'auteur mène de front cent personnages sans être plus embarrassé qu'un habile cocher ne l'est des rênes d'un attelage de dix chevaux. Tout est à sa place, il n'y a pas la moindre confusion. Vous voyez tout, la ville et la cour. Le drame est étourdissant d'habileté, de faire, de netteté. L'air joue dans le tableau, pas un personnage n'est oisif. Ludovic, qui dans maintes occasions a prouvé qu'il était un Figaro honnête, est le bras droit de la duchesse. Il joue un beau rôle, il en sera bien récompensé.

C'est ici le moment de vous parler d'un des personnages secondaires qui a des proportions colossales, et duquel il est fréquemment question dans l'ouvrage, enfin de Palla Ferrante, *[sic]*, médecin libéral condamné à mort, et qui est errant dans l'Italie, où il accomplit sa tâche de propagandiste.

Palla Ferrante est un grand poète, comme Silvio Pellico, mais ce que n'est pas Pellico, il est républicain radical. Ne nous occupons pas de la foi de cet homme. Il a la foi, il est le Saint-Paul de la République, un martyre de *la Jeune Italie,* il est sublime dans l'art, comme le *Saint Barthélemy* de Milan, comme le *Spartacus* de Foyatier, comme Marius sur les ruines de Carthage.

Tout ce qu'il fait, tout ce qu'il dit est sublime. Il a la conviction, la grandeur, la passion du Croyant. A quelque hauteur que soient, comme faire, comme conception, comme réalité, le prince, le ministre, la duchesse, Palla Ferrante, cette superbe statue, mise dans un coin du tableau, commande votre regard, exige votre admiration. Malgré vos opinions, ou constitutionnelles, ou monarchiques, ou religieuses, il vous subjugue. Plus grand que sa misère, prêchant l'Italie du fond de ses cavernes, sans pain pour sa maîtresse et ses cinq enfants; volant sur la grande route pour les nourrir et tenant note de ses vols et des volés pour leur restituer cet emprunt forcé de la République *au jour où il aura le pouvoir;* volant surtout pour imprimer ses traités intitulés *De la nécessité pour l'Italie de payer un budget!* Palla Ferrante est le type d'une famille d'esprits qui vit en Italie, sincères mais abusés, pleins de talent mais ignorant les funestes effets de leur doctrine. Envoyez-les avec beaucoup d'or, en France, et aux Etats-Unis, ministres des princes absolus! Au lieu de les persécuter, laissez-les s'éclairer, ces hommes vrais, pleins de grandes et d'exquises qualités! Ils diront comme Alfieri en 1793: «Les Petits, à l'œuvre, me raccommodent avec les Grands.»

Je loue avec d'autant plus d'enthousiasme cette création de Palla Ferrante, que j'ai caressé la même figure. Si j'ai sur M. Beyle l'insignifiant avantage de la priorité, je lui suis inférieur pour l'exécution. J'ai aperçu le drame intérieur, si grand, si puissant du républicain sévère et consciencieux aimant une duchesse qui tient au pouvoir absolu. Mon Michel Chrestien, amoureux de la duchesse de Maufrigneuse, ne saurait avoir le relief de Palla Ferrante, amant à la Pétrarque de la duchesse de Sanseverina. L'Italie et ses mœurs, l'Italie et ses paysages, le château de Sacca, les périls, la misère de Palla Ferrante sont bien plus beaux que ne le sont les maigres détails de la civilisation parisienne. Quoique Michel Chrestien meure à Saint-Merry, et que Palla Ferrante s'évade aux Etats-Unis après ses crimes, la passion italienne est bien supérieure à la passion française, et les événements de cet épisode joignent à leur saveur apennine un intérêt contre lequel il n'y a pas à lutter. Dans une époque où tout se nivelle plus facilement sous l'habit de garde national et sous la loi bourgeoise que sous le triangle d'acier de la république, la littérature manque essentiellement, en France, de ces grands obstacles entre amants qui devenaient la source des beautés, des situations neuves, et qui rendaient les sujets dramatiques. Aussi était-il difficile que le contre-sens sérieux de la passion d'un radical pour une grande dame échappât à des plumes exercées.

Dans aucun livre, si ce n'est dans *les Puritains,* il ne se trouve une figure d'une énergie semblable à celle que M. Beyle a donnée à Palla Ferrante, dont le nom exerce une sorte d'empire sur l'imagination. Entre Balfour de Burley et Palla Ferrante, je n'hésite pas, je préfère Palla Ferrante: le dessin est le même, mais Walter-Scott, quelque grand coloriste qu'il soit, n'a pas la saisissante, la chaude couleur de Titien que M. Beyle a répandue sur son personnage. Palla Ferrante est tout un poème, un poème supérieur au *Corsaire* de lord Byron. «Ah! voilà comme on aime!» se diront toutes les femmes à la lecture de ce sublime et très-condamnable épisode.

Palla Ferrante a la plus impénétrable retraite aux environs de Sacca. Il a souvent vu la duchesse, il en est devenu passionnément amoureux. La duchesse l'a rencontré, elle a été émue, Palla Ferrante lui a tout dit, comme s'il eût été devant Dieu. Il sait que la duchesse aime Mosca, son amour est donc sans espoir. Il y a quelque chose de touchant dans la bonne grâce italienne avec laquelle la duchesse lui laisse prendre le plaisir de baiser les mains blanches d'une femme *qui a du sang bleu* (mot italien pour dire le sang noble). Il n'a pas serré de mains blanches depuis sept ans, et ce poète les adore, les belles mains blanches! Sa maîtresse, qu'il n'aime plus, fait les gros ouvrages, coud pour les enfants, et il ne peut pas abandonner une femme qui ne le quitte pas, malgré la plus effroyable misère. Ces obligations d'honnête homme se devinent. La duchesse a compati à tout, en vraie Madone. Elle lui a offert sa grâce! Ah! bien, Palla Ferrante a, comme Carl Sand, ses petits jugements à exécuter; il a sa prédication, ses courses pour réchauffer le zèle de la *Jeune Italie.*

—Tous ces coquins, si nuisibles au peuple, vivraient de longues années, dit-il et à qui la faute? Que dirait mon Père en me recevant là haut!

Elle lui propose alors de subvenir aux besoins de sa femme et de ses enfants, et de lui donner une cachette introuvable au palais Sanseverina.

Le palais Sanseverina comprend un immense réservoir d'eau,

bâti au moyen âge en vue des longs sièges et qui peut abreuver la ville pendant une année. Une partie du palais est assise sur cette belle construction. Le duc, gris pommelé, a passé la nuit de son mariage à raconter à sa femme le secret du réservoir et le secret de sa cachette. Une énorme pierre qu'on met en mouvement sur un pivot peut laisser écouler toute l'eau et remplir les rues de Parme. Dans une des épaisses murailles du réservoir il y a une chambre sans lumière et sans beaucoup d'air, de vingt pieds de hauteur, sur huit de large, que l'on ne saurait soupçonner, il faudrait démolir le réservoir pour la trouver.

Palla Ferrante accepte la cachette pour ses jours mauvais, et refuse l'argent de la duchesse; il a fait serment de ne jamais avoir plus de cent francs à lui. Dans le moment où elle lui offre des sequins, il a de l'argent; mais il se laisse aller à un sequin.

—Je prends ce sequin, parce que je vous aime, dit-il, mais je suis en faute de cinq francs au delà des cent, et, si l'on me pendait en ce moment, j'aurais des remords!

—Il aime réellement, se dit la duchesse.

N'est-ce pas la naïveté de l'Italie, prise sur le fait? Molière, écrivant un roman pour peindre ce peuple, le seul avec les Arabes qui ait conservé la religion du serment, ne ferait rien de plus beau.

Palla Ferrante devient l'autre bras de la duchesse dans sa conspiration, et c'est un terrible instrument, son énergie fait frémir! Voici la scène qui se passe un soir dans le palais San-severina. Le lion populaire est sorti de sa cachette. Il entre pour la première fois dans des appartements où éclate un luxe royal. Il y trouve sa maîtresse, son idole, l'idole qu'il a mise au-dessus de *la Jeune Italie,* au-dessus de la République et du bonheur de l'humanité; il la voit affligée, les yeux en pleurs! Le prince lui a ravi celui qu'elle aime le plus au monde, il l'a lâchement trompée, et *ce tyran* tient l'épée de Damoclès au dessus de la tête chérie.

—Il se passe ici, dit ce sublime don Quichotte républicain, une iniquité dont le tribun du peuple doit prendre connaissance. D'autre part, comme simple particulier, je ne puis donner à madame la duchesse Sanseverina que ma vie, et je la lui apporte. L'être que vous voyez à vos pieds n'est pas une poupée de cour, c'est un homme.—Elle a pleuré en ma présence, se dit-il, elle est moins malheureuse.

—Songez-vous à vos dangers? dit la duchesse.

—Le Tribun vous répondra: Qu'est-ce que la vie quand le devoir parle. L'Homme vous dira: Voilà un corps de fer et une âme qui ne craint au monde que de vous déplaire.

—Si vous me parlez de vos sentiments, dit la duchesse, je ne vous revois plus.

Ferrante Palla s'en va triste.

M'abusé-je? N'est-ce pas beau comme Corneille, de tels dialogues? Et, songez-y ces passages abondent, ils sont tous, dans leur genre, à cette hauteur. Frappée de la beauté de ce caractère, la duchesse fait un écrit pour assurer le sort de la maîtresse de Ferrante et de ses cinq enfants, sans le lui dire, car elle a peur qu'il ne se tue en apprenant que sa famille a cette protection.

Enfin, le jour où tout Parme parle de la mort probable de Fabrice, le Tribun brave tous les dangers. Il entre la nuit au palais, il arrive déguisé en capucin devant la duchesse; il la trouve noyée dans les larmes et sans voix: elle le salue de la main et lui montre un siège. Palla se prosterne, il prie Dieu, tant cette beauté lui semble divine, et il interrompt sa prière pour dire:

—De nouveau *il* offre sa vie!

—Songez-vous à ce que vous dites! s'écrie la duchesse avec cet œil hagard qui mieux que les sanglots annonce que la colère dompte l'attendrissement.

—Il offre sa vie pour mettre obstacle au sort de Fabrice ou pour le venger.

—Si j'acceptais! dit-elle en le regardant.

Elle voit l'éclair de joie des martyrs dans l'œil de Palla. Elle se lève, elle va chercher la donation préparée depuis un mois pour la maîtresse et les enfants de Ferrante:

—Lisez!

Il lit et tombe à genoux, il sanglote, il va mourir de joie.

—Rendez-moi le papier, dit la duchesse.

Elle le brûle à la bougie.

—Il ne faut pas, dit-elle, que mon nom paraisse. Si vous êtes pris et exécuté, si vous êtes faible, je puis l'être, et Fabrice serait en danger. Je veux que vous vous sacrifiiez!

—J'exécuterai fidèlement, ponctuellement et prudemment.

—Si je suis découverte et condamnée, reprend la duchesse d'un ton fier, je ne veux pas être accusée de vous avoir séduit. Ne *le* mettez à mort que sur mon signal. Ce signal sera l'inondation des rues de Parme dont on parlera nécessairement.

Ferrante, ravi du ton d'autorité de la duchesse, part. Quand il est parti, la duchesse le rappelle.

—Ferrante, homme sublime!

Il rentre,

—Et vos enfants?

—Bah! vous y pourvoierez.

—Tenez, voici mes diamants.

Et elle lui donne un petit étui d'olivier.

—Ils valent cinquante mille francs.

—Ah! madame!. . .dit Ferrante avec un mouvement d'horreur.

—Je ne vous reverrai peut-être jamais. Enfin, je le veux.

Ferrante s'en va. La porte est fermée, la duchesse le rappelle encore. Il la voit debout, il revient inquiet. La grande Sanseverina se jette dans ses bras. Ferrante manque de s'évanouir. Elle se laisse embrasser, se dégage quand Ferrante menace de ne pas rester respectueux, et lui montre la porte.

La duchesse reste debout long-temps et se dit:

—Voilà le seul homme qui m'ait comprise; ainsi serait Fabrice s'il eût pu m'entendre.

Je ne saurais trop expliquer ici le mérite de cette scène. M. Beyle n'est pas le moins du monde prédicant. Il ne pousse pas au régicide, il vous donne un fait, il le pose tel qu'il a été. Personne, même un républicain, n'éprouve le désir de tuer un tyran en le lisant. C'est le jeu de passions privées, voilà tout. Il s'agit d'un duel qui veut des armes extraordinaires, mais égales. La duchesse se sert de Palla pour empoisonner le prince comme le prince se sert d'un ennemi de Fabrice pour empoisonner Fabrice. On peut se venger d'un roi, Coriolan se vengeait bien de son pays, Beaumarchais et Mirabeau se sont bien vengées de leur époque qui les méconnaissait. Ceci n'est pas moral, mais l'auteur vous l'a dit, et il s'en lave les mains comme Tacite des crimes de Tibère. «Je croirais assez, dit-il, que le bonheur immoral qu'on trouve à se venger, en Italie, tient à la force d'imagination de ce peuple; les autres peuples ne pardonnent pas, ils oublient.» Ainsi le moraliste explique ce peuple énergique chez qui se rencontrent tant d'inventeurs, qui a la plus riche, la plus belle imagination, et qui en a les inconvénients. Cette réflexion est plus profonde qu'on ne le croit au premier aperçu, elle explique les sottises déclamatoires qui pèsent sur les Italiens, le seul peuple qui soit comparable au peuple français, qui vaut mieux que les Russes et que les Anglais, et dont le génie a cette fibre féminine, cette délicatesse, ce grandiose par lesquels il est, en beaucoup de parties, supérieur à tous les peuples. Dès ce moment, la duchesse reprend sa supériorité sur le prince. Jusqu'alors, elle était faible et dupée dans ce grand duel: Mosca, mû par son génie courtisanesque, avait secondé le prince. Dès que sa vengeance est certaine, la Gina sent sa force. Chaque pas de son esprit lui donne du bonheur, elle peut jouer son rôle. Le courage du tribun lui exalte le sien. Ludovic est électrisé par elle. Ces trois conspirateurs, sur lesquels Mosca ferme les yeux, tout en laissant agir sa police contre eux si elle aperçoit quelque chose, arrivent au résultat le plus extraordinaire.

Le ministre a été la dupe de sa maîtresse, il s'est bien cru en disgrâce, et il la méritait. S'il n'avait pas été bien trompé, jamais il n'aurait pu jouer le rôle d'amant malheureux, le bonheur ne se cache pas. Ce feu de l'âme a sa fumée. Mais, après la fascination de la duchesse sur Ferrante, sa joie éclaire le ministre, il la devine enfin, sans savoir jusqu'où elle est allée.

L'évasion de Fabrice tient du miracle. Elle a exigé tant de force et de déploiement d'intelligence, que le cher enfant est près d'expirer: les parfums des vêtements et du mouchoir de sa tante le rendent à la vie. Ce léger détail, qui n'est pas oublié dans un millier d'incidents, ravira ceux qui aiment: il est placé comme dans un finale une mélodie qui rappelle les plus douces choses de la vie amoureuse. Toutes les mesures ont été bien prises, il n'y a pas d'indiscrétion: le comte Mosca, qui assiste en personne à l'expédition avec plus de quatre-vingts espions, ne reçoit pas un seul rapport comme ministre.

Me voici en haute trahison, s'est-il dit, ivre de joie.

Chacun a compris le mot d'ordre sans se le dire et se sauve de son côté.

L'affaire faite, chaque tête doit penser seule à elle-même. Ludovic est le courrier, il franchit le Pô. Ah! quand Fabrice est hors de la puissance de son assassin couronné, la duchesse, qui jusque-là était tapie comme un jaguar, roulée comme un serpent caché dans les broussailles, aplatie comme un Indien de Cooper dans la vase, souple comme une esclave et chatte comme une femme qui trompe, se redresse de toute sa hauteur: la panthère montre ses griffes, le serpent va mordre, l'Indien va chanter le chant du triomphe, elle saute de joie, elle est folle. Ludovic, qui ne sait rien de Palla Ferrante, qui dit de lui comme le peuple: «C'est un pauvre homme persécuté à cause de Napoléon!» Ludovic a peur que sa maîtresse ne perde la raison. Elle lui donne le petit domaine de Ricciarda. Il tremble de recevoir ce royal cadeau. Qu'a-t-il fait pour cela? Conspirer, et pour Monsignore, eh! c'est une joie!

«C'est alors, dit l'auteur, que la duchesse se livre à une action non-seulement horrible aux yeux de la morale, mais funeste à la tranquillité de sa vie.» En effet, on croit que, dans cette ivresse, elle pardonnera au prince. Non.

—Si tu veux gagner le domaine, il faut faire deux choses, dit-elle à Ludovic, et sans t'exposer. Il faut repasser le Pô à l'instant illuminer mon château de Sacca de manière à faire croire qu'il brûle. J'ai tout préparé pour cette fête, en cas de succès. Il y a des lampions et de l'huile dans les caves. Voici un mot pour mon intendant. Que tout le pays de Sacca soit gris, buvez tous mes tonneaux et toutes mes bouteilles. Par la Madone! une bouteille pleine, un tonneau qui aurait deux doigts de vin, tu perdrais le domaine de Ricciarda! Cela disposé, rentre à Parme et lâche l'eau du réservoir.—Du vin pour mes chers paysans de Sacca, de l'eau pour la ville de Parme!

Cela fait frémir. C'est le génie italien, que M. Hugo a parfaitement mis en scène en faisant dire à Lucrèce Borgia: «Vous m'avez donné une fête à Venise, je vous rends un souper à Ferrare.» Les deux mots se valent. Ludovic n'y voit qu'une insolence magnifique et une délicieuse plaisanterie. Il répète: «Du vin pour les gens de Sacca, de l'eau pour ceux de Parme!» Ludovic revient après avoir exécuté les ordres de la duchesse, l'installe à Belgirate, et met à Locarno, en Suisse, Fabrice, qui a toujours la police autrichienne à craindre.

L'évasion de Fabrice, l'illumination de Sacca mettent l'état de Parme cendessus dessous.* On fait une médiocre attention à l'inondation. Un événement semblable était arrivé du temps de l'invasion des Français. Une horrible punition attend la duchesse. Elle voit Fabrice mourant d'amour pour Clélia, fâché d'être premier grand vicaire de l'archevêque, et de ne pouvoir épouser sa bien-aimée.

Au sein de sa tante et sur le lac Majeur, il pense à sa chère

---

*Je m'obstine à orthographier ce mot comme il doit l'être. *Sens dessus dessous* est inexplicable. L'Académie aurait dû, dans son Dictionnaire, sauver au moins, dans ce composé, le vieux mot *cen* qui veut dire: *ce qui est.* Malgré mon aversion pour les notes, je fais celle-ci pour l'instruction publique. (Note de Balzac) prison. Ce que souffre alors cette femme qui a ordonné un crime, qui a comme décroché la lune en tirant cet enfant chéri de prison, et qui le voit naïf et simple, pensant à d'autres choses, ne voulant rien deviner et ne se laissant pas aller à ce qu'il avait si sagement fui auprès de sa Gina, de sa mère, de sa sœur, de sa tante, de son amie qui voudrait bien être quelque chose de plus, toute cette torture est indicible; mais, dans le livre, elle se sent, elle se voit. On souffre de l'abandon de la Sanseverina par Fabrice, quoiqu'on sache que la satisfaction de son amour serait criminelle. Fabrice n'a même pas de reconnaissance. L'ex-prisonnier, comme un ministre démissionnaire qui rêve des coalitions pour rentrer au pouvoir, ne pense qu'à sa prison; il fait venir des vues de Parme, cette ville abhorrée par sa tante; il met la forteresse dans sa chambre. Enfin, il écrit une lettre d'excuses au général Conti de s'être évadé, pour pouvoir dire à Clélia qu'il ne se trouve pas heureux en liberté sans elle, et vous jugez quel effet cette lettre (elle est prise comme un chef-d'œuvre d'ironie ecclésiastique) produit sur le général, il jure de se venger. La duchesse, terrifiée et ramenée au sentiment de sa conversation par l'inutilité de sa vengeance, prend un batelier de chacun des villages situés sur le lac Majeur; elle fait nager en pleine eau; puis elle leur dit qu'on peut chercher Fabrice qui a servi Napoléon à Waterloo, qu'ils aient l'œil au guet; elle se fait aimer, obéir; elle récompense, elle a donc un espion dans chaque village; elle leur donne à tous la permission d'entrer chez elle à toute heure, même la nuit quand elle dort. Un soir, à Locarno, dans le monde, elle apprend la mort du prince de Parme. Elle regarde Fabrice.

—J'ai fait cela pour lui; j'aurais fait mille fois pis, se dit-elle, et le voilà silencieux, indifférent, songeant à une autre!

A cette pensée, elle s'évanouit. Cet évanouissement peut la perdre! La compagnie s'empresse, Fabrice pense à Clélia: elle le voit, elle frémit, elle se trouve au milieu de ce monde curieux, un archiprêtre, les autorités, etc. Elle reprend son sang-froid de grande dame, et dit:

—C'était un grand prince et qui a été bien calomnié; c'est une perte immense pour nous.—Ah! se dit-elle, quand elle est seule, c'est maintenant que je paie les transports de bonheur et de joie enfantine que je trouvais dans mon palais à Parme quand j'y reçus Fabrice à son arrivée de Naples. Si j'eusse dit un mot, tout était fini, je quittais Mosca. Lié avec moi, jamais Clélia

n'eût rien été pour Fabrice. Clélia l'emporte, elle a vingt ans.
Je vais avoir le double de son âge. Il faut mourir! *Une femme*
de quarante ans n'est plus quelque chose que pour les hommes
qui l'ont aimée dans sa jeunesse!

C'est pour cette réflexion, d'une profonde justesse, suggérée
par la douleur, et qui est presque entièrement vraie, que je cite
ce passage. Le monologue de la duchesse est interrompu par
du bruit, à minuit.

—Bon, dit-elle, on vient m'arrêter; tant mieux, cela m'occu-
pera, de leur disputer ma tête.

Il n'en est rien. Le comte Mosca lui envoie leur plus fidèle
courrier pour lui apprendre, avant toute l'Europe, les événements
de Parme et les détails de la mort de Ranuce-Ernest IV: il y a
eu révolution, le tribun Palla Ferrante a failli triompher, il a
employé les cinquante mille francs de diamants au triomphe de
sa chère république au lieu de les donner à ses enfants; l'émeute
a été comprimée par Mosca, qui a servi sous Napoléon en
Espagne, et qui a déployé la valeur du soldat et le sang-froid
de l'homme d'Etat; il a sauvé Rassi, ce dont il se repentira cruellement; enfin, il donne les détails de l'arrivée au trône de Ranuce-
Ernest V, jeune petit prince amoureux de la Sanseverina. La
duchesse peut revenir. La princesse douairière, qui l'adore par
des raisons que le lecteur connaît et qu'il a saisies dans les
intrigues de la cour au moment où la duchesse y régnait, écrit
une lettre charmante à la Sanseverina, nommée duchesse de
son chef, et grande-maîtresse. Cependant, il n'est pas prudent
que Fabrice revienne encore, il faut faire anéantir la sentence
en revisant le procès.

La duchesse cache Fabrice à Sacca, et rentre triomphante
dans Parme. Ainsi le sujet renaît de lui-même sans effort, sans
monotonie. Il n'y a pas la moindre similitude entre la première
faveur de l'innocente Sanseverina, sous Ranuce-Ernest IV, et la
faveur de la duchesse qui l'a fait empoisonner, sous Ranuce-
Ernest V. Le jeune prince de 20 ans est amoureux fou d'elle, le
péril de la criminelle est contre-balancé par le pouvoir sans bornes
de la grande-maîtresse de la douairière. Ce Louis XIII au petit
pied trouve son Richelieu dans Mosca. Le grand ministre, dans
l'émeute, emporté *par un reste de zèle*, d'enthousiasme, l'a
nommé un enfant. Ce mot est resté sur le cœur du prince, il

l'a blessé. Mosca lui est utile; mais le prince, qui n'a que 20 ans pour la politique, a cinquante ans pour l'amour-propre. Rassi travaille dans l'ombre, il fouille le peuple et l'Italie, il apprend que Palla Ferrante, pauvre comme Job, a vendu huit à dix diamants à Gênes. Pendant les travaux souterrains du Fiscal-Général, la joie est à la cour. Le prince, jeune homme timide comme tous les jeunes gens timides, attaque la femme de quarante ans, il s'y acharne; il est vrai que la Gina, plus belle que jamais, ne paraît plus que trente ans, elle est heureuse, elle rend Mosca très-heureux, Fabrice est sauvé, il sera rejugé, absous, et sera, la sentence abolie, coadjuteur de l'archevêque, qui a soixante-dix-huit ans, avec collation de future succession.

Clélia seule inquiète la duchesse de San-Giovani. Quant au prince, elle s'en amuse. On joue des comédies au palais (des comédies *dell'arte*, où chaque personnage invente le dialogue à mesure qu'il le dit, et dont le plan est affiché dans la coulisse, des espèces de charades en action, avec intrigue). Le prince prend les rôles d'amoureux, et la Gina est toujours la jeune première. A la lettre, la grande-maîtresse danse sur un volcan. Ce passage de l'œuvre est charmant. Au beau milieu d'une de ces comédies, voici ce qui arrive. Rassi a dit au prince: «Votre Altesse veut-elle donner cent mille francs pour savoir au juste quel a été le genre de mort de son auguste père?» Il a eu les cent mille francs, parce que le prince est un enfant. Rassi a tenté de séduire la première femme de la duchesse, cette femme a tout dit à Mosca. Mosca lui a dit de se laisser séduire. Rassi veut une seule chose, faire examiner les diamants de la duchesse par deux orfèvres. Mosca place des contre-espions et apprend que l'un des orfèvres curieux est le frère de Rassi. Mosca vient, dans l'entr'acte de la comédie, avertir de ceci la duchesse, qui était fort gaie.

—J'ai bien peu de temps, dit-elle à Mosca, mais allons dans la salle des gardes.

Là, elle dit en riant à son ami le ministre:

—Vous me grondez toujours quand je dis des secrets inutilement, eh! bien, c'est moi qui ai appelé au trône Ernest V; il fallait venger Fabrice, que j'aimais bien plus qu'aujourd'hui, quoique toujours très-innocemment. Vous ne croyez guère à cette innocence, mais peu importe, puisque vous m'aimez malgré mes crimes! Eh! bien, j'en ai un dans ma vie: Ferrante Palla a eu mes diamants.   J'ai fais pis, je me suis laissé embrasser pour qu'il empoisonnât l'homme qui voulait empoisonner notre Fabrice. Où est le mal?

—Et vous me racontez cela dans la salle des gardes? dit le comte *un peu stupéfait.*

Ce dernier mot est charmant.

—C'est que je suis pressée, dit-elle, le Rassi est sur les traces; mais je n'ai pas parlé d'insurrection, j'abhorre les jacobins. Réfléchissez et dîtes-moi votre avis après la pièce.

—Je vous le dirai tout de suite, répond Mosca sans se déferrer. Vous tenez le prince dans la coulisse, faites-lui perdre la tête, mais en tout bien tout honneur. . .au moins!

On appelle la duchesse pour son entrée, et elle retourne à la coulisse.

L'adieu de Palla Ferrante à son idole est une des belles choses de cet ouvrage, où il y a tant de belles choses; mais nous arrivons à la scène capitale, à la scène qui couronne l'œuvre, au brûlement des papiers concernant l'instruction faite par Rassi, que la grande-maîtresse obtient de Ranuce-Ernest V et de la princesse douairière, scène terrible, où elle est tantôt perdue, tantôt sauvée, au gré des caprices de la mère et du fils qui se sentent dominées par le génie de cette espèce de princesse des Ursins. Cette scène n'a que huit pages, mais elle est sans pareille dans l'art littéraire. Il n'y a rien d'analogue à quoi elle se puisse comparer, elle est unique. Je n'en dis rien, il suffit de la signaler. La duchesse triomphe, elle anéantit les preuves et emporte même un des cartons pour Mosca, qui prend les noms de quelques témoins et qui s'écrie: «Il était temps, ils y arrivaient!» Le Rassi est au désespoir: le prince a donné des ordres pour la révision du procès de Fabrice. Fabrice, au lieu ce se constituer prisonnier, selon le désir de Mosca, à la prison de la ville, qui est sous les ordres du premier ministre, retourne aussitôt à sa chère citadelle, où le général qui se croyait déshonoré par l'évasion, l'enferme rigoureusement en se proposant de s'en débarrasser. Mosca répondait de lui, corps pour corps, à la prison de la ville; mais à la citadelle Fabrice est perdu.

C'est un coup de foudre que cette nouvelle pour la duchesse: elle reste sans parole et sans entendement. L'amour pour Clélia ramenant Fabrice aux lieux où est pour lui la mort et où cette fille lui donnera un moment de bonheur qu'il vient de payer de sa vie, cette pensée l'assomme, et le danger imminent de Fabrice l'achève.

Ce danger préexiste, il n'est pas créé pour la scène même, il est le résultat des passions soulevées par Fabrice durant sa première détention, par son évasion, par la fureur de Rassi forcé de signer l'ordonnance de révision du procès. Ainsi, jusque dans les détails les plus minutieux, l'auteur obéit fidèlement aux lois de la poétique du roman. Cette exacte observation des règles, soit qu'elle vienne du calcul, de la méditation et de la déduction naturelle d'un sujet bien choisi, bien développé, fécond, ou de l'instinct particulier au talent, produit ce puissant et durable intérêt des grands, des beaux ouvrages.

Mosca, au désespoir, fait comprendre à la duchesse l'impossibilité de faire croire à un jeune prince qu'on puisse empoisonner un prisonnier dans son Etat et offre de se défaire de Rassi.

—Mais, dit-il, vous savez comme je suis nigaud de ce côté-là. Quelquefois à la chute du jour, je pense à ces deux espions que j'ai fait fusiller en Espagne.

—Rassi doit donc la vie, répond la duchesse, à ce que je vous aime mieux que Fabrice, je ne veux pas empoisonner les soirées de la vieillesse que nous avons à passer ensemble.

La duchesse court à la forteresse et s'y convainc du danger de Fabrice, elle va chez le prince! Le prince est un enfant qui, selon les prévisions du ministre, ne comprend pas le danger qui menace un innocent dans *sa* prison d'Etat. Il ne veut pas se déshonorer, mettre en jugement sa propre justice. Enfin, pressé par l'imminence (le poison est donné), la duchesse arrache l'ordre de délivrer Fabrice en l'échangeant contre la promesse d'être à ce jeune prince. Cette scène a son originalité, après celle de l'incendie des papiers. Lors de l'incendie, il ne s'agissait pour Gina que d'elle; dans celle-ci, il s'agit de Fabrice. Fabrice acquitté, nommé coadjuteur de l'archevêque avec collation de future succession, ce qui équivaut à l'archevêché, la duchesse trouve des moyens d'éluder sa promesse par un de ces dilemmes que les femmes qui n'aiment pas savent toujours trouver avec un sang-froid désespérant. Elle est jusqu'au bout la femme de grand caractère qui a débuté comme vous savez. Il s'ensuit un changement de ministère. Mosca quitte Parme avec sa femme, car la duchesse et lui, devenus veufs, se sont mariés. Mais tout va mal, et le prince rappelle au bout d'un an le comte et comtesse Mosca. Fabrice est archevêque et en grande faveur.

Suivent les amours de Clélia et de l'archevêque Fabrice, qui finissent par la mort de Clélia, par celle d'un enfant chéri, et par la retraite de l'archevêque démissionnaire, qui meurt, sans doute après un long supplice, à la Chartreuse de Parme.

Je vous explique cette fin en deux mots, car, malgré de beaux détails, elle est plutôt esquissée que finie. S'il avait fallu développer le roman de la fin comme celui du commencement, il eût été difficile de savoir où se serait arrêté l'œuvre. N'y a-t-il pas tout un drame dans l'amour chez un prêtre? Aussi est-ce tout un drame que l'amour du coadjuteur et de Clélia. Livre sur livre!

M. Beyle a-t-il eu quelque femme en vue en peignant la Sanseverina? Je le crois. Pour cette statue, comme pour le prince et pour le premier ministre, il y a eu nécessairement un modèle. Est-il à Milan? est-il à Rome, à Naples, à Florence? Je ne sais. Quoique je sois intimement persuadé qu'il existe des femmes comme la Sanseverina, mais en très-petit nombre, et que j'en connaisse, je crois aussi que l'auteur a peut-être grandi le modèle, et l'a complètement idéalisé. Malgré ce travail qui éloigne toute ressemblance, on peut trouver dans la princesse B. . .quelques traits de la Sanseverina. N'est-elle pas Milanaise? n'a-t-elle pas subi la bonne et la mauvaise fortune? n'est-elle pas fine et spirituelle?

Vous connaissez maintenant la charpente de cet immense édifice, et je vous en fait faire le tour. Ma rapide analyse, hardie, croyez-moi, car il faut de la hardiesse pour entreprendre de vous donner une idée d'un roman construit avec des faits aussi serrés que ceux de *la Chartreuse de Parme;* mon analyse, quelque sèche qu'elle soit, vous en a dessiné les masses, et vous pouvez juger si la louange est exagérée. Mais il est difficile de vous détailler les sculptures fines et délicates qui enrichissent cette solide construction, de s'arrêter devant les statuettes, les tableaux, les paysages, les bas-reliefs qui la décorent. Voici ce qui m'est arrivé. A la première lecture, qui m'a tout-à-fait étonné, j'ai trouvé des défauts. En relisant, les longueurs ont disparu, je voyais la nécessité du détail qui, d'abord, m'avait semblé trop long ou diffus. Pour bien vous en rendre compte, j'ai parcouru l'ouvrage. Pris alors par le faire, j'ai contemplé plus long-temps que je ne le voulais ce beau livre, et tout m'a paru très-harmonieux, lié naturellement ou avec art, mais concordant.

Voici cependant les erreurs que je relève, moins au point de vue de l'art qu'en vue des sacrifices que tout auteur doit savoir faire au plus grand nombre.

Si j'ai trouvé de la confusion à la première lecture, cette impression sera celle de la foule, et dès-lors évidemment ce livre manque de méthode. M. Beyle a bien disposé les événements comme ils se sont passés ou comme ils devraient se passer; mais il a commis dans l'arrangement des faits la faute que commettent quelques auteurs, en prenant un sujet vrai dans la nature qui ne l'est pas dans l'art. En voyant un paysage, un grand peintre se gardera bien de le copier servilement, il nous en doit moins la Lettre que l'Esprit. Ainsi, dans sa manière simple, naïve et sans apprêt de conter, M. Beyle a risqué de paraître confus. Le mérite qui veut être étudié, court le risque de rester inaperçu. Aussi souhaiterais-je, dans l'intérêt du livre, que l'auteur commençât par sa magnifique esquisse de la bataille de Waterloo, qu'il réduisît tout ce qui la précède à quelque récit fait par Fabrice ou sur Fabrice, pendant qu'il gît dans le village de Flandre où il est blessé. Certes, l'œuvre y gagnerait en légèreté. Les del Dongo père et fils, les détails sur Milan, tout cela n'est pas le livre: le drame est à Parme, les principaux personnages sont le prince et son fils, Mosca, Rassi, la duchesse, Palla Ferrante, Ludovic, Clélia, son père, la Raversi, Gilletti, Marietta. D'habiles conseillers ou des amis doués du simple bon sens auraient pu faire développer quelques portions que l'auteur n'a pas cru aussi intéressantes qu'elles le sont, auraient demandé le retranchement de plusieurs détails inutiles malgré leur finesse. Ainsi l'ouvrage ne perdrait rien à ce que l'abbé Blanès disparût entièrement.

J'irai plus loin, et ne transigerai point devant cette belle œuvre sur les vrais principes de l'Art. La loi dominatrice est l'Unité dans la composition; que vous placiez cette unité, soit dans l'idée mère, soit dans le plan, sans elle il n'y a que confusion. Donc, en dépit du titre, l'ouvrage est terminé quand le comte et la comtesse Mosca rentrent à Parme et que Fabrice est archevêque. La grande comédie de la Cour est finie. Elle est si bien finie que l'auteur l'a bien senti, que c'est en cet endroit qu'il place sa MORALITÉ, comme faisaient autrefois nos devanciers au bout de leurs fabulations.

«On en peut tirer cette morale, dit-il : l'homme qui approche de la Cour compromet son bonheur, s'il est heureux; et, dans tous les cas, fait dépendre son avenir des intrigues d'une femme de chambre.»

«D'un autre côté, en Amérique, dans la république, il faut s'ennuyer toute la journée à faire une cour sérieuse aux boutiquiers de la rue et devenir aussi bête qu'eux; et, là, pas d'opéra.»

Si, sous la pourpre romaine et la tête sous la mître, Fabrice aime Clélia devenue marquise de Crezenzi, et que vous nous le racontiez, vous voulez alors faire, de la vie de ce jeune homme, le sujet de votre livre. Mais, si vous vouliez peindre toute la vie de Fabrice, vous deviez, vous homme si sagace, appeler votre livre FABRICE, *ou l'Italien au dix-neuvième siècle.* Pour se lancer dans une pareille entreprise, Fabrice aurait dû ne pas se trouver primé par des figures aussi typiques, aussi poétiques que le sont les Princes, la Sanseverina, Mosca, Palla Ferrante. Fabrice aurait dû représenter le jeune italien de ce temps-ci. En faisant de ce jeune homme la principale figure du drame, l'auteur eût été obligé de lui donner une grande pensée, de le douer d'un sentiment qui le rendit supérieur aux gens de génie qui l'entouraient et qui lui manque. En effet, le Sentiment est égal au Talent. *Sentir* est le rival de *Comprendre*, comme *Agir* est l'antagonisme de *Penser*. L'ami d'un homme de génie peut s'élever jusqu'à lui par l'affection, par la compréhension. Sur le terrain du cœur, un homme médiocre peut l'emporter sur le plus grand artiste. Là est la justification des femmes qui aiment des imbéciles. Ainsi, dans un drame, une des ressources les plus ingénieuses de l'artiste est (dans le cas où nous supposons M. Beyle) de rendre supérieur par le Sentiment un héros qui ne peut lutter par le *Génie* avec les personnages qui l'entourent. Sous ce rapport, le rôle de Fabrice exigerait une refonte. Le Génie du catholicisme devrait le pousser de sa main divine vers *la Chartreuse de Parme,* et ce Génie devrait de temps en temps

l'accabler par les sommations de la Grâce. Mais alors l'abbé
Blanès ne pourrait pas remplir ce rôle, car il est impossible de
cultiver l'astrologie judiciaire et d'être un saint selon l'Eglise.
L'ouvrage doit donc être ou plus court ou plus long.

Peut-être, les longueurs du commencement, peut-être cette
fin qui recommence un livre et où le sujet est étranglé, nuiront-
elles au succès, peut-être lui ont-elles déjà nui. M. Beyle s'est
d'ailleurs permis dans ce livre quelques redites, sensibles seulement pour ceux qui connaissent ses premiers livres; mais ceux-
là mêmes sont nécessairement des connaisseurs, et se montrent
difficiles. M. Beyle, préoccupé de ce grand principe: Malheur en
amour, comme dans les arts, à qui dit tout! ne doit pas se répéter,
lui, toujours concis et qui laisse beaucoup à deviner. Malgré
ses habitudes de sphinx, il est moins énigmatique ici que dans ses
autres ouvrages, et ses vrais amis l'en féliciteront.

Les portraits sont courts. Peu de mots suffisent à M. Beyle,
qui peint ses personnages et par l'action et par le dialogue; il
ne fatigue pas de descriptions, il court au drame et y arrive par
un mot, par une réflexion. Ses paysages, d'un dessin un peu sec
qui convient d'ailleurs au pays, sont faits lestement. Il s'attache
à un arbre, au coin où il se trouve; il vous montre les lignes des
Alpes qui de tous côtés environnent le théâtre de l'action, et le
paysage est achevé. Le livre est surtout précieux aux voyageurs
qui ont erré autour du lac de Côme, dans la Brianza, qui ont
côtoyé les dernières masses des Alpes et parcouru les plaines de la
Lombardie. L'esprit de ces paysages y est finement accusé, leur
beau caractère est bien senti. On les voit.

Le côté faible de cette œuvre est le style, en tant
qu'arrangement de mots, car la pensée, éminemment française,
soutient la phrase. Les fautes que commet M. Beyle sont purement grammaticales: il est négligé, incorrect à la manière des
écrivains du XVIIe siècle. Les citations que j'ai faites montrent
à quelles sortes de fautes il se laisse aller. Tantôt un désaccord
de temps dans les verbes, quelquefois l'absence du verbe; tantôt
des *c'est*, des *ce que*, des *que*, qui fatiguent le lecteur, et font à
l'esprit l'effet d'un voyage dans une voiture mal suspendue, sur
une route de France. Ces fautes assez grossières annoncent un
défaut de travail. Mais, si le français est un vernis mis sur la
pensée, on doit être aussi indulgent pour ceux chez lesquels il
couvre de beaux tableaux que l'on est sévère pour ceux qui n'ont

que le vernis. Si, chez M. Beyle, ce vernis est ici quelque peu jaune, là et ailleurs écaillé par places, il laisse voir du moins une suite de pensées qui se déduisent d'après les lois de la logique. Sa phrase longue est mal construite, sa phrase courte est sans rondeur. Il écrit à peu près dans le genre de Diderot, qui n'était pas écrivain; mais la conception est grande et forte; mais la pensée est originale, et souvent bien rendue. Ce système n'est pas à imiter. Il serait trop dangereux de laisser les auteurs se croire de profonds penseurs.

M. Beyle se sauve par le sentiment profond qui anime la pensée. Tous ceux à qui l'Italie est chère, qui l'ont étudiée ou comprise, liront *la Chartreuse de Parme* avec délices. L'esprit, le génie, les mœurs, l'âme de cette belle contrée, vivent dans ce long drame toujours attachant, dans cette vaste fresque si bien peinte, si fortement colorée, qui remue le cœur profondément et satisfait l'esprit le plus difficile, le plus exigeant. La Sanse-verina est l'italienne, figure rendue avec le bonheur que Carlo Dolci a eu pour sa fameuse tête de la *Poésie,* Allori pour sa *Judith,* et Guercino pour sa *Sybille* de la galerie Manfrini. Dans Mosca, il peint l'homme de génie en politique aux prises avec l'amour. C'est bien l'amour sans phrases (la phrase est le défaut de *Clarisse*), l'amour agissant, toujours semblable à lui-même, l'amour plus fort que les affaires, l'amour comme les femmes le rêvent et qui donne un intérêt de plus aux moindres choses de la vie. Fabrice est bien le jeune italien moderne aux prises avec le despotisme assez maladroit qui comprime l'imagination de ce beau pays; mais, comme je viens de le dire, la pensée domi-natrice ou le sentiment qui le pousse à se démettre de ses dignités et à finir à la Chartreuse manque de développements. Ce livre exprime admirablement l'amour comme il est dans le Midi. Evi-demment, le Nord n'aime pas ainsi. Tous ces personnages ont un sang chaud, fébrile, une vivacité de main, une rapidité spirituelle que n'ont ni les Anglais, ni les Allemands, ni les Russes, qui n'arrivent aux mêmes résultats que par les calculs de la rêverie, par les méditations solitaires, par le raisonnement de l'âme éprise, par l'incendie de leur lymphe. M. Beyle a donné en ceci à cet ouvrage le sens profond, le sentiment qui assure la vie d'une conception littéraire. Mais, malheureusement, c'est presque un arcane qui veut être étudié. *La Chartreuse de Parme* est à une si grande élévation, elle demande au lecteur une si parfaite connaissance de la Cour, du pays, de la nation, que je ne m'étonne point du silence absolu par lequel un pareil livre a été accueilli. Ce sort attend tous les livres qui n'ont rien de vulgaire. Le scrutin secret dans lequel votent un à un et lentement les esprits supérieurs qui font la renommée de ces ouvrages, se dé-pouille très-tard. D'ailleurs , M. Beyle n'est point courtisan, il a la plus profonde horreur des journaux. Par grandeur de caractère ou par sensibilité d'amour-propre, dès que son livre paraît, il fuit, il part, il court à deux cent cinquante lieues pour n'en point entendre parler. Il ne réclame point d'articles, il ne hante point les feuilletonnistes. Il s'est conduit ainsi lors de la publication de chacun de ses livres. J'aime cette fierté de caractère ou cette sensibilité d'amour-propre. Si l'on peut excuser la mendicité, rien ne plaide en faveur de cette quête de louanges et d'articles à laquelle se livrent les auteurs modernes. C'est la mendicité, le paupérisme de l'esprit. Il n'y a pas de chefs-d'œuvre tombés dans l'oubli. Les mensonges, les complaisances de la plume ne peuvent donner de vie à un méchant livre.

Après le courage de la critique vient le courage de l'éloge. Certes, il est temps de rendre justice au mérite de M. Beyle. Notre époque lui doit beaucoup: n'est-ce pas lui qui nous a révélé le premier Rossini, le plus beau génie de la musique? Il a plaidé constamment pour cette gloire que la France n'a pas su s'approprier. Plaidons à notre tour pour l'écrivain qui connaît le mieux l'Italie, qui la venge des calomnies de ses vainqueurs, qui en a si bien expliqué l'esprit et le génie.

J'avais rencontré deux fois M. Beyle dans le monde, en douze ans, jusqu'au moment où j'ai pris la liberté de le com-plimenter sur *la Chartreuse de Parme* en le trouvant au boulevard des Italiens. Chaque fois, sa conversation n'a point démenti l'opinion que j'avais de lui d'après ses ouvrages. Il conte avec cet esprit et cette grâce que possèdent, à un haut degré, MM. Charles Nodier et de Latouche. Il tient même de ce dernier pour la séduction de sa parole, quoique son physique, il est très-gros, s'oppose au premier abord à la finesse, à l'élégance des manières; mais il en triomphe à l'instant, comme le docteur Koreff, l'ami d'Hoffmann. Il a un beau front, l'oeil vif et perçant, la bouche sardonique; enfin il a tout-à-fait la physionomie de son talent. Il porte, dans la conversation, ce tour énigmatique, cette bizarrerie qui le pousse à ne jamais signer ce nom déjà illustre de Beyle, à s'appeler un jour Cotonnet, un autre Frédéric. Il est, m'a-t-on dit, le neveu du célèbre travailleur Daru, l'un des bras de Napoléon. M. Beyle avait été naturellement employé par l'empereur; 1815 l'arracha nécessairement à sa carrière, il passa de Berlin à Milan, et c'est au contraste de la vie du Nord et de celle du Midi, qui le frappa, que nous devons cet écrivain. M. Beyle est un des hommes supérieurs de notre temps. Il est difficile d'expliquer comment cet observateur de premier ordre, ce profond diplomate qui, soit par ses écrits, soit par sa parole, a donné tant de preuves de l'élévation de ses idées et de l'étendue de ses connaissances pratiques, se trouve seulement consul à Civita-Vecchia. Nul ne serait plus à portée de servir la France à Rome. M. Mérimée a connu de bonne heure M. Beyle et tient de lui; mais il est plus élégant et plus facile. Les ouvrages de M. Beyle sont nombreux et se font remarquer par la finesse de l'observation, par l'abondance des idées. Presque tous concernent l'Italie. Il est le premier qui ait donné d'exacts renseignements sur le terrible procès des Cenci; mais il n'a pas suffisamment expliqué les causes de l'exécution, qui fut indépendante du procès, et emportée par des factions, exigée par la cupidité. Son livre *De l'Amour* est supérieur à celui de M. de Sénancour, il se relie aux grandes doctrines de Cabanis et de l'Ecole de Paris; mais il pêche par ce défaut de méthode qui, je viens de le dire, entache *la Chartreuse de Parme.* Il a risqué dans ce petit traité le mot de *cristallisation* pour expliquer le phénomène de la naissance de ce sentiment, dont on s'est servi tout en s'en moquant, et qui restera, à cause de sa profonde justesse. M. Beyle écrit depuis 1817. Il a débuté par un certain sentiment de libéralisme; mais je doute que ce grand calculateur se soit laissé prendre aux niaiseries du gouvernement des deux Chambres. *La Chartreuse de Parme* a un sens profond, qui n'est certes pas contraire à la monarchie. Il se raille de ce qu'il aime, il est Français.

M. de Chateaubriand disait, en tête de la onzième édition d'*Atala,* que son livre ne ressemblait en rien aux éditions précédentes, tant il l'avait corrigée. M. le comte de Maistre avoue avoir écrit dix-sept fois *le Lépreux de la Vallée d'Aoste.* Je souhaite que M. Beyle soit mis à même de retravailler, de polir *la Chartreuse de Parme,* et de lui imprimer le caractère de perfection, le cachet d'irréprochable beauté que MM. de Chateaubriand et de Maistre ont donnés à leurs livres chéris.

Auguste Bussière

Henri Beyle (M. de Stendhal)
1843

Auguste Bussière (1810-1891) collabora à la *Revue ency-clopédique*, au *Temps*, à la *Revue des Deux-Mondes* et à la *Revue de Paris.* Il s'occupa beaucoup de l'œuvre de George Sand dont il essaya de définir l'originalité. C'est à lui que la *Revue des Deux-Mondes* s'est adressée pour un article sur Henri Beyle. Parue le 15 janvier 1843, son étude s'avère le premier essai global sur Stendhal, l'homme et son œuvre. C'est un essai qui se fait remarquer par son excellente compréhension de l'homme sinon toujours de l'œuvre. Bussière a reconnu, et ceci en 1843, un aspect essentiel de la personnalité de Stendhal, à savoir son désir, son besoin d'être soi, ainsi que tous les paradoxes que ce désir a créés. Le paragraphe que Bussière consacre à la description de ces paradoxes reste valable de nos jours, et l'on pourrait proposer que si Bussière n'a pas sondé la nature de ce caractère paradoxal, c'est tout de même lui qui a établi les bases sur lesquelles ont pu se fonder les études de la personnalité de Stendhal qui le dépassent. Bussière a aussi eu le courage de souligner que si Stendhal fut matérialiste par la raison, il n'en était pas moins spiritualiste par le sentiment, un aperçu re-marquable, fait plusieurs années avant la parution des œuvres intimes de Stendhal, et auquel les critiques moralisateurs de l'époque n'auraient jamais songé.

Si Bussière semble s'intéresser moins aux romans qu'aux essais de Stendhal, il n'est pas sans avoir une pénétration perspi-cace de son œuvre romanesque. Sa remarque d'ensemble sur les romans est toujours valable: «Ses romans ont voulu concou-rir pour leur part à démontrer la supériorité des caractères qui ont pour ressort la passion sur les caractères qui ont pour ressort la vanité ou tout autre mobile. . .» Faut-il rappeler que la cri-tique stendhalienne du vingtième siècle a maintes fois souligné l'importance, dans la fiction de Stendhal, de la supériorité du moi naturel? Bien que Bussière n'ait pas compris *le Rouge et le Noir* parce qu'il n'a pas vu que le devoir n'est pas une partie intrinsèque de la personnalité de Julien, il a apprécié la *Chartreuse,* écrivant une défense magnifique des scènes de la bataille de Waterloo et reconnaissant ce que tout le monde répète aujourd'hui, à savoir que *la Chartreuse de Parme* représente la somme des pensées, des sentiments, et des expériences de Stendhal: «C'était là, en effet, le couronnement logique de toute sa vie et de toutes ses pensées, le livre spécial pour lequel il semblait être né à la vie d'écrivain, le fruit mûr et doré promis par tous ses ouvrages antérieures, qui n'en ont été que la floraison dans ses phases successives.» En outre, Bussière a reconnu en 1843 ce que certains n'ont jamais reconnu, que Stendhal a un style parfaitement adapté à ses buts.

Ce critique intelligent est tombé dans un oubli presque total de nos jours, cela peut-être parce qu'il quitta la France en 1845. Claude Pichois a toutefois retrouvé sa piste pour nous apprendre qu'il habita l'Algérie de 1845 à 1847, après quoi il vécut en Espagne. Il fut reconnu pour sa bonté à Madrid où il s'occupa des besoins de l'église et de l'hôpital français.[1]

cʃ͡ɔ

I

Nous abordons une tâche épineuse et séduisante tout à la fois, celle d'apprécier un homme d'esprit à qui son caractère droit et son talent doué de qualités originales semblaient promettre une force d'action plus grande que celle qu'il a exercée sur ses contemporains. Nous rencontrerons dans ce talent et dans ce caractère des particularités bizarres, d'étranges anomalies, des contradictions qui nous expliqueront comment, après avoir été plus vanté que lu, plus lu que goûté, plus décrié que jugé, plus cité que connu, il a vécu, si cela peut se dire, dans une sorte de célébrité clandestine, pour mourir d'une mort obscure et inaperçue. La littérature contemporaine, il faut bien l'avouer, n'a trouvé, devant la tombe d'un de ses membres les plus distingués, que le silence ou des paroles pires que le silence. M. Beyle mort, tout a été dit pour lui. Ses dépouilles n'ont point vu leur cortège

se grossir de ces regrets qui aiment l'éclat et qui viennent
chercher sous les plis du drap funèbre un reflet du lustre qu'avait
jeté le vivant. Nulle vanité ne s'est crue intéressée à vivre une
heure des reliefs de la sienne. Sa vie a-t-elle donc été tout-à-fait
sans gloire? Il a eu plus de droiture et de respect pour lui-même
qu'il n'en faut pour mettre un nom en haute recommandation et
léguer un thème sonore aux oraisons funèbres. Il a eu plus
d'esprit qu'il n'en faut pour se faire une petite cour de flatteurs
ou de poltrons, et tenir ses petits levers devant une foule de
parasites. Il a eu plus d'idées enfin qu'il n'en faut pour planter
une bannière à soi dans le champ de l'invention et tenir état
de chef d'école. Mais, hâtons-nous de le dire, M. Beyle a eu un
grand tort, et qui n'est pas commun, il a voulu être lui-
même, il l'a trop voulu; tout l'effort de sa vie s'est bandé, comme
dirait Montaigne, à ce but, qu'il a en somme plutôt dépassé
qu'atteint. A chaque pas qu'il va faire, à chaque parole qu'il va
écrire, il semble se poser cette question: En m'y prenant de
cette manière, vais-je ressembler à quelqu'un? De là pour lui la
nécessité d'inventer sans cesse, même dans des minuties où il
n'y a plus à inventer; de là aussi l'isolement. Des gens qui l'ont
approché ont vu en lui un homme fantasque, inégal, épineux;
des gens qui l'ont lu lui ont reproché d'être un écrivain à paradoxes; pourtant il a conservé jusqu'à la fin ses amitiés d'enfance,
et il est mort sur les idées qui lui avaient fait, à un âge déjà mûr
et nourri d'expérience, écrire sa première page. Ses livres ne
sont, au fond, qu'une théorie du bonheur, et sa vie n'a voulu
être qu'une mise en action de sa théorie, laquelle repose sur ce
principe: faire à chaque instant ce qui plaît le plus. Après tout,
cet excès avec lequel il abonde dans ses propres idées et dans son
propre caractère, ou du moins dans celui qu'il se faisait, est le
seul paradoxe dont il se soit rendu coupable; mais ce paradoxe
a été soutenu trente ans et il s'est épanoui en une gerbe d'effets
singuliers.

Pour résoudre ce problème capital qu'il s'était posé: être
soi, M. de Stendhal s'est avisé d'un expédient qui a déjà sa
nouveauté. Sciemment ou non, il a pris justement le contre-pied
de sa propre nature. Penseur très sérieux pour lui-même, il a
voulu n'être à la superficie du moins, qu'un écrivain très léger
pour ses lecteurs. Esprit logique et d'une rare méthode, il a
mis une ténacité non moins rare à rompre le ciment qui mainte-
nait l'édifice de ses pensées et à les répandre comme une
poussière vannée par le vent; esprit laborieux, il a recherché les

dehors de la négligence et travaillé jusqu'à sa paresse. Ame chaleureuse et convaincue, il a eu comme horreur de se laisser prendre en flagrant délit d'enthousiasme; il a traité sans pitié sa passion par les réactifs d'une chimie morale qui n'est qu'à lui, et chaque élan de son âme en bouillonnement a tourné tout soudain en jet d'ironie. Génie brusque et prime-sautier, on ne lui voit jamais d'abandon, et l'homme qui se regarde penser et qui se surveille apparaît jusque dans ses saillies. Ennemi de l'affectation, il a mis de l'affectation partout, et jusque dans cette haine. Ennemi de la vanité, il s'est plu à la démasquer, à la désoler par la constance et la sagacité malicieuse de ses attaques; mais cette *idée du voisin* dont il dénonçait les burlesques effets dans les autres, il n'a pas su mieux qu'un autre en secouer le joug; le spectre du *voisin* a sans repos ni trève posé devant lui; harcelé, tourmenté, obsédé par cette vision incessante, lui-même l'évoquait sans cesse pour se raidir à la braver ou se fatiguer à la fuir. Epris du sans-gêne et du naturel, il a passé sa vie à se travestir. S'il a semé à pleines mains l'épigramme, c'était comme pour se faire un hallier où il pût cacher ses inquiétudes; il n'a tant fait marcher le ridicule devant lui que pour n'en pas être atteint. C'est en portant la croix de sa vanité qu'il a (on peut le dire) sué l'ironie. Il a consacré vingt volumes et infiniment d'esprit, de bon esprit français, à parler des beaux-arts et à médire de l'esprit, de l'esprit français surtout, qu'il trouvait incompatible avec le sentiment des beaux-arts; de façon que, si l'on en croit ses médisances, on ne le lira pas, ou que, si on le lit, on ne l'en croira pas. Une moitié de sa vie et de son intelligence s'est dépensée à écrire des livres pour le public; l'autre moitié, la plus forte peut-être, à tisser et à rompre pour recommencer sur nouveaux frais les fils du triple réseau de mystères dans le dédale duquel il aimait à faire disparaître sa personne et son nom. C'est là un travail assez nouveau, et dans lequel il n'avait guère à craindre de se rencontrer ni avec des modèles ni avec des imitateurs; aussi est-ce merveille de voir ce qu'il y a mis de prédilection, d'application, d'invention: tantôt officier de cavalerie, tantôt marchand de fer, tantôt douanier, tantôt femme et marquise, de Stendhal, Lisio, Visconti, Salviati, Birkbeck, Strombeck, le baron de Botmer, sir William R. . . ., Théodose Bernard (du Rhône), César-Alexandre Bombet, Lagenevais, etc., etc., que dire encore?

L'anonyme ne le cache pas assez, le pseudonyme ne dépiste pas suffisamment l'inquisition qu'il veut déjouer. Outre celui qu'il affiche sur son titre, il en prendra cinq ou six différents dans le cours de l'ouvrage pour autant de pensées qui lui auront paru plus particulièrement compromettantes, et aussi (car c'est encore là un de ses artifices) plus particulièrement insignifiantes. Souvent même, si le résonnement d'un nom tout entier l'épouvante, il se réduira à l'initiale et il y épuisera les vingt-six lettres de l'alphabet. Parlant toutes les langues, portant toutes les livrées, tour à tour Anglais et Italien, Français et Allemand, homme et femme, noble et roturier, il semble, par l'aisance et la fécondité de ses travestissements, avoir ressuscité en sa personne ces maîtres intrigants du bon vieux théâtre, et s'être fait le Sbrigani d'une pièce où il ferait jouer au public le rôle du *gentilhomme limosin.* C'est une comédie qu'il s'est donnée à luimême durant toute sa vie; il fait bon le voir riant sous cape, tout bas, en dedans et les lèvres pincées, jusqu'au moment où une terreur panique vient l'assaillir au pied de ce théâtre fantastique qu'il s'est dressé sous son bonnet de nuit, et le fait fuir en renversant toiles et banquettes. Ce moment, où il craint d'être découvert, revient pour lui presque tous les jours, mais surtout les jours où il a publié quelque livre nouveau. C'est à l'un de ces moments solennels et décisifs qu'on le voit disparaître tout à coup et tout de bon. On le cherche: il est en voyage. Son livre, jeté dans le monde, le rejette par contre-coup à quelque bout du monde. Il fuit sa pensée produite au grand jour; il fuit cet éclat subit et ce subit retentissement; il fuit jusqu'à ce nom imaginaire qu'il s'est donné sur la première page, et dans lequel il tremble lui-même de se reconnaître; il recule, comme le canon, devant son propre éclair et son bruit. Ainsi il est toujours en contradiction avec lui-même, ainsi il est et n'est pas lui; mais ce qui devient lui, ce qui n'est aucun autre que lui, c'est le bizarre composé, le résultat final de cette contradiction perpétuelle. Voilà, si l'on veut, son paradoxe.

Que l'on ne dise pas cependant que c'est là de ces folles plumes qui s'abandonnent en filles perdues à tous les dévergondages de la pensée, qui n'ont peut-être ni le discernement du faux, ni certainement le souci du vrai, qui se prêtent à tout et ne se livrent à rien, qui prennent tour à tour et repoussent sans choix, sans conscience, sans respect, sans amour, qui jettent une ombre sur toute clarté, font reluire d'un faux jour toutes ténèbres, qui se font un jeu d'insulter à toute certitude, à leur propre intelligence, et appliqueraient le masque du sophisme sur la face même de la vérité. C'est là sans doute ce que l'on appelle une plume à paradoxes; mais auquel de ces traits reconnaître M. de

Stendhal?

Il faut se bien convaincre d'abord que l'auteur de *le Rouge et le Noir*, des *Promenades dans Rome*, de l'*Histoire de la peinture en Italie*, de la *Vie de Rossini*, n'a visé ni à la gloire du romancier, ni même, quoique sa manière soit tout épisodique et anecdotique, à celle du biographe. L'histoire, le roman, le voyage, la biographie, ont été tour à tour le cadre dans lequel il a fait entrer l'objet unique et constant de sa pensée. Cet objet, c'est la science de l'homme, puis l'objet immédiat de cette science primordiale, la science du bonheur. Il n'y avait donc qu'une gloire pour lui, celle de voir juste et de déduire rigoureusement. Il a dit et répété de vingt manières que tout bon esprit commence par se faire une bonne logique, un art à lui de raisonner juste: tel a été en effet son grand travail préalable sur lui-même. Aussi, a-t-il affecté plus que de l'insouciance à l'égard de toutes les autres parties de l'écrivain, afin de faire mieux ressortir ce qu'il croyait avoir d'excellent dans celle-ci. Il semblerait qu'il laissât au hasard le soin de composer ses livres et retirât à la grammaire tout droit sur l'arrangement de ses phrases. Ajoutons qu'à la vérité, s'il paraît avoir peu étudié la langue sous le point de vue de la correction, il en a étudié profondément le génie et combiné les ressources quant aux effets qu'il en veut tirer le plus habituellement. Quoi qu'il en soit, il n'en reste pas moins un écrivain négligé, et il n'est que vrai lorsqu'il dit: «Quant à moi, j'aime mieux encourir le reproche d'avoir un style heurté que celui d'être vide;» ou encore: «J'écris comme on fume un cigare; une page qui m'a amusé à l'écrire est toujours bonne pour moi.» Mais dans ces phrases même, où il confesse et montre peut-être sa négligence, nous retrouvons ce qui le caractérise bien autrement, son horreur pour le *vide*. En effet, M. Beyle est essentiellement un penseur; l'art de penser a été le but de toute son activité intellectuelle; l'art de faire penser est le principe de sa manière d'écrire; et comme l'objet unique de ses pensées a été une science d'observation, toutes ses visées, toute son ambition, toute sa gloire, tout le fruit de sa vie, sont restés attachés au renom d'observateur pénétrant et de logicien rigoureux. Un seul paradoxe jeté là-dedans de gaieté de cœur renverse du même coup tout ce laborieux édifice; et puis, est-il besoin de s'y prendre de si loin pour entrer dans le métier de faiseur de paradoxes?

M. de Stendhal fonde si peu son succès sur ce genre d'agrément, il vise si peu à cet étrange mérite, qui consiste à surprendre un instant la bonne foi de son lecteur, que, dans la crainte que la vigilance de celui-ci ne s'assoupisse, il prend soin lui-même de la tenir en haleine et toujours sur ses gardes. Il émet peu de propositions qu'il ne fasse suivre de cet avis renouvelé sous toutes les formes: «J'invite à se méfier de tout le monde, même de moi. . . Ne croyez jamais qu'à ce que vous avez vu, n'admirez que ce qui vous fait plaisir, et supposez que le voisin qui vous parle est un homme payé pour mentir.» Il n'y a pas jusqu'à tel mince détail de technie musicale à propos duquel M. de Stendhal ne vous dise: «Vérifiez cette assertion sur le piano voisin;» ou s'il s'agit de peinture et de particularités d'anatomie ou de coloris: «Allez à l'école de natation, et regardez le nu.» Ce qu'il recommande à ses lecteurs, il l'a pratiqué pour lui-même. Il s'est soumis lui-même à toute sorte d'expériences minutieuses, et là peut-être est la clé de bien des bizarreries qui n'ont été que des bizarreries pour *le voisin*. Il ne lui a pas suffi de voir et de toucher; il a tenu pour suspects son tact et sa vue et son âme; il a soumis toute sa sensibilité à cette méfiance qu'il conseille aux autres; il a obligé son esprit à des tours de force pour obtenir qu'il en vînt à pouvoir observer sa propre attention lorsqu'elle était tendue elle-même à observer autre chose. Le mouvement de passion, si inopiné qu'il soit, n'échappe pas à cette surveillance, qui est devenue une habitude. Que dis-je? et comme ce mot me revient, il n'est pas jusqu'à l'habitude elle-même, cette source continue d'actes inaperçus et involontaires, il n'est pas jusqu'à l'habitude qui ne se soit laissé surprendre par cette vigilance infatigable, et qui n'ait été suivie des yeux, étudiée, comme le serait la volonté réfléchie. Voilà bien de quoi faire que nul écrivain ne soit moins naïf que M. de Stendhal, mais aussi que nul ne soit plus sincère.

En effet, nous touchons ici à la dignité de sa conscience d'homme privé et d'écrivain, et si nous l'avons vu déjà, à tant d'autres égards, se variant, se forçant, s'évitant, se cherchant hors de lui-même, le sentiment de cette dignité est un point sur lequel il n'a jamais eu ni à se forcer, ni à s'éviter, ni à revenir. Là il est resté lui, un lui qui n'avait rien d'artificiel, qu'il a trouvé tout fait et conservé tel avec soin, sans doute, mais sans effort, sans ostentation, et à peu près comme l'on respire. A côté de son ironie perpétuelle et extérieure, il a eu dans le for de sa conscience un culte sérieux et qui ne s'est point démenti pour ce qui lui a paru respectable, comme éternel et capital objet d'intérêt pour l'esprit humain.   Il a voué sérieusement sa vie à la recherche du vrai, à l'amour du beau.   S'il a voulu donner à la vérité un air futile et narquois, *ridendo dicere verum,* c'est un peu par envie d'être neuf et de ne ressembler à personne, par amour de ce qu'il appelle *le divin imprévu,* un peu par haine du pédantisme et de la pesanteur des gens qui l'ont précédé dans cette recherche, un peu aussi par démangeaison taquine et pour se moquer de la futilité ignorante du vulgaire des lecteurs en ayant l'air de leur dire: Voilà tout ce que vous pouvez digérer et supporter.   Il le dit même, et plus d'une fois, en termes à peu près aussi explicites et certainement plus piquants.

Ce mépris du vulgaire est encore chez lui un trait persistant, et qu'il a su lier à la dignité de son caractère, par le dégoût vrai et actif qu'il en a tiré pour les succès qui viennent d'un grand achalandage et pour les pratiques au moyen desquelles on l'obtient. «Je voudrais, dit-il quelque part, écrire dans une langue sacrée.»   Ailleurs il invoque un *lecteur unique* et qu'il voudrait *unique* dans tous les sens; ailleurs encore il se relâche de cette rigueur hyperbolique, et va jusqu'à dire, en invitant toute autre espèce de lecteur à fermer le livre, «qu'il lui serait doux de plaire à trente ou quarante personnes de Paris, qu'il ne verra jamais, mais qu'il aime à la folie sans les connaître, par exemple quelque jeune Mme Roland lisant en cachette quelque volume qu'elle cache bien vite, au moindre bruit, dans les tiroirs de l'établi de son père, lequel est graveur de boîtes de montres.»   Sur la dernière page de plusieurs de ses ouvrages, il inscrit, en grandes capitales, cette dédicace:

TO THE HAPPY FEW,

et ce petit nombre d'heureux, nous l'espérons, se sera rencontré en effet.   Mais le grand nombre a été repoussé: est-ce par de tels moyens?   Sans doute, ces déclarations ou d'autres semblables ne suffisent pas, et si M. de Stendhal s'en était tenu avec tant d'autres à paraphraser ainsi le *odi profanum vulgus,* on pourrait n'y voir que les boutades d'une impertinence quelque peu fastueuse, et peut-être un moyen de recouvrir d'un grand appareil de fierté quelque dessous de table dont l'ombre abriterait de réelles bassesses.   D'ailleurs, jeter des mépris au vulgaire, ce n'est pas un acte aussi hardi qu'on le pourrait croire; c'est même une insinuation flatteuse adressée à tous ceux qui voudront bien ne pas se confondre avec le vulgaire.   Les vraies barrières de l'écrivain, celles qui ont résisté à l'irruption du succès, ne sont point là. Elles sont dans la nature de ses idées et dans sa manière de les présenter par la pointe; elles sont dans la contexture de ses livres et dans la forme de son style, dans cette langue sinon sacrée, du moins quelque peu hiéroglyphique, qu'il s'est créée à force d'ellipses, de tours hachés, de sens rompus ou interrompus, et faits pour rebuter une curiosité purement oisive, à force de rapprochements disparates, au premier abord, entre des propositions dont il omet les termes intermédiaires, d'allusions à peine indiquées, de demi-mots, de taquineries, d'espiègleries de tout genre; elles sont encore dans son empressement à brusquer ou à persifler les opinions ou les goûts établis: elles sont en un mot dans toutes ces précautions qu'il prend pour forcer son lecteur à penser ou à le prendre en haine. Rien n'est clair d'ailleurs comme sa petite phrase nette et, quoique pleine, preste et concise. Tout le travail qu'il impose porte sur les pensées, mais c'est là un travail réel, indispensable, et qui, outre l'application actuelle, demande souvent, pour aboutir à un résultat, toute une bonne éducation antérieure. Voilà derrières quelles difficultés il s'est barricadé; voilà comment il s'est rendu inabordable à deux classes de lecteurs en dehors desquelles il n'y a plus de *foule:* les lecteurs indolents et les lecteurs ignorants. Il ne s'est donc point borné à répéter d'un air hautain la première partie du vers d'Horace; il en a mis la fin dans sa pratique: *et arceo.* Il a mis à éloigner le profane un soin, un art, presque un génie, et, dans tous les cas, une bonne foi que personne avant lui, pas même Horace, n'avait été aussi jaloux d'appliquer à ce but. Peut-être s'en est-il payé par le plaisir d'être en cela encore comme nul autre; mais enfin il a donné des gages à son dire: il s'est jeté résolument, sincèrement, loin des régions faciles où le succès croît et fleurit sous le battement des pieds de la multitude, dans l'île quasi déserte où devait se rencontrer son lecteur unique ou tout au plus ses quarante Mme Roland, et il a brûlé ses vaisseaux. Il a cherché un succès peu bruyant, mais exquis, des applaudissements rares, mais délicats. Il a donné à notre époque cet exemple trop peu répété d'un talent et d'une renommée qui ne sont exploités ni dans le sens de l'argent ni dans le sens d'une grossière satisfaction de vanité. Il s'est tenu debout au milieu du courant qui emporte vers cette double proie tant d'appétits plus gloutons qu'épurées, et où un scandale de plus se perd si facilement dans la foule des scandales. C'est là, disons-nous, autre chose que de la fatuité et de l'impertinence, et quand, à certains moments de sa vie littéraire, des relations inévitables venaient ramener son esprit sur ces soins qui lui répugnaient, il prenait le moyen le plus court et le plus sûr pour s'y soustraire: il fuyait. Une telle répugnance lui suffisait sans doute pour justifier cette fuite brusque et singulière dans un moment où les auteurs n'ont pas pour habitude de chercher «le fond des bois et leur vaste silence.» Veut-on absolument qu'à cette raison nous en ajoutions une autre, l'amour du *divin imprévu?*

Admettons d'abord qu'en cet amour comme dans le reste, M. Beyle a été un homme de précaution, et que, pour être singulier en tout, il s'est piqué, bien qu'il parlât avec esprit, de ne parler aussi qu'avec connaissance. Il se moque, en passant, de l'académicien qui avait découvert sur une inscription *le roi Feretrius,* et ce n'est pas lui qui eût fait de saint Augustin un Grec, ou qui eût jeté le Rhône dans la mer à Marseille. Ce genre de surprise et d'imprévu n'était point celui qu'il ménageait à ses lecteurs, et tout l'esprit du monde ne lui eût point paru justifier une si profonde sécurité dans une si magnifique ignorance. En pareil cas, il eût su du moins qu'il ne savait pas, et il se fût mis à apprendre, à étudier comme un simple pédant, quitte à reprendre, pour importer et mettre en œuvre ce lourd butin, la légèreté et les graces piquantes, les ailes et le dard d'une abeille. Voyez comment il s'y prend avant d'oser parler de ce qui fait le sujet unique de ses écrits. Il pose comme base de la connaissance de l'homme la physiologie: il veut connaître l'homme, il étudie donc la physiologie, qui possède déjà de son temps Bichat et Cabanis. Il s'attache surtout à Cabanis, qui asseoit justement la question sur le point où lui-même dirige ses recherches, les rapports du physique et du moral. Toutes les fois qu'il arrive sur ce terrain, c'est à Cabanis qu'il a recours, et il lui emprunte la classification et la définition des tempéraments, qui occupe une place assez importante non-seulement dans la théorie du beau antique et du beau moderne placée en tête du second volume de l'*Histoire de la Peinture en Italie,* mais encore dans l'enchaînement général de ses idées. Indépendamment de la physiologie, il y a tout un ordre de phénomènes qui peuvent être examinés à part, et qui résultent du mécanisme de la pensée. La métaphysique, telle qu'elle est constituée, n'a pas grand crédit auprès de lui. Cependant il rencontre, dans cette branche encore, un homme dont la méthode lui paraît excellente, l'analyse sûre, le coup d'œil pénétrant, et il s'incline devant M. de Tracy aussi profondément que devant Cabanis. Voilà déjà l'homme étudié par abstraction, dans ses organes, dans ses facultés, et tel que le présentent les sciences qui ont pour objet l'une ou l'autre des deux faces de sa nature. Il faut le voir maintenant à l'œuvre comme être social, et sous l'influence des climats ou des gouvernements. Alors se présente une nouvelle série d'études sérieusement faites et attestées par les traces que l'on retrouve dans ses écrits de Machiavel, de Montesquieu, de Delolme, de Bentham, de Malthus, aux élucubrations duquel M. de Stendhal ajoute, par parenthèse, une singulière idée, celle d'utiliser, au profit de la dépopulation, un expédient dont on use encore en Italie dans un intérêt purement musical. Tous ces documens amassés, il reste à les compléter et à les contrôler par l'histoire. Ici M. de Stendhal n'accorde d'autorité qu'aux originaux, c'est-à-dire aux écrits du temps, mémoires, correspondances, récits historiques, pièces authentiques, etc. Il veut prendre les passions sur le fait. C'est avec un beau mouvement d'orgueil et de défi qu'on le voit quelque part éloigner d'avance les contradicteurs par cette exclamation: «L'homme qui écrit ces lignes a parcouru toute l'Europe, de Naples à Moscou, avec cent auteurs tous originaux dans sa calèche.» Quant aux historiens qui ont rédigé après coup, il les récuse comme vendus à un pouvoir ou à un système. Nous retrouvons bien là sa circonspection méfiante et sa méthode expérimentale.

Tous les travaux que nous venons d'enumérer jusqu'ici n'ont eu en effet pour but et pour résultat que de lui aiguiser l'esprit, de lui ouvrir des veines d'informations, de lui fournir des thèmes à vérifier. Son étude capitale a porté sur l'homme vivant, sur l'homme qu'il pouvait voir et toucher, et il l'a regardé d'un bout à l'autre de l'Europe, d'un bout à l'autre de l'échelle sociale. Ainsi la physiologie, la métaphysique, la politique, la philosophie de l'histoire, l'histoire proprement dite, et pardessus tout cela la vie pratique, les salons et les bivouacs *depuis Naples jusqu'à Moscou,* tels sont les fondements sur lesquels M. de Stendhal a voulu asseoir les quelques idées qu'il allait mettre en œuvre, et tous ces matériaux étaient rassemblés, tous ces fondements, jetés, lorsque, pour la première fois, à l'âge de trente-un ans, l'observateur commença l'apprentissage d'un nouveau métier, celui d'écrivain. De tous ceux qu'il a exercés, ce métier est le seul qui n'en ait jamais été un pour lui; mais les autres ont merveilleusement concouru à lui amener tout ce dont il allait avoir besoin dans celui-ci.

II

[Dans la deuxième partie de son essai, Bussière esquisse la biographie de Henri Beyle.]

III

Si nous ne l'avions dit déjà, ce serait ici le lieu de déclarer hautement que M. de Stendhal, à prendre le mot dans un sens strictement littéraire, n'est pas un écrivain. Lui-même l'a senti, lui-même l'a voulu, lui-même l'a déclaré vingt fois. Nous avons cité à ce propos quelques exemples, et l'on a vu, entre autres, le passage où il avoue s'être fait écrivain pour avoir vendu ses chevaux en mai 1814. A la rigueur, ceci n'est point vrai et n'a été écrit que pour amener en parenthèse ce léger trait décoché à la restauration: *mai* 1814. Cette date lui tient fort au cœur, il y revient souvent, et il termine par exemple son volume de *Rome, Naples et Florence,* par cette note: «L'auteur, qui n'est plus Français depuis 1814, est à un service étranger.» C'est là sa manière de faire des épigrammes politiques; mais il a assez d'esprit et de perspicacité pour savoir qu'il n'est que vrai lorsqu'il déclare, même ironiquement, qu'*il regrette bien de n'avoir pas de talent littéraire.* Il s'estime d'ailleurs assez pour être convaincu qu'il a un talent bien supérieur à celui-là, celui de voir et de raisonner juste. Aussi, ce n'est pas de sa modestie que nous voulons lui faire honneur. Il a poussé aussi loin que personne l'art de trouver le mot qui va au fond des choses, le tour qui rend avec le plus de vivacité, de netteté, de lumière, sa pensée et l'intention particulière qu'il a pu y ajouter. En ce sens, on peut dire qu'il a découvert des ressources, des finesses nouvelles dans la langue, qu'il lui a imprimé son cachet, et qu'il a une manière bien à lui. Toutefois cette manière ne forme point un style; il a du trait, de la soudaineté, de vives et pénétrantes clartés, il a le génie du mot, il n'a point l'art de la page. Voilà comment nous entendons qu'il n'est point un écrivain, et cela, même en faisant abstraction des incorrections qui fourmillent surtout dans ses premiers ouvrages.

M. Beyle a, dans ses écrits, touché du bout de la plume à bien des choses, à la religion, à la morale, aux gouvernements, aux mœurs, aux beaux-arts; tout cela s'est lié dans sa tête, comme cela se lie en effet dans la réalité, aux conditions les plus

essentielles du bonheur de l'homme. Ce serait être infidèle envers les idées de l'auteur que de vouloir les réduire à une rigou-
reuse déduction logique, et donner à cette philosophie légère
des allures d'école que l'auteur a eu surtout à cœur de lui
épargner. Vauvenargues a dit que toutes les grandes pensées
viennent du cœur. En ajoutant à ce mot que toutes les grandes
jouissances viennent aussi du cœur, en d'autres termes que le
principe de toute grandeur et de tout bonheur pour l'homme est
dans ses passions, ou plutôt dans l'énergie de leur foyer, on aurait, je crois, toute la philosophie de M. Beyle vue par son plus
grand côté. Cette proposition peut résumer la philosophie d'un
sot comme celle d'un grand génie; elle n'a de valeur que par le
parti qu'on en tire. M. Beyle en a tiré une foule d'aperçus très
ingénieux, très bien liées, mais il n'a poussé que vers certains
points où sa fantaisie l'entraînait, et encore, dans ces directions
qu'il a prises, n'a-t-il poussé que jusqu'au bout de sa fantaisie.
Dans tout ce qui n'est pas les beaux-arts, partie qu'il a spécialement fouillée, ses vues, arrêtées trop court, s'éteignent, faute
d'issue, dans des impasses et parfois même s'entre-détruisent.
Ainsi il ne sait que faire de la liberté et de la monarchie; tantôt
c'est la monarchie qui est mortelle aux beaux-arts en étouffant
les caractères, en brisant les âmes des artistes, témoin la France
de Louis XIV et surtout la France de Louis XV, qui recueille tous
les fruits monarchiques que l'autre a semés; tantôt c'est la liberté,
en ouvrant à ces mêmes caractères d'autres voies de développement et d'activité, témoin l'Union d'Amérique. Lui restera-t-il
au moins le gouvernement tempéré, le gouvernement des deux
chambres, pour nous servir de ses propres termes? Il le porte
souvent aux nues comme une panacée souveraine; puis il le
répudie comme il a répudié les autres, par cette raison qu'il est
trop sage, trop économe, qu'on ne trouvera jamais une chambre
de députés votant vingt millions pendant cinquante ans de suite
pour construire un Saint-Pierre de Rome, et qu'il tue l'énergie
en ôtant le danger. «Sous le gouvernement des deux chambres,
dit-il encore, on s'occupe toujours du toit, et l'on oublie que le
toit n'est fait que pour assurer le salon.» Il va plus loin, et, suivant lui, la liberté détruit en moins de cent ans le sentiment des
arts. «Ce sentiment est immoral, car il dispose aux séductions de
l'amour, il plonge dans la paresse. Mettez à la tête de la
construction d'un canal un homme qui a le sentiment des arts;
au lieu de pousser l'exécution de son canal raisonnablement et
froidement, il en deviendra amoureux et fera des folies.» Croyez-
vous que M. Beyle plaide contre ce sentiment *immoral*? Non.

Entre les beaux-arts d'une part, la liberté et la morale de l'autre, son choix est fait. Il ne plaisante pas autant qu'il en a l'air lorsque, à propos des tyranneaux de l'Italie du XVe siècle, il dit: *Ces petits tyrans que je protège.* Ainsi, au nom des beaux-arts, au nom du bonheur et de la grandeur de l'homme, il veut du danger, il veut des passions fortes et des passions libres du joug, et, ces passions une fois en mouvement dans la société, il ne conçoit à celle-ci d'autre organisation que celle qui résulte du mécanisme représentatif, lequel a pour effet de les neutraliser, parce qu'il est le joug, le niveau et la force de la loi personnifiés. Or, nous disons qu'il y a ici une impasse, et que M. Beyle le logicien, s'arrêtant à son utopie constitutionnelle, après sa théorie sur les passions, n'a point poussé jusqu'au bout de sa logique. Il est vrai que M. Beyle déserte même son utopie constitutionnelle; mais alors que nous donnera-t-il? Tout pesé, je pense qu'il n'a voulu que donner des coups de lancette à la restauration. Tous les passages où il parle de Napoléon avec les expressions qu'il emprunte ironiquement aux ennemis de l'empereur déchu, pour en retourner l'effet contre eux-mêmes, semblent annoncer que ses affections intimes étaient restées attachées aux souvenirs de cette période de sa vie. Ce qui paraîtrait dénoter encore que son libéralisme n'était que de la taquinerie ou une contagion passagère, c'est que, après 1830, il n'en est plus trace dans ses livres, où cependant se retrouvent toutes les idées auxquelles il l'avait mêlé antérieurement. On en pourrait tirer aussi une confirmation de ce que nous avons dit, que toutes ces idées étaient faites et liées dans son esprit lorsqu'il s'est avisé pour la première fois d'écrire; car le libéralisme, n'existant pas lorsqu'elles se formaient, n'a pu se faire sa place, comme partie intégrante, dans leur ensemble, et, quand il est survenu, il a trouvé un appareil tout construit au milieu duquel il n'a été et pu être qu'une pièce de rapport tant bien que mal ajustée, faisant tache et menaçant ruine.

M. Beyle, bien qu'il ait visé à laisser sa trace dans la politique et dans la philosophie, n'est donc pas plus un philosophe qu'un politique. Il est toujours et avant tout un homme du monde, pétillant d'idées ingénieuses, d'aperçus heureux et fins qu'il veut bien prendre la peine de coordonner avec une logique fort adroite, et au bout desquels il découvre une théorie du bonheur qui peut être profitable aux gens du monde comme lui. Mais avec cette théorie, dans l'état de nos mœurs, de nos lois, de nos croyances, de tout ce qui fait de nous une société, un honnête homme qui n'en saurait pas davantage prendrait tout droit le grand chemin de la potence. «Ce peuple, dit-on, est féroce, s'écrie M. Beyle en parlant de la canaille de Rome; tant mieux! il a de l'énergie.» Sans doute, l'énergie est belle et probablement la plus belle chose du monde, puisque sans elle nulle chose n'arrive à son sublime. Comme homme d'imagination, et même comme moraliste, M. Beyle a raison de la chercher, de l'admirer, de l'aimer; mais là où elle ne sait se produire que dans des actes comme ceux qu'il se plaît à citer, c'est-à-dire des assassinats, est-ce bien le lieu de s'écrier: Tant mieux? Ce sont ces applications forcées d'idées trop négligées, quoique très justes et très utiles, qui lui ont valu, selon toute apparence, le reproche de paradoxe. Il savait d'ailleurs que chez nous, et dans la classe où devaient se rencontrer ses lecteurs, ces petits excès n'ont rien de dangereux, et il se livrait en toute sûreté de conscience au plaisir de donner à la vérité non pas seulement un air de vérité, mais un air et une saveur de contraste. Or, quel beau contraste fait ce *tant mieux* avec les habitudes du XIXe siècle, qui «aime le joli et hait l'énergie!» M. Beyle avait en outre, pour chercher l'extrême et le singulier, une autre raison que nous pouvons surprendre dans cette phrase: «Dès qu'il ose déserter l'habitude, l'homme vaniteux s'expose à l'affreux danger de rester court devant quelque objection; peut-on s'étonner que, de tous les peuples du monde, le Français soit celui qui tienne le plus à ses habitudes? C'est l'horreur des périls obscurs, des périls qui forceraient à *inventer* des démarches singulières et peut-être *ridicules,* qui rend si rare le courage civil.» C'est pour montrer qu'il ose déserter l'habitude, qu'il ose affronter et provoquer l'affreux danger de rester court devant une objection, c'est pour mettre du *courage civil* jusque dans sa phrase que M. Beyle ajoute souvent une rodomontade à l'expression juste et suffisante de sa pensée. Si on retrouve là l'esprit de son premier métier, on y retrouve aussi l'homme des salons, car c'est contre des dangers de ridicule que M. Beyle s'excite et s'échauffe ainsi. Il a dit encore que, «les grandes passions étant de mode dans la haute société, il a le malheur de ne plus croire à la passion que lorsqu'elle entraîne à des actes ridicules.» C'est là une de ces pensées presque profondes, et, dans tous les cas, judicieuses et avisées, qui indiquent le *Dauphinois jamais dupe;* mais, comme il tient par-dessus tout à passer pour l'homme passionné par excellence, c'est encore là une des raisons qui le poussent aux singularités. L'homme de salon reparaît dans l'attention affectée qu'il met à éviter le mauvais goût de l'emportement passionné, soutenu au-delà d'une phrase, et à contenir son enthousiasme sous le boisseau. N'a-t-il pas reconnu en effet que «le bon ton consiste assez en France à rappeler sans cesse, d'une manière naturelle en apparence, que l'on ne daigne prendre intérêt à rien?» Voilà de quel mélange bizarre s'est composée la physionomie de M. Beyle, et comment l'homme à qui l'idée et la crainte du ridicule ont été le plus insupportables est aussi l'homme qui s'est le plus ingénié à se créer des occasions de déployer un faux air de bravoure contre le ridicule. Il a fait comme ces conscrits qui, selon lui-même, «se tirent de la peur en se jetant à corps perdu au milieu du feu.»

Quant aux matières dont il s'est occupé, bien qu'il en ait étudié quelques-unes avec une application suivie, sérieuse et peu commune, bien qu'il ait pris une notion suffisante de la plupart des autres, et qu'il ait cherché dans toutes la réalité essentielle, l'élément propre qui les constitue, cependant il n'en a traité qu'avec cette façon leste, décousue, mondaine, qui réduit tout à l'agrément et s'adresse au goût plutôt qu'à l'attention. Il faut, nous l'avons dit, penser, et penser beaucoup, en lisant M. Beyle, mais nous ne parlions que pour ceux qui le prendraient plus au sérieux qu'il n'a l'air de se prendre lui-même, et qui trouveraient de l'intérêt à ressaisir le principe et la chaîne de ses pensées à lui. Nous faisions d'ailleurs place à ceux qui se sentiraient tout d'abord plus disposés à le haïr. Nous ménagerons encore une place pour les gens de loisir qui ne se prêteraient qu'à écouter un piquant babillage. Mais, parmi ces derniers, si quelques-uns le trouvent amusant, un plus grand nombre ne manquera certainement pas de le trouver impertinent. M. Beyle, fidèle en cela au précepte du fabuliste, n'a voulu de chaque matière que la fleur, même là où il semble qu'il n'y en ait pas. S'il fait de l'histoire, il n'est pas pour cela un historien, ni un métaphysicien s'il fait de la métaphysique; non, car il n'en prend qu'à son aise: en tout il est un *dilettante;* il fait du dilettantisme sur la métaphysique, la politique, l'économie politique, l'histoire, la physiologie, la morale, et enfin et surtout sur l'esthétique, pour parler allemand avec un mot grec.

Le premier des livres de M. Beyle, par ordre de date, est le volume des *Vies de Haydn, Mozart et Métastase,* auquel l'analogie nous fera adjoindre la *Vie de Rossini,* publiée beaucoup plus tard. Les *Lettres sur Haydn* ont été en partie traduites de Carpani. L'auteur ne l'a pas annoncé sur le titre, et c'est un tort.

En revanche, il donne la *Vie de Mozart* comme traduite de
l'allemand d'un certain M. Schlichtegroll, que je soupçonne fort,
jusqu'à plus ample informé, de n'être autre que lui-même. On
trouve là, comme dans les *Lettres sur Haydn,* beaucoup de
manières de voir, beaucoup de traits qui lui sont propres, et cette
considération nous paraît le laver un peu, quant aux *Lettres,* du
crime de plagiat. Il dit d'ailleurs dans une note qu'il n'y a peut-
être pas dans cette brochure une phrase non traduite de quelque
étranger. Nous ne connaissons point l'ouvrage original de
Carpani; mais, à en juger par la contexture de ces lettres, les
détails biographiques et le récit auraient seuls été empruntés à
l'auteur italien. Quant à la plupart des appréciations, et surtout
quant aux digressions sur la musique en général, elles sont on ne
peut mieux marquées au coin des idées constantes du traducteur.

En musique, comme en tout, M. Beyle se fait Italien; il
prend parti pour la mélodie. Il veut bien admirer profondément
Haydn et Mozart, mais Beethoven ne sera déjà plus pour lui
qu'un génie fougueux et singulier; quant à Weber, il ne le nomme
une fois que pour lui jeter une phrase du dernier mépris. Il le
traite presque comme il traite La Harpe. L'harmonie ne lui
paraît être que le fruit patient de l'étude, fruit également
accessible à tous les hommes qui auront une égale dose de persé-
vérance; il n'en reconnaît pas moins que, «plus il y a de chant
et de génie dans une musique, plus elle est sujette à l'instabilité
des choses humaines; plus il y a d'harmonie, et plus sa fortune
est assurée.» Pour ce qui est du principe du beau en musique,
il le trouve bien moins intellectuel et par suite bien moins universel que dans la peinture ou tout autre art. Il y a dans ces
Lettres une partie d'érudition dont nous ne faisons pas honneur
à M. de Stendhal, mais qui contient un résumé très substantiel
de l'histoire de la musique.

La *Vie de Mozart* ne sort guère du cadre purement
biographique; mais la *Vie de Rossini* nous paraît être un chef-
d'œuvre de critique musicale. Les idées y fourmillent et dénotent une intelligence de la musique, de ses éléments constitutifs,
de ses moyens, de ses besoins, qui atteste une longue étude, aidée
d'une puissante faculté d'observation et d'analyse, et, par-dessus
tout cela, du feu, de la verve, de l'esprit à foison. M. de Stendhal
était fait pour écrire des biographies comme celle de Rossini,
génie original et fécond, homme spirituel, fantasque, insouciant,
prodigue de tout ce que la nature lui a prodigué, plein de mouve-

ments imprévus, composant et vivant d'inspiration, sans s'inquiéter, soit comme homme, soit comme artiste, d'autre chose que de son plaisir. Vie singulière, animée, diverse, et toute faite d'anecdotes. Pour M. de Stendhal, qui trouvait là presque son idéal, c'était une véritable aubaine. Aussi nous apprend-il que, de tous ses ouvrages, c'est le seul qui fut lu sur-le-champ par la bonne compagnie. Cet ouvrage d'ailleurs, comme généralement ceux de M. Beyle, est fait au pied-levé et au courant de la plume, sans économie, sans vues d'ensemble. Tout y est bien peint, le livre est mal dessiné.

Dans son livre *de l'Amour,* M. Beyle a osé aborder le plus épuisé de tous les sujets, s'il est vrai, comme nous commençons à en douter, qu'un sujet puisse être épuisé, ou, ce qui revient au même, qu'un sujet puisse ne pas l'être. Ce qui nous frappe tout d'abord dans cet ouvrage, c'est qu'il est beaucoup trop long. Il semble que M. Beyle l'ait écrit non pour ce qu'il avait à dire, mais qu'il ait cherché à dire le plus possible pour échapper au désœuvrement ou à des ennuis, pour *tuer le temps* ou le chagrin. Quelques mots perdus dans le cours de l'ouvrage, et notamment un petit chapitre de deux phrases, viendraient volontiers à l'appui de cette conjecture. «Je fais, dit l'auteur, tous les efforts possibles pour être *sec.* Je veux imposer silence à mon cœur, qui croit avoir beaucoup à dire; je tremble toujours de n'avoir écrit qu'un soupir, quand je crois avoir noté une vérité.» Cependant, avec M. de Stendhal, il ne faut pas trop se fier à ces indices, qui ne sont souvent qu'une plaisanterie ou une petite affectation. Quoi qu'il en soit, nous retrouvons ici les habitudes d'esprit du disciple de Cabanis, *avec toute la maussaderie, mais aussi avec toute l'exactitude de la science.* Il étudie l'amour exactement à la manière des physiologistes analysant une fonction de l'organisme humain. Cette méthode appliquée à ce sujet est probablement ce qu'il y a de plus nouveau dans l'ouvrage, comme aussi le mot ingénieux de *cristallisation,* dont l'auteur a su tirer un parti plus ingénieux encore.

Le second volume, bien qu'il ne se rattache pas nécessairement au sujet, me paraît être bien plus important que le premier dans l'histoire des idées de l'auteur. Ici en effet M. de Stendhal n'est plus seulement un anatomiste disséquant avec plus ou moins de dextérité une portion de la machine sensible qui s'appelle l'homme, il devient un moraliste, et par ce mot nous entendons qu'il applique à la science pratique de la vie les déductions tirées d'un certain ordre de faits qu'il a observés. Or, en cela, M. de Stendhal n'est plus lui-même, ou du moins il ne l'est qu'à l'ombre de Montesquieu. C'est la théorie des climats et des formes de gouvernements, l'antinomie de l'honneur et de la vertu, appliquées non plus à la politique, mais à l'amour. M. de Stendhal examine historiquement cette passion chez différents peuples situés sous différentes latitudes, et régis par des principes différents. Il attaque l'honneur, *vil mélange de vanité et de courage,* né de l'idée singulière qu'eurent certains hommes (c'est la chevalerie qu'il désigne) de faire *les femmes juges du mérite.* «Depuis 1789, dit-il, les évènements combattent en faveur de *l'utile* ou de la sensation individuelle contre *l'honneur* ou l'empire de l'opinion; le spectacle des chambres apprend à tout discuter, même la plaisanterie. La nation devient sérieuse, la galanterie perd du terrain.» Mais si, d'après lui, les chambres nous font gagner ce point, les chambres, d'après lui même encore, ôtent aux femmes une grande partie de leur importance dans l'existence de l'homme; si la monarchie dénature l'amour, la république l'abolit. Reste donc l'influence unique des climats. Nous n'avons pas besoin d'ajouter que, sur cette question plus que sur aucune autre, il se fait Italien. Dans ce pays la passion parle seule, et l'opinion n'est rien. L'idée de M. de Stendhal, assez neuve, ce nous semble, nous paraît d'ailleurs assez juste; on n'aura de grands caractères qu'à la condition du mépris de l'opinion et de sa fille aînée, la crainte du ridicule. Cette crainte est la lâcheté de bien des grands courages. En ce qui concerne les femmes, M. de Stendhal dit fort à propos, dans les pensées détachées qu'il a ajoutées au volume: «Grand défaut des femmes, le plus choquant de tous pour un homme un peu digne de ce nom: le public, en fait de sentiments, ne s'élève guère qu'à des idées basses et elles font le public juge suprême de leur vie; je dis même les plus distinguées, et souvent sans s'en douter et même en croyant et disant le contraire.» Sur les idées basses du public et sur la soumission des femmes à ces idées, il s'exprime aussi dans le premier volume avec trop peu de ménagements pour que nous puissions le citer ici. A côté de cela, il y a des idées dont nous ne voulons point garantir la justesse et dont nous blâmons la rudesse d'expression; celle-ci, par exemple: «La force d'âme qu'Eponine employait avec un dévouement héroïque à faire vivre son mari dans la caverne sous terre et à l'empêcher de tomber dans le désespoir, s'ils eussent vécu tranquillement à Rome, elle l'eût employée à lui cacher un amant. Il faut un aliment aux âmes fortes.» N'y a-t-il pas ici, dans la forme sinon dans le fond, un peu de cette amertume qui aurait pu pousser M. Beyle à écrire sur l'amour pour se distraire de l'amour? Et cet autre passage, bien vrai d'ailleurs, n'est-il pas l'écho d'un ressentiment personnel? «Voilà qui devrait bien marquer aux yeux des femmes la différence de l'amour-passion et de la galanterie, de l'âme tendre et de l'âme prosaïque. Dans ces moments décisifs, l'une gagne autant que l'autre perd. . . . Dès qu'il s'agit des intérêts trop vifs de sa passion, une âme tendre et fière ne peut pas être éloquente auprès de ce qu'elle aime. . . . L'âme vulgaire, au contraire, calcule juste les chances de succès. . .et, fière de ce qui la rend vulgaire, elle se moque de l'âme tendre, qui, avec tout l'esprit possible, n'a jamais l'aisance nécessaire pour dire les choses les plus simples. . . . L'âme tendre, bien loin de pouvoir rien arracher par force, doit se résigner à ne rien obtenir que de la *charité* de ce qu'elle aime. . . .» Ce passage est mal écrit, et nous en avons, pour cette raison, supprimé une bonne moitié, où la mauvaise humeur de l'auteur nous semblait seule pouvoir être intéressée, ce qui nous ramène toujours à notre supposition. Au fond, le livre *de l'Amour* se résume en ceci: Les Français sont trop vaniteux; les Anglais sont trop orgueilleux et ont trop su, comme les anciens Romains, persuader à leurs femmes qu'elles *doivent* s'ennuyer; les Allemands, qui *meurent d'envie d'avoir du caractère,* sont trop rêve-creux, ils se jettent trop dans leurs imaginations et dans *leur philosophie, espèce de folie douce, aimable, et surtout sans fiel.* Les républicains d'Amérique adorent trop le *dieu dollar;* il n'y a d'amour qu'en Italie.

Dans cet ouvrage, il y a des définitions remarquables et qui dénotent une rare précision d'esprit: «La beauté est une promesse de bonheur.—Le caractère est la manière habituelle de chercher le bonheur.—La cruauté est une sympathie souffrante.—Le rire est l'effet produit par la vue subite d'une supériorité que nous avons sur autrui.» Dans un autre ouvrage, il ajoute à cette dernière pensée, déjà exprimée par Hobbes, que le sourire est produit par la vue du bonheur; puis il dit: «Le rire domine en France, le sourire en Lombardie.» Il y a encore quelques pensées comme les suivantes: «Le ridicule résulte de la méprise de l'homme sur les moyens d'arriver au bonheur.—Le génie est un pouvoir, mais il est encore plus un flambeau pour découvrir le grand art d'être heureux.—Le pouvoir n'est le premier des bonheurs après l'amour, que parce que l'on croit être en état de commander la sympathie.» On voit qu'il ramène tout à l'idée du bonheur, idée qui préside à tous ses écrits (soit qu'ils aient pour objet d'en chercher le moyen, soit qu'ils veuillent le montrer atteint ou manqué par des héros d'une action fictive), et que pour lui, le bonheur réside essentiellement dans l'amour, dans l'action des facultés sympathiques de l'homme. Il donne au génie, du moins en tant qu'il s'applique aux beaux-arts, la même source qu'au bonheur.

L'écrit auquel M. de Stendhal paraît avoir attaché le plus d'importance, et peut-être l'espoir de quelque renommée, celui où il a mis le plus de soin, d'ordre et de sérieux, celui qu'il a recopié dix-sept fois, l'*Histoire de la Peinture en Italie,* n'est point un ouvrage terminé. On disait, à la vérité, il y a déjà plusieurs années, que l'auteur en avait deux volumes manuscrits en portefeuille. M. de Stendhal, dans cet ouvrage favori, semble avoir perdu, comme l'âme tendre auprès de sa maîtresse, l'assurance, la pointe de témérité qui lui fait affecter dans les autres des formes inusitées. L'ombre de Montesquieu traînait déjà çà et là dans le livre *de l'Amour;* dans l'*Histoire de la Peinture,* ce n'est plus son ombre seulement, c'est son trait et parfois sa couleur. Indépendamment de ses théories générales sur les climats et les gouvernements, il y a dans la division et la marche de l'ouvrage, dans la coupe des chapitres et dans la distribution des idées, l'empreinte manifeste de sa méthode et des procédés de son esprit. Ces deux esprits si français avaient d'ailleurs entre eux une sorte de parenté naturelle; M. Beyle était un cadet de la famille. C'est le même sens net, acéré, perçant, la même prestesse, la même humeur soudaine et poussée aux vivacités parfois périlleuses, le même tour sentencieux et bref, le même goût (plus attique chez le président du parlement de Bordeaux) pour l'exactitude de la pensée relevée d'un brin de sel, le même talent d'arrêter l'expression juste au point où elle fait entrevoir la pensée et laisse au lecteur le plaisir de la deviner et de l'achever, la même absence de déclamation et de phraséologie. Seulement, sur ce dernier point, on pourrait dire de M. Beyle, opposé à Montesquieu, ce que lui-même a dit des modernes opposés aux anciens, qu'ils étaient simples par art, comme les anciens le sont par simplicité. Je ne sais si, comparativement aux Grecs et aux Latins, l'auteur de la *Grandeur et de la Décadence des Romains* n'atteint que par l'art à la simplicité; mais comparativement à nous, enfants du déclamateur Jean-Jacques, poussés au dernier degré de la corruption par l'invasion du germanisme et du britannisme, Montesquieu est un écrivain français de race pure, qui eût dû inventer l'affectation pour n'être pas simple, tandis que M. Beyle n'est simple que par réaction, et non pas seulement par art, mais par affectation. Il a outré l'art d'être simple. Et voilà pourquoi, malgré toutes les vertus du sang qui éclatent en lui, il n'est, de bien loin, qu'un cadet.

Dans l'*Histoire de la Peinture en Italie,* M. Beyle a voulu manifestement monter au rang des aînés. Le livre est composé avec suite, écrit avec tenue. Les phrases sont achevées, les mots aussi. L'ironie, si elle y reparaît, y prend elle-même un caractère plus élevé. On n'y voit plus de ces bouffonneries qui n'ont pour objet que d'agacer le lecteur et de faire pièce à ses manies présumées. Nous ne voulons point dire que ce soit là encore la véritable méthode ni le véritable style historique; nous disons seulement qu'avec quelques-unes des qualités les plus éminentes de l'historien, il y a ici l'intention d'atteindre aux autres. Ainsi qu'on pouvait s'y attendre, l'ordre adopté par l'auteur est, non pas l'ordre tiré du développement de la peinture en raison de la somme d'idées ou de ressources progressivement acquises par les artistes, et abstraction faite en quelque sorte des personnes, mais l'ordre biographique. Nous savons quelle est l'horreur de M. de Stendhal pour les choses abstraites. C'est ce qu'il appelle le vague. Il réduit, il ramène toujours le style à l'expression concrète, les pensées à un fait, les ensembles de faits à des noms propres. Aussi l'histoire n'a pour lui que deux échelles de proportion, que deux formes: l'anecdote et la biographie. Avec l'une il peint les individus, avec l'autre les époques. En cela il est bien lui, et ce n'est point par là qu'il procède de Montesquieu. Mais de même que, dans son livre *de l'Amour,* la partie capitale, celle où il a placé ses idées les plus chères, n'est point l'analyse et l'histoire de l'amour, de même, dans l'*Histoire de la Peinture,* sujet dont il s'est toujours occupé, et avec passion, il a déposé le résultat de ses méditations, le fruit de toute sa vie, dans un morceau qui ne tient que fort indirectement au récit, qui l'interrompt, qui l'éclipse. Cette dissertation, qui n'a de métaphysique que le fond, est une histoire de l'idée du beau depuis l'origine des arts jusqu'à nos jours, ou, si l'on veut, une théorie comparée du beau antique et du beau moderne. Jamais, que nous sachions, des idées plus abstraites n'ont revêtu des formes plus arrêtées, plus nettes, plus palpables. Sans doute, on peut ne pas accepter toutes les opinions de l'auteur, et lui-même, faisant la part de ce qui n'est point démontré ni démontrable, déclare en un endroit: «Je n'ai point dit: je vais vous prouver cela, mais: daignez vérifier dans votre âme si par

hasard ce n'est point cela.» Il prend le beau à sa première origine, c'est-à-dire à la pierre informe dans laquelle l'homme encore
sauvage reconnaît et adore une représentation de son Dieu.
Bientôt cette pierre brute ne suffit plus aux idées déjà acquises
par la peuplade devenue moins sauvage. Le ciseau commence à
la dégrossir et à lui donner une forme qui se rapproche grossière-
ment de celles du corps humain. Puis viendront les statues des
Egyptiens, enfin l'Apollon du Belvédère. M. Beyle va construi-
sant une à une, avec une sagacité merveilleuse, les idées qui,
suivant l'ordre logique de l'esprit humain et la marche des civilisations, ont dû s'ajouter successivement à la notion où l'artiste
avait pris son premier idéal, le Dieu sa première forme, jusqu'au
moment où le génie d'une civilisation raffinée éclate dans le
magnifique ensemble de perfections et d'idées que représente
la tête du Jupiter *mansuetus.* Appuyé sur le principe que *le beau
est la saillie de l'utile,* il prend dans les besoins, dans les croyances, dans les mœurs, dans les données diverses et nécessaires
de la vie antique, tous les éléments du beau antique. Chaque trait
qu'il ajoute à son bloc de pierre devenu statue correspond à un
incident du développement social; puis, examinant à leur tour les
caractères propres et distinctifs qui se sont ajoutés à la civilisation, à la vie moderne, il en fait jaillir sans effort tout ce qui,
dans notre âme, s'ajoute à l'idéal des anciens, à leur perception
du beau. Nous le répétons, on peut rejeter en tout ou en partie
les idées de l'auteur; mais, même à ne voir dans ce morceau que
de la gymnastique intellectuelle, il touche à tant de questions et
de connaissances, il remue une si grande masse de faits et
d'observations, il force l'esprit à tant de réflexions, ne fût-ce que
pour contrôler et vérifier, il est conduit avec tant d'aisance, de
fermeté, de clarté, il étincelle de tant d'aperçus neufs, séduisants,
féconds, pleins de jets de lumière, qu'on ne saurait dire s'il est
plus instructif ou s'il est plus amusant. Ce que nous croyons
pouvoir affirmer, c'est que l'on retirera de ces deux cents pages
plus d'idées que du livre de Winkelmann. Or, c'est là un mérite
éminent chez M. de Stendhal, et, si on lui conteste celui d'avoir
pensé juste pour son compte, on ne saurait du moins lui dénier ce
talent assez rare et qui n'échoit qu'aux esprits vigoureux ou
singulièrement déliés: faire penser. C'est dans ce morceau que
l'auteur a usé fort explicitement des théories de Montesquieu, de
la science de Cabanis et même de celle de Lavater. Chose singulière! M. de Stendhal, qui ne veut voir dans l'homme que des
fonctions et des phénomènes physiologiques, prend à chaque
instant parti pour l'âme pure et pour toute cette portion de la

sensibilité, pour tous ces mouvements de la passion immatérielle dont le scalpel ne saurait retrouver le ressort. Si quelque objection tirée d'une raison froide et prosaïque vient le contrarier: «Quand donc, s'écrie-t-il, les gens raisonnables comprendront-ils qu'il est des choses dont, pour leur honneur, ils ne devraient jamais parler?» Ce qui rappelle ce vers plus récent de M. de Musset:

«Mon premier point sera qu'il faut déraisonner.» Il repousse bien loin les *cœurs secs, les athées des beaux-arts.* La raison chez lui s'était faite matérialiste, il était resté spiritualiste par le sentiment. Les idées qu'il emprunte soit aux physiologistes philosophes comme Cabanis, soit aux philosophes physiologistes comme de Tracy, soit enfin à Montesquieu, sont d'ailleurs plutôt des arcs-boutants dont il étaie ses théories, qu'une partie intégrante de ces théories même. Ainsi, par exemple, Montesquieu, dans son *Essai sur le Goût,* ne semble distinguer l'idée du bon de l'idée du beau qu'au moyen de l'idée de l'utile; témoin ce passage: «Lorsque nous trouvons du plaisir à voir une chose avec une utilité pour nous, nous disons qu'elle est bonne; lorsque nous trouvons du plaisir à la voir, sans que nous y démêlions une utilité présente, nous l'appelons belle.» Tout au rebours, M. de Stendhal, nous le savons déjà, ne voit dans le beau que la *saillie de l'utile.* S'il considère la beauté par rapport à lui qui la contemple, il la définit une promesse de bonheur, une aptitude à donner du bonheur, une promesse d'un caractère *utile* à son âme. S'il la considère dans le sujet animé qui l'offre à ses yeux, il la définit en disant qu'elle est l'expression d'une certaine manière habituelle de chercher le bonheur. Ainsi, bien loin de séparer l'idée de l'utile de l'idée du beau, il n'arrive analytiquement à celle-ci que par l'autre, et pour lui cette utilité est toujours *présente.* C'est là d'ailleurs l'idée centrale d'où rayonnent, vers tous les points de la sphère de connaissances qu'il a embrassée, les principes secondaires dont chaque série particulière constitue une branche spéciale de connaissances ou de doctrines; c'est de l'idée de l'utile qu'il part pour tout contrôler et pour arriver à tout. En morale (il n'a jamais assez d'épigrammes contre les *gens moraux*), en morale, il veut que toute éducation repose sur la seule connaissance de l'utile. Il définit la vertu et le vice ce qui est utile et ce qui est nuisible; il niera la vertu chrétienne parce qu'elle est un calcul et qu'elle *se réduit à ne pas manger des truffes de peur des crampes d'estomac;* il ne donne le nom de vertu qu'à une action pénible qui est en même temps *utile* à d'autres. Dans la religion, il ne voit qu'une grande machine de civilisation et de bonheur éternel, rien de plus, rien de moins; il dit encore: «Comme vous le savez, une religion, pour avoir des succès durables, doit avant tout chasser l'ennui.» Et quand il écrit, avec un faux air d'onction, ces mots: *la seule vraie religion,* il ne manque jamais d'ajouter aussitôt, entre parenthèses ou en note: *celle du lecteur.* Si M. Beyle avait été un véritable philosophe et non un dilettante philosophant, ce principe de l'utile, d'où il a su faire découler tout ce qu'il a voulu avoir d'idées en philosophie, en religion, en morale, en politique, en esthétique, ce principe eût pu devenir dans ses mains une des idées les plus fortes qui aient jamais lié, fécondé et vivifié tout un ensemble de conceptions sur l'homme, sur ses facultés et ses rapports. Dans l'état où il a laissé les choses, ce n'est déjà point l'effort d'un esprit ordinaire que d'avoir pu s'élever à la conception d'une idée qui rayonne en tous sens sur tant de branches de spéculations différentes, et leur sert de foyer commun. Cela prouve qu'avec l'analyse perçante que nous lui connaissons déjà, M. de Stendhal avait aussi reçu en don la puissance de la synthèse, assemblage qui est certainement la plus belle ébauche de philosophe qui puisse sortir des mains de la nature, quand beaucoup d'enfantillage ne s'y vient point ajouter par surcroît. Le principe de M. de Stendhal est d'ailleurs, avec plus d'étendue et de portée, une transfiguration de l'*intérêt,* d'Helvétius, Helvétius dont il ferait volontiers le plus grand philosophe qui ait jamais été, mais à qui il reproche une petite faute bien légère, à la vérité, et bien facile à réparer, celle de n'avoir point substitué à ce vilain et disgracieux mot d'*intérêt* le joli mot de *plaisir.* Là-dessus, comme sur bien d'autres points semblables, nous nous permettons de dire: voilà l'enfantillage. Bentham avait aussi adopté le principe de l'utile, mais d'une manière plus étroite.

Rome, Naples et Florence, de même que les *Promenades dans Rome,* contiennent en détail les applications des idées qui sont réduites en système dans l'*Histoire de la Peinture.* C'est à ces ouvrages, ainsi qu'aux *Mémoires d'un Touriste,* que M. Beyle a donné la forme de simples notes écrites au jour le jour. Nous n'oserons pas affirmer qu'il n'y ait pas autant d'affectation que de sincérité dans la négligence apparente de cette forme, et c'est ici que M. Beyle nous paraît avoir une paresse travaillée. Mais quel qu'ait pu être le travail d'arrangement préliminaire qui a conçu et ordonné ce désordre, les facilités qu'un tel plan laissait dans le détail à l'auteur restent telles, qu'il a dû éprouver un plaisir délicieux à écrire chacune des pages qu'il a consacrées à cette Italie, si profondément étudiée, sentie, aimée par lui. Aucun de ces ouvrages ne forme un tableau. C'est plutôt un assemblage de ces coups de crayon comme on en trouve dans les cartons de tous les peintres, et où le trait d'un personnage se trouve répété sous mille faces et dans mille attitudes différentes. Malgré ce procédé, qui sent trop l'intérieur de l'atelier, et qui n'en devrait pas sortir, l'Italie et les Italiens ont été peints par M. de Stendhal avec une finesse de vue, un détail et un fini que les ouvrages du même genre, et mieux faits d'ailleurs, n'offriraient probablement dans aucune langue ni au sujet d'aucun peuple.

Je ne sais point de voyageur qui, en mettant le pied sur un sol étranger, se soit posé cette question si simple en apparence en même temps que si précise et si complète: «Je veux connaître les habitudes sociales au moyen desquelles les habitants de Rome et de Naples cherchent le bonheur de tous les jours. . . Un homme bien élevé et qui a cent mille francs de rente, comment vit-il à Rome ou à Naples? Un jeune ménage qui n'a que le quart de cette somme à dépenser, comment passe-t-il ses soirées?» Qu'est-ce que Montaigne, cet esprit si observateur, si judicieux, si jaloux, lui aussi, de sa fantaisie et de son originalité, qu'est-ce que Montaigne, tout le premier, a vu en Italie, dans cette belle Italie du XVIe siècle, toute fraîche sortie des mains de Jules II et de Léon X? Que lui reste-t-il à dire, lorsqu'il a dépeint ses auberges, décrit des réceptions, des cérémonies, et raconté que, dans je ne sais plus quelle ville, «ils nettoient les verres à tout (avec) une espoussette de poil emmanchée au bout d'un bâton?» Voilà les observations dont est rempli le journal qu'a laissé une intelligence des plus fermes, des plus curieuses et des plus clairvoyantes, placée au milieu d'un peuple encore tout bouillant des passions et du génie qui ont donné à ce siècle un nom à part dans les annales de l'esprit humain. Je cherche l'homme et la vie dans ces peintures que nous laissent la plupart des voyageurs, je n'y trouve que le mannequin costumé et l'appareil extérieur de la vie. Chez M. de Stendhal, au contraire, tout va au fond, ce qui n'est que détail curieux et vain spectacle est supprimé. Le paysage lui-même, lorsque l'auteur y a recours, n'est présenté qu'à cause de ses influences et pour expliquer l'âme de l'homme. La religion, les gouvernements, toutes les circonstances qui entourent l'homme et le modifient, y jouent exactement le même rôle, et aucune n'est omise. Un tel mérite est fait pour

racheter bien des bizarreries dont la plupart même sont cherchées
en vue d'un effet détourné et railleur. Tout choque au premier
abord dans M. Beyle, parce que rien n'est préparé, et que, pareil
à la Galatée qui provoque et s'enfuit, il a mille petits artifices
pour irriter la curiosité et éviter de se livrer sur-le-champ. Il faut
avoir la clé de ses idées et s'être familiarisé avec ses allures pour
savoir par où le prendre. Mais lorsqu'enfin on le saisit, encore
bien qu'on s'accroche à plus d'un piquant, il plaît comme la robuste beauté de Galatée, il est dru, savoureux, et l'on ne regrette
rien aux poursuites qu'il a coûtées.

Il a vu dans l'Italien l'homme qui marche le plus sûrement
vers l'art d'être heureux; dans le Français, il ne voit guère que
l'homme qui se trompe le plus gaiement sur ce sujet capital.
Le trait dominant du caractère italien paraît être à ses yeux
l'énergie et l'abandon sincère de la passion: «Ici, les gens ne
passent point leur vie à *juger* leur bonheur. *Mi piace,* ou *non mi
piace,* est la grande manière de décider de tout.» Dans sa manière
rapide de raisonner, il vous dira: «De là le génie pour les arts,
de là aussi l'absence de ridicule et, par suite, de comédie.» Le
premier point va de lui-même, et, quant au second, chacun étant
tout à sa passion, personne n'a le loisir de s'occuper de celle de
son voisin, ni, dans aucun cas, l'envie d'en rire. En France au
contraire, pays de vanité, l'opinion est tout; on vit dans les
autres. On ne se bornera pas à *juger* son bonheur, on le fera juger
par autrui, et l'on dira volontiers à son voisin: *Veuillez
m'apprendre si j'ai du plaisir, si je suis heureux.* De là une
incapacité absolue de *sentiment* dans les beaux-arts, quoiqu'il y
ait une intelligence très déliée pour les *comprendre.* De là aussi
le ridicule et la comédie. L'opinion veut tout contrôler et se
faire justice lorsqu'on la méprise ou qu'on l'oublie. La crainte
du ridicule, née de la monarchie et de l'influence d'une cour, ne
tue pas seulement le génie des arts, elle tue les caractères,
personne n'osant plus être soi. Nous voilà donc réduits aux bonheurs et aux vertus qui viennent de la vanité, comme la vaillance
à la guerre, et, pour patrie, au *plus vilain pays du monde que les
nigauds appellent la belle France.*

Avec cette vue primitive sur les hommes et sur le sol, les
Mémoires d'un Touriste étaient peu exposés à des excès
d'enthousiasme; aussi l'auteur, pour s'accommoder mieux à
nos mœurs, débute-t-il par se donner la qualité de marchand
de fer et par nous entretenir des faillites ou autres affaires inté-

ressantes qui l'obligent à se mettre en voyage, aucun autre intérêt n'étant réputé digne de notre attention. Cet ouvrage, bien que fait d'après le même procédé que *Rome, Naples et Florence,* et les *Promenades dans Rome,* est en effet d'une tout autre couleur. Plus d'admiration, plus de tendresse, plus de beaux-arts, car nous n'osons comprendre dans cette qualification l'art gothique, en présence duquel la plume de l'auteur va se rencontrer pour la première fois: «Quelle laideur, grand Dieu! il faut être *bronzé* pour étudier notre architecture ecclésiastique.» Tel est le cri qu'il pousse; et ailleurs encore: «Je ne me sens pas assez savant pour aimer le laid et ne voir dans une colonne que l'esprit dont je puis faire preuve en en parlant;» il ne pardonne pas à ce genre d'esprit; dans le premier volume des *Promenades,* il le renvoie à Platon, à Kant, et à leur école: «L'obscurité, dit-il, n'est pas un défaut quand on parle à de bons jeunes gens avides de savoir et surtout de *paraître savoir,* mais dans les beaux-arts, elle tue le plaisir.» Dans les *Mémoires d'un Touriste,* il a affaire à l'esprit savant et obscur qui découvre un symbole dans chaque pierre, et il déclare, à propos d'un chœur d'église qui incline visiblement à gauche, que les architectes apparemment ont voulu rappeler que Jésus-Christ expira sur la croix la tête inclinée à droite. Quand il redevient sérieux, il saisit très bien, et avec cette netteté que nous lui connaissons, les caractères distinctifs du style gothique; nous ne parlons pas de l'érudition fraîchement acquise qu'il déploie sur cette matière, et qu'il venait sans doute de puiser à une source amie.

Les *Mémoires d'un Touriste* s'attaquent d'ailleurs à de plus forts que ces pauvres savants. Les journaux que M. Beyle n'avait pas respectés, même dans le temps de sa plus grande ferveur libérale, sont appelés cette fois un des grands malheurs de Paris, et bien plus, «un des grands malheurs de la civilisation, un des plus sérieux obstacles à l'augmentation du bonheur des hommes par leur réunion sur un point.» De la nécessité politique du journal dans les grandes villes naît la triste nécessité du charlatanisme, seule et unique religion du XIXᵉ siècle. A Rome, où il n'y a pas de journaux, le charlatanisme est inconnu, «ce qui lui laisse la chance de produire encore de grands artistes.»

Plus qu'aucun autre des ouvrages de l'auteur, les *Mémoires d'un Touriste* sont empreints d'une négligence qui, cette fois, n'est pas jouée. On voit qu'il a peu de goût à la besogne; rien n'est plus décousu, il y a des longueurs et des répétitions fastidieuses, il y a des hors-d'œuvre d'érudition sur les races et surtout sur le système orographique de la France, qui semblent une leçon apprise de la veille et jetée là pour remplissage. Tout ce charme, toute cette grace piquante qu'il a su répandre dans *Rome, Naples et Florence,* cet intérêt solide qui soutient les deux gros volumes des *Promenades dans Rome,* ont disparu dans cette excursion en France. L'esprit qui abonde en maint endroit et quelque joli épisode, comme celui de la jeune Bretonne sur le bateau à vapeur, ne suffisent pas pour donner à ce livre un attrait que l'auteur n'a pas trouvé dans son voyage, et auquel il n'a pu suppléer que par l'épigramme. Comme ouvrage d'étude, c'est trop peu sérieux et trop incomplet, les trois quarts de la France s'y trouvant omis. Comme ouvrage d'agrément, c'est trop souvent ennuyeux. Tout ce que le livre contient d'observations importantes sur le caractère français se trouve d'ailleurs dans les autres ouvrages de l'auteur.

Ses romans ont voulu concourir pour leur part à démontrer la supériorité des caractères qui ont pour ressort la passion sur les caractères qui ont pour ressort la vanité ou tout autre mobile, l'idée du devoir, par exemple. Le premier de ces romans, *Armance, ou Un Salon au dix-neuvième siècle,* n'est pas un essai heureux. Tout y est forcé, rien n'y a sa mesure, rien n'y est intelligible; l'auteur n'avait pas encore le sentiment de la perspective du récit. Faute de savoir montrer ou cacher, développer ou restreindre à propos, il s'y prend de manière à ce que l'on ne puisse saisir le rapport qui unit les actions des personnages à leurs intentions ou à leur caractère annoncé. On croit se promener dans une maison de fous. M. de Stendhal a voulu peindre le côté triste et maladif des jeunes gens du XIXe siècle. Il n'a griffonné qu'une caricature indéchiffrable. C'est le seul de ses livres où il ait trouvé l'art d'être constamment ennuyeux.

Dans *le Rouge et le Noir,* il paraît avoir repris le même type de caractère en le développant et le complétant. Il en a retiré aussi la rêverie sombre et la tristesse dont on ne sait pas la cause. Quand Julien Sorel devient sombre, c'est que ses passions ont rencontré un objet qui les irrite; il devient sombre par *haine impuissante,* par envie, par vanité blessée, par ambition, par toutes les passions mauvaises dont l'auteur fait le lot du XIXe siècle. Pourquoi M. de Stendhal ajoute-t-il à tous ces éléments de malheur l'idée du devoir qui, lorsqu'elle est librement acceptée, ne peut être qu'un élément de bonheur, s'il est vrai, surtout comme il l'affirme lui-même, qu'il n'y a dans la volonté rien d'autre que le plaisir du moment? Cette idée du devoir, donnée, nous le savons, comme contraste à l'idée de l'utile, avait déjà bien assez embrouillé son premier roman, où l'on voit le héros principal se rendre malheureux à plaisir, en allant se chercher des devoirs dans les visions les plus fantasques, et violer en même temps les plus simples devoirs d'humanité. L'idée du devoir est-elle donc d'ailleurs si inhérente aux mœurs de notre époque? Il nous semble que non; et si l'auteur n'a voulu que présenter une idée négative de l'idée du plaisir, ne pouvait-il pas mieux rencontrer? A défaut du plaisir, ce n'est point le devoir qui meut les générations nouvelles: c'est l'intérêt, c'est *l'utile,* et cela était vrai en 1827 et en 1830 au moins autant qu'aujourd'hui. Quelles sont d'ailleurs les circonstances dans lesquelles M. de Stendhal met à l'œuvre cette idée du devoir? Julien Sorel, pour en citer un exemple, nouvellement établi dans la maison de M. de Raynal [sic], s'impose, un certain jour, comme devoir, d'avoir baisé, lorsque dix heures du soir sonneront, la main de Mme de Raynal, sinon il se brûlera la cervelle. Ici, nous devons l'avouer, l'auteur et nous ne parlons plus une langue commune, et nous ne pouvons comprendre celle qu'il parle. A qui fera-t-on admettre et comprendre cette confusion qu'il admet et qu'il comprend sans doute entre *le devoir* et l'obligation que s'impose un drôle vaniteux de violer les lois de l'hospitalité, les lois de la reconnaissance, et *les devoirs* les plus sacrés? tout cela pour le plaisir de se brûler la cervelle s'il manque d'audace, car il n'a pas même l'amour pour excuse; l'amour ne spécule pas ainsi. Si M. de Stendhal n'a voulu que représenter dans cet exemple la vanité française, il l'a outrée monstrueusement et au point de la rendre aussi inadmissible qu'inintelligible. La vanité peut pousser un homme au suicide, mais seulement pour les humiliations qui ont des témoins, et non pour une simple reculade de la conscience. Ce dernier fait n'est justiciable que de l'orgueil, qui seul le connaît, et l'orgueil ne s'impose point d'aussi ridicules devoirs. Ce qu'une âme haute commence par respecter, c'est elle-même. Le caractère de Julien Sorel est donc faux, contradictoire, impossible, incompréhensible en certaines parties. Nous ne reconnaissons point, dans cette morose création du romancier, la vanité de ce Français sanguin, jovial, insouciant, présomptueux, que le physiologiste a plus d'une fois dépeint. Sans doute M. de Stendhal a réussi à figurer un personnage on ne peut plus malheureux, mais comment, sauf beaucoup de détails parfaits d'observation et de justesse, a-t-il pu voir dans le dessin général de cette figure l'image et la personnification de la jeunesse française? Cette jeunesse savante, pédante, ambitieuse, dégoûtée, il n'était point fait pour la comprendre. De son temps, on était tout autre chose.

Quoi qu'il en soit, *le Rouge et le Noir* a été lu, et nous serions presque tenté d'en conclure qu'il n'a pas été compris, car le *patriotisme d'antichambre,* pour parler comme M. de Stendhal après Turgot, ne lui eût point pardonné. Ce livre s'est sauvé par le charme et la nouveauté des détails, qui ont masqué l'idée fondamentale par la transpiration des opinions politiques de l'auteur, par l'odieux jeté sur quelques figures de prêtres, enfin par la beauté réelle des deux caractères de femmes, beauté touchante chez l'une, énergique et fière chez l'autre. Sur ce propos, il est à remarquer que les femmes, dans les romans de M. de Stendhal, ont toujours un rôle plus beau que les hommes, même quand les hommes ont un beau rôle, ce qui tournerait à la gloire de celles qu'il a aimées. Malgré tout, il s'est rencontré dans ce roman assez de bonnes choses pour que des écrivains qui ont trouvé du plaisir à ravaler M. de Stendhal après sa mort aient trouvé de l'avantage à le piller de son vivant. L'éducation fashionable que reçoit Julien Sorel, devenu secrétaire de M. de La Mole et diplomate, a été copiée depuis pour l'éducation du héros d'un autre roman aussi connu que *le Rouge et le Noir.*

Dans cet ouvrage, M. de Stendhal a voulu montrer comment, par la vanité, les Français savent se rendre malheureux; dans *la Chartreuse de Parme,* il a essayé de montrer comment, par la passion, un peuple qui n'a point de vanité sait se rendre grand, sinon heureux. Quel cœur est plus déchiré que celui de Fabrice? Au moins l'œil se repose ici sur de beaux caractères. Ce roman, qui marque l'apogée du talent de M. de Stendhal, témoigne aussi de l'aptitude qu'il avait à se perfectionner encore, le solstice de la vie déjà passé. Mais probablement, après *la Chartreuse de Parme,* l'auteur, comme romancier, n'eût fait que déchoir. C'était là, en effet, le couronnement logique de toute sa vie et de toutes ses pensées, le livre spécial pour lequel il semblait être né à la vie d'écrivain, le fruit mûr et doré promis par tous ses ouvrages antérieurs, qui n'en ont été que la floraison dans ses phases successives. Jusqu'ici, M. de Stendhal n'a fait que chercher son idéal, ou l'expliquer, soit par des idées positives, soit par des contrastes et de la critique. Il en a analysé tous les éléments, il en a montré les faces diverses, et comme rassemblé une à une les parties. Cette fois, l'idéal a un corps, il marche, il est animé du souffle de vie. La voilà, cette vie, telle que M. de Stendhal l'a conçue, avec de grandes âmes qui ont une sensibilité profonde et une logique droite. Pour qui a lu les vingt volumes qui ont précédé ceux-ci, *la Chartreuse de Parme* n'est que le résumé en action de toutes les idées et de toutes les théories qu'il a rencontrées antérieurement à l'état de formules analytiques. Nous dirons même que ce passage d'un état à l'autre se fait trop sentir. Nous avons déjà remarqué comme M. de Stendhal aime les incidents et les petits faits minutieux pour peindre ses idées; il les aime non-seulement par instinct, mais par système, car il dit quelque part: «Les La Harpe auraient bien de la peine à nous empêcher de croire que, pour peindre un caractère qui plaise pendant plusieurs siècles, il faut qu'il y ait beaucoup d'incidents qui peignent le caractère et beaucoup de naturel dans la manière d'exposer ces incidents.»   Or, comme il a amassé beaucoup d'observations résumées dans sa tête en aphorismes, et qu'il lui faut amener un incident pour reproduire dans un personnage chacun des aphorismes dont l'ensemble se rapporte au caractère qu'il lui a prêté, il semble que ces caractères n'aient pas été conçus d'un jet, mais formés de petites pièces rapportées. C'est de la mosaïque, et non de la peinture.

Je me figure M. de Stendhal travaillant à peu près comme un homme ouvrirait La Rochefoucauld, je suppose, et qui se dirait: A l'aide de pensées extraites de ce livre qui peint les hommes, je vais reconstruire un héros que je ferai agir. J'inventerai un incident pour chacune des maximes que j'aurai choisies, et j'aurai un roman. Ce procédé est très sensible, nous le répétons, dans *le Rouge et le Noir,* et il se montre encore dans *la Chartreuse,* mais peut-être est-il plus sensible pour nous que pour les lecteurs moins familiarisés avec les idées préexistantes dans l'esprit de l'auteur. Quoi qu'il en soit, dussions-nous être appelé un La Harpe, nous croyons que les ouvrages durables sont ceux où la vie prend du relief dans les images les plus nettes et les plus fortes, et par conséquent se condense dans quelques traits simples et faciles à saisir comme à retenir. Nous le croyons par raison, *à priori;* nous le croyons par expérience. Le héros épique dont la figure colossale s'est le plus profondément empreinte dans le souvenir et l'imagination des âges est un personnage qui ne fait que pousser un cri et tuer un homme; mais ce cri dessine mieux son ame et sa puissance que ne le feraient cent batailles, et cet homme qu'il tue est Hector. Combien sont petits, à côté d'Achille, tous ces autres chefs dont le courage et la force se montrent chaque jour sous une nouvelle face, dans une nouvelle épreuve! Qui a retenu les mille combats d'Ajax ou de Diomède? qui a oublié le cri d'Achille et le combat où périt Hector? La multiplicité des incidents n'est donc point nécessaire pour rendre une conception, si peu ordinaire qu'elle soit; nous dirons même que, plus elle sera forte et durable, plus elle sera simple. Lorsqu'un trait est bien choisi, lorsqu'il est un trait de génie, il suffit, et lorsqu'un seul suffit, pourquoi en ajouter plusieurs? On n'est donc conduit à *inventer* beaucoup que parce que l'on ne sait pas *trouver* ou *choisir.* On se rabat sur *la monnaie de M. de Turenne;* mais la multiplicité des détails, si elle n'atteste pas toujours l'indigence du génie, atteste au moins son désordre.

Ce roman a été l'objet d'éloges auprès desquels pâlirait tout le bien que nous en pourrions dire; il s'est vu aussi dénigré assez récemment encore, sans esprit de justice. On a été jusqu'à reprocher à l'auteur la manière dont il défigure et rapetisse la bataille de Waterloo. Heureusement M. Beyle avait du bon sens. Qui ne voit qu'il ne cède point à la tentation de décrire cette bataille et de faire un brillant hors d'œuvre, mais qu'il décrit tout simplement les impressions de son héros mis aux prises avec le danger, en ne montrant de ce danger que ce que le personnage en peut voir lui-même? Ce tableau d'une bataille et d'une déroute vues de près, et non à vol d'oiseau ou de bulletin, nous paraît au contraire d'une énergie admirable en même temps que d'une vérité aussi neuve que frappante. Qu'eût-on préféré? Sans doute, une belle bataille avec de longues lignes de troupes bien rangées et un bel empereur au milieu, comme dans ces enluminures qui servent de tapisserie aux cafés militaires de la province. Mais qui eût aperçu Fabrice, le héros de l'action et non de la bataille, au milieu de ces cent mille hommes qui jouent leur vie et à côté de cet empereur qui joue son empire? M. Beyle a caché tout cela pour ne laisser voir que des généraux qui passent au galop, des boulets qui font jaillir la boue, des cantinières, des blessés, des traînards, qui volent des chevaux, toutes les brutalités, toutes les petites misères de la grande gloire des batailles. Il a laissé l'histoire pour rester dans son sujet, au lieu de quitter son sujet pour se jeter dans l'histoire. Il a donné une nouvelle preuve de cette précision d'intelligence, de cette netteté d'esprit que nous avons si souvent rencontrées chez lui. Nous lui reprocherions plutôt d'avoir poussé jusqu'à la niaiserie la simplicité de Fabrice, qui se demande encore, six mois après s'il a assisté à une vraie bataille. Nous savons bien que l'auteur veut dire: Ce n'est point là la vanité française; mais il le dit si longtemps, que l'invraisemblance du moyen fait évanouir le sel de l'intention.

Le Rouge et le Noir et *la Chartreuse de Parme* sont les deux romans que devait écrire M. de Stendhal. Ils se font suite, ils se complètent, ils résument toutes ses idées, l'un par le côté critique, l'autre par le côté idéal. C'est le monde qu'il a conçu, appuyé sur ses deux pôles. Après ces deux romans, il n'eût pu en écrire un troisième, au moins sur le même plan philosophique que les premiers. Ses voyages en Italie et son voyage en France résument, avec la même disposition symétrique, les mêmes idées à un état différent. Ses autres ouvrages n'en sont que l'application à divers objets de la connaissance ou de la sensibilité humaine. Ainsi il a pu montrer toutes les faces de sa pensée, et la mort est venue le surprendre au moment où il n'avait plus rien à dire.

Nous en avons fini avec ses livres; sauf une histoire de Napoléon, en dix volumes, qu'il laisse, dit-on, manuscrite, il ne reste plus que quelques articles de *revues* françaises ou anglaises, une brochure contre le saint-simonisme de 1825, intitulée: *D'un nouveau complot contre les Industriels,* quelques nouvelles, les unes plus étendues, comme *l'Abbesse de Castro* et les *Cenci,* insérées dans cette *Revue,* et empruntées toutes les deux à des manuscrits italiens; les autres, de moindre importance, comme *le Coffre et le Revenant, le Philtre,* etc. Nous n'avons à y signaler que les qualités ordinaires et déjà connues de l'auteur; mais nous dirons un mot encore sur une brochure que nous avons citée déjà plusieurs fois, *Racine et Shakespeare.* Cette brochure contient probablement les mêmes choses qu'un ouvrage italien de M. Beyle, *Del Romanticismo nelle arti,* in-8°, *Firenze,* 1819, sur lequel nous regrettons de n'avoir d'autre renseignement que ce titre inscrit en tête de l'opuscule français que nous avons entre les mains. Tout le romantisme de M. de Stendhal peut être ramené à cette proposition qui en fixerait aussi le point de départ: les hommes qui ont vu la retraite de Moscou ne peuvent pas avoir goût aux mêmes choses que les aimables gentilhommes de Fontenoy, qui, chapeau bas, disaient aux Anglais: Messieurs, tirez les premiers. Le *romanticisme,* pour lui, est l'art de présenter aux peuples les œuvres littéraires qui, dans l'état actuel de leurs habitudes et de leurs croyances, sont susceptibles de leur donner le plus de plaisir possible. Le *classicisme,* au contraire, leur présente la littérature qui donnait le plus grand plaisir possible à leurs arrière-grands-pères. Racine a été romantique dans son temps, comme Shakespeare dans le sien, et nous ne devons pas plus imiter l'un que l'autre. Seulement, «*par hasard, et uniquement parce que nos circonstances sont les mêmes que celles de l'Angleterre en 1590, la nouvelle tragédie française ressemblerait beaucoup à celle de Shakespeare.*» Voilà dans quels termes de bon sens et dans quelles limites bien dépassées depuis M. Beyle établissait sa thèse en 1823.

Dès-lors, au reste, il se séparait, en les répudiant formellement, des hommes qui soutenaient à côté de lui le drapeau romantique. Quant aux moyens qu'il demandait pour réaliser cet art dramatique le mieux approprié à nos mœurs et à nos croyances, ils se bornent à ceci: la suppression du vers et la suppression des deux unités de temps et de lieu. «Notre tragédie n'est, dit-il, qu'une suite d'odes entremêlés de narrations épiques; . . .la tirade est peut-être ce qu'il y a de plus anti-romantique dans le système de Racine; et, s'il fallait absolument choisir, j'aimerais encore mieux voir conserver les deux unités que la tirade.» L'esprit français de M. de Stendhal n'a jamais pu s'accommoder beaucoup du vers français; il verrait probablement sans regret notre langue se réduire à la prose, et laisser à d'autres langues plus richement douées la gloire de la poésie. Il n'ose aller cependant jusqu'à proscrire formellement l'ode, l'épopée, ni surtout l'épître familière et la satire; mais, rencontrant le vers sur un terrain qui ne lui appartient pas nécessairement, il lâche la bride à une impatience trop contenue, et engage un combat à outrance. Malgré cette antipathie déclarée, ce n'est pas à lui que pourrait s'appliquer un mot de mépris que contient cette strophe d'un poète contemporain:

> J'aime surtout les vers, cette langue immortelle;
> C'est peut-être un blasphème, et je le dis tout bas,
> Mais je l'aime à la rage; elle a cela pour elle
> Que *les sots* d'aucun temps n'en ont pu faire cas,
> Qu'elle nous vient de Dieu, qu'elle est limpide et belle,
> Que le monde l'entend et ne la parle pas.

Jamais en effet, avec plus de sens, de raison et de mesure, M. de Stendhal n'a eu plus de légèreté, d'acuité, de malice, d'esprit, dans toute la force du mot, que dans ces deux brochures, l'une de 1823, l'autre de 1825, où il attaque l'alexandrin tragique. Et à vrai dire, en lisant M. de Stendhal, il m'est venu souvent une pensée dont je commence par demander pardon, c'est que sept ou huit de nos écrivains, réputés par excellence hommes d'esprit, et comme tels en possession de la plus grande faveur et du succès le plus déclaré, pleins d'agrément d'ailleurs, et justifiant par là leur bonne fortune, ne sont point réellement des hommes d'esprit, mais tout simplement des hommes d'imagination. Ils arrivent à l'effet en outrant certains aspects des choses, en brisant certaines proportions, certains rapports, et en présentant ainsi tout à coup les objets sous une image neuve et inaccoutumée; ils isolent ce qui veut être uni, ils rapprochent dans un contraste deux termes peu destinés à se faire contraste, et le plaisir de la surprise en jaillit. Mais c'est l'imagination qui crée cette fantasmagorie. J'appelle esprit une dose indéfinie de bon sens et d'observation, assaisonnée d'une dose égale de logique *sous-entendue.* Avoir de l'esprit, c'est arriver tout droit et brusquement au résultat final et jusque-là inaperçu, quoique juste, d'une combinaison d'idées. J'ai grand'peur qu'il ne reste plus un homme d'esprit, dans le sens pur de la tradition française, parmi nos écrivains de profession. M. de Stendhal a été tout-à-fait un homme d'esprit, malgré qu'il en ait, et bien dans le prolongement de la grande lignée française.

Cette question du romantisme, dont il s'est emparé en maître dans *Racine et Shakespeare,* a été aussi traitée par lui dans l'ancien *Globe* en quelques articles sur *les unités.* Parmi les hommes distingués dont il est devenu le collaborateur, il s'en trouvait un qui a été en quelque sorte son disciple, et qui depuis, voué à la politique, a acquis à son nom, comme député, une importance parlementaire, et, comme écrivain, donné à ses interventions dans la polémique un certain caractère de solennité. Un autre écrivain, resté fidèle à des travaux plus paisibles, talent remarquable par la fermeté, par le goût dans l'innovation, par la sobriété dans l'imagination, par le calme dans la force, et enfin par une puissance d'ascension continue vers un terme de perfection de plus en plus élevé, a subi aussi les influences de M. Beyle au point de s'en faire à lui-même une sorte de tyrannie. Il avait, pour ainsi dire, installé son maître et son ami, non seulement dans son cabinet, mais encore dans son imagination, et là il le faisait, en esprit, juge de toutes ses pensées et de l'expression qu'il leur donnait. Qu'en dirait Beyle? telle était la question qu'il se posait à chaque ligne qu'il allait écrire. Qu'en dirait Beyle, répéterons-nous aussi, si ce n'est qu'elles sont trop rares?

Voilà dans quelle classe d'esprits M. Beyle a su rencontrer un peu plus que son lecteur unique, beaucoup plus même que de simples lecteurs; et sur ces esprits, où l'on peut reconnaître l'empreinte de l'action qu'il a exercée, on peut aussi juger le sien mieux encore peut-être que sur ses ouvrages, gâtés par lui systématiquement et à plaisir. Nous avons dit pourquoi, avec beaucoup de qualités éminentes, dont la première est la clarté, il n'était point fait pour un succès populaire. Il a traduit son *to the happy few* par: les gens qui en 1817 ont plus de cent louis de rente et moins de vingt mille francs. Mais même dans cette classe qui veut du loisir occupé, pour un lecteur qui aura le courage de mâcher le brou amer et piquant dont il a enveloppé la pulpe substantielle et savoureuse de sa pensée, il y en aura vingt qui le rejetteront. Que si nous arrivons jusqu'aux penseurs et aux hommes d'étude, ils reconnaîtront et ils aimeront en lui une force réelle, mais ils lui en reprocheront le gaspillage; ils reconnaîtront qu'il a beaucoup aimé la vérité, mais ils lui reprocheront d'avoir aussi beaucoup aimé son plaisir et de l'avoir pris pour guide même dans la recherche de la vérité; ils lui reprocheront encore d'avoir souvent fait servir celle-ci plutôt à l'étonnement qu'à l'enseignement de ses lecteurs; ils reconnaîtront qu'il a remué, combiné, lié fort bien beaucoup d'idées, mais ils lui reprocheront d'en avoir laissé beaucoup, et d'importantes, en dehors de ses spéculations. Et ses qualités même d'observateur perspicace lui seront d'autant plus justement imputées à crime qu'il aura été un observateur plus incomplet.

L'indifférence que lui ont témoignée toutes les catégories de lecteurs n'a donc été jusqu'à un certain point que justice, car, ayant beaucoup reçu de la nature, il a beaucoup promis, et n'a donné à personne ce que chacun avait le droit d'attendre. Il ne nous paraît pas être de ceux que la postérité relève du jugement des contemporains; il ne vivra probablement pas. Cependant, à cause des vices même qui l'empêcheront de vivre, autant que pour les qualités qui devaient le rendre durable, nous comprendrons très bien que chacune des générations qui se succéderont lui apporte en contingent *son lecteur unique,* quelque esprit curieux, singulier, enthousiaste, qui lui sera non seulement un lecteur, non seulement un admirateur, mais un amant follement épris, passionné, jaloux. Il sera aimé pour ce qu'il y a de vrai dans sa nature et dans son intelligence, et pour ce qu'on y devra admirer; il sera adoré pour ce qu'il y a mis de faux et pour ce qu'on aurait à lui pardonner, car c'est ainsi que va l'amour.

Tout ce que peut dire aujourd'hui de M. Beyle un juge impartial, c'est qu'il a été moins paradoxal qu'on ne l'a voulu prétendre, moins vrai que lui-même n'y a prétendu.

Hippolyte Babou

Du Caractère et des écrits de Henri Beyle
1846

Hippolyte Babou (1824-1878), littérateur et journaliste, a collaboré à la *Revue de Paris,* à la *Revue nouvelle,* au *Courrier français,* à la *Revue française* et à d'autres encore. Il s'est fait remarquer surtout par son ardeur agressive. Très sévère envers les écrivains de son temps, il suscita la vive antipathie de Sainte-Beuve qui se serait écrié, «Tout animal noble a son inférieur qui s'exerce à le piquer. J'ai mon Babou.» C'est toutefois ce critique mécontent et, au dire de ses contemporains, méchant, qui a écrit un des premiers grands articles sur Stendhal. Son essai, «Du Caractère et des écrits de Henri Beyle,» publié dans la *Revue nouvelle* le 1ᵉʳ novembre 1846, se montre très éclairé pour l'époque.

Babou se révèle très perspicace dans sa compréhension de la personnalité déconcertante de Stendhal. Tout en reconnaissant les «bizarreries de caractère» de Beyle, Babou se doit d'affirmer que l'on s'est beaucoup trop occupé de ces traits de surface au détriment de l'homme et de l'écrivain. Babou se rend compte que Stendhal agit et écrit souvent le contraire de ce qu'il pense, mais il a compris aussi que chez Beyle le masque n'est jamais entier. Stendhal, propose-t-il, «devient clair à son insu pour tout le monde dès qu'il est bien persuadé que la foule ne l'entend point.» Cet homme qui a cru nécessaire de cacher les aspects les plus intimes de sa personnalité derrière un masque avait également besoin des autres afin de vérifier pour lui-même qu'il était, de fait, l'homme sensible qu'il croyait être. Il est étonnant de trouver en 1846 un telle compréhension de ce qui est reconnu de nos jours comme une tension fondamentale dans la personnalité de Stendhal.

Si Babou apparaît inégal en tant que critique de l'œuvre de Stendhal, il faut rappeler qu'il est un critique avisé pour son temps. Il a, il faut le dire, surestimé *l'Histoire de la peinture en Italie* et il n'a pas compris *De l'Amour* qu'il considère comme un traité scientifique. Etant donné que Babou ne pouvait connaître la source passionnelle de cet ouvrage, sa réaction ne doit pas nous étonner. A la différence des autres critiques de l'époque, Babou n'a pas rejeté *Armance,* le premier roman de Stendhal. Tout en reconnaissant que ce roman n'est pas un chef-d'œuvre, Babou se révéla bien disposé envers l'ouvrage, se rendant compte qu'Octave fait partie de la même famille à laquelle appartiennent les héros les plus célèbres de Stendhal. Si Babou n'a pas tout à fait compris *le Rouge et le Noir,* qu'il admirait tout en étant rebuté par son éthique, il considérait *la Chartreuse de Parme* comme une des grandes œuvres de la littérature: «Je vais scandaliser une foule de lectrices prétentieuses si j'affirme qu'un livre comme la *Chartreuse de Parme* anéantit par comparaison toute la *Comédie Humaine* de M. de Balzac.»

Babou n'abandonnera pas sa grande admiration pour Stendhal. En 1875, il publia à nouveau le même essai, un peu remanié, pour tenir compte de la correspondance, dans ses *Sensations d'un juré.*

Qu'est-ce que la postérité? à quelle heure commence-t-elle pour les rares élus dont elle consacre la gloire?—Deux questions fort curieuses à discuter et à résoudre; mais ne manquent-elles pas d'à-propos?

Quand le succès immédiat est le seul but de tant d'ambitions à courte haleine, on risque, je le crains, de n'être pas compris au-delà d'un bien petit cercle, si l'on a l'air d'invoquer, pour faire justice des erreurs de notre époque, l'infaillible autorité des jugements de l'avenir. Qui redoute aujourd'hui ce lointain contrôle? Qu'importe l'opinion du public de l'an 2000 à cette foule d'écrivains et de lecteurs dont le goût perverti n'admet point d'autre guide que les préoccupations du moment? Il serait d'ailleurs assez puéril de prétendre imposer à qui ne durera pas un tour de cadran l'intelligent souci du lendemain. Mais les gens de mérite, eux aussi, affectent de paraître insensibles à l'honneur de laisser après eux un nom impérissable.

Ecoutez-les; ils ne veulent pas plus aller à la postérité qu'à l'Académie, et se moquent très-agréablement de l'une et de l'autre. En réalité pourtant, ces épicuriens de la renommée ne se contentent pas de savourer les jouissances de l'heure fugitive; dans l'ivresse des bruyants triomphes, ils n'arrêtent point leurs regards aux murs resplendissants de la salle du banquet. Chez eux l'indifférence est toute de surface, et leur scepticisme ne tient à rien. Ils finissent toujours par se porter candidats au fauteuil lorsqu'ils voient une place vide à l'Institut, et malgré leur affectation de dédain pour les *gens de l'avenir,* comme dit la Boëtie, le rêve de la gloire durable les entraîne plus d'une fois, et sans violence, à travers ces merveilleuses régions du temps, encore voilées par la brume des horizons. Applaudis par leurs contemporains, ils ne peuvent s'imaginer que ces fêtes de la vanité n'auront point d'écho dans la suite des âges; condamnés au contraire, ils en appellent hautement à Philippe à jeun, comme cette femme de la Grèce antique.—Philippe à jeun, c'est la postérité!

Au reste, cet appel suprême ne les empêche pas de trembler au fond du cœur pour le succès définitif de leur cause. L'amour-propre, habile à tout prévoir, se retranche d'avance dans son fort; il assure ses positions en cas d'échec. Qui sait? au lieu d'être infaillible, la postérité agit peut-être par caprice, et la fatalité seule règle ses choix solennels. Voici sur ce sujet le mot d'un homme d'infiniment d'esprit, lequel a fait une œuvre de génie; je parle de Henri Beyle, on pourrait s'y tromper: «Nous écrivons au hasard chacun ce qui nous semble vrai, et chacun dément son voisin. Je vois dans nos livres autant de billets de loterie; ils n'ont réellement pas plus de valeur. La postérité, en oubliant les uns et réimprimant les autres, déclarera les billets gagnants. Jusque-là chacun de nous ayant écrit de son mieux ce qui lui semble vrai, n'a guère de raison de se moquer de son voisin.» Un éditeur intelligent (la chose devient de plus en plus rare) a essayé tout récemment de remplir, à l'égard de Beyle, le rôle de la postérité. Il a mis la main dans l'urne et retiré «les billets gagnants,» ou, pour parler sans figure, il a réimprimé les deux principaux ouvrages de Beyle, *Rouge et noir,* la *Chartreuse de Parme.* Est-ce une bonne affaire? Je n'en jurerais pas; c'est du moins une heureuse inspiration.

Beyle ne s'attendait pas à reparaître sitôt. Il avait donné du temps à la postérité pour s'acquitter envers lui: car il savait que le moment de l'exacte justice n'est point le même pour tous les écrivains. Certain d'être apprécié tôt ou tard selon son mérite, il n'avait point sollicité de tour de faveur. Beyle n'était pas de ceux qui, pour arriver plus vite au triomphe, se précipitent sans hésiter du haut de quelque roche bien apparente dans le grand courant des idées générales. Il avait pris le large pour son plaisir, et loin de s'abandonner aux influences dominantes, il résistait de toutes ses forces, tandis que d'autres, portés par le flot, abordaient facilement et glorieusement au port. Les idées générales d'un siècle, proclamées avec éclat dans des livres sympathiques, excitent d'emblée l'enthousiasme universel, et fondent la renommée de l'heureux écrivain qui les a devinées par instinct ou par calcul la veille du jour où elles allaient prendre l'essor toutes seules. Des mouvements nouveaux peuvent survenir, de nouvelles tendances se prononcer. Les grands noms qu'environne une noble popularité n'attendent pas long-temps la consécration sollennelle. Parmi les contemporains illustres, il y a tel poète qui reçoit la postérité à son petit lever, et qui de sa fenêtre peut s'incliner devant sa statue. Je ne nomme personne, plus d'un se fâcherait d'être oublié.

Beyle, je l'ai déjà fait pressentir, comprenait à merveille que de telles félicités ne lui étaient pas réservées. Il disait fort paisiblement: «Je songe que j'aurai peut-être quelque succès en 1860. . . On lira la *Chartreuse* en 1880. . .» Le nouvel éditeur de la *Chartreuse* a osé devancer le délai prophétique. Je l'en félicite sincèrement, pour mon compte. S'il n'est pas trop tôt pour réimprimer M. de Stendhal, il ne sera pas trop tôt non plus, je l'espère, pour faire une étude approfondie de cet esprit singulier et puissant.

I

Ce qui frappe d'abord chez Beyle, c'est l'aspect tourmenté de l'*eccentric man* littéraire dont chaque mot, chaque geste mystifiaient le public. Faut-il s'arrêter à ces apparences d'originalité? Décrirai-je curieusement cet homme extérieur? A quoi bon? On s'est déjà trop occupé, je crois, des bizarreries naturelles ou jouées d'un être inquiet, variable et jaloux de ses sentiments intimes comme un diplomate de ses plans secrets démentis sans cesse par la parole et par le fait ostensible. Quelques observations rapides me suffiront, qu'on ne craigne pas les redites.

Supposez une âme ardente, intraitable dans ses amours comme dans ses haines, et soumise à d'impérieux instincts toujours prêts à la jeter dans les hasards de la passion; à cette âme ainsi faite unissez un esprit froid, étendu, sensé, raisonneur, qui se rend tous les jours un compte cruellement exact du ridicule attaché par la société aux caprices des natures d'exception. Que résultera-t-il d'une alliance aussi invraisemblable? Une lutte de tous les instants entre les deux éléments opposées de cette organisation illogique; lutte sérieuse et poignante si rien ne la dénonce aux indifférents, pleine d'accidents comiques si par malheur elle est éclairée un beau matin par quelque lumière indiscrète! Quel moyen alors de rester impénétrable à l'attention obstinée d'un oisif spirituel? Comment ravir à la curiosité banale le spectacle d'un combat où les épisodes risibles ne sauraient manquer? Un être d'un caractère uniforme se réfugiera derrière les hauteurs taillées à pic où se complaît le flegme anglais. Un homme d'un caractère multiple ne se sauvera que par une série indéfinie de contradictions étudiées. Il n'aura pas de peine d'ailleurs à se contredire, à se travestir, car son penchant le pousse à s'éviter soi-même, à rêver une autre existence, une autre nature; il entrerait volontiers dans l'habit de ce passant tranquille, heureux de son sort et enchanté du mouvement général des choses de ce monde. Que ne donnerait-il pas pour se dédoubler? Il se dédouble: un esprit tel qu'il le possède et point d'âme, par exemple, le beau rêve! Alors tout se simplifie, tout s'ordonne; l'existence est un chemin roulant, et l'on a le droit d'atteindre en ce monde jusqu'aux plus hauts sommets du bonheur négatif.

Triste solution d'un si grand problème! Henri Beyle s'y fixe avec une volonté roide; il s'efforce du moins de l'adopter, ou il en fait le semblant. Son esprit tyrannise son âme et la relègue si loin du jour qu'elle n'aura plus de long-temps conscience des réalités humaines; elle s'aigrit dans les ténèbres, elle s'exalte dans la captivité. L'esprit domine et se permet cent folies. Beyle ne sera plus Beyle; il s'appellera Bombet, Schlichtegroll, Lisio Visconti, Cotonnet, Olagnier de Voiron, Stendhal; autant de personnages de théâtre qui trompent le public par une vague ressemblance extérieure! Enlevez l'illusion scénique, et l'homme reparaît au lieu de l'acteur.

Jusqu'ici on a considéré chez Beyle le comédien et non l'homme. On a pris le masque pour la physionomie; et comme ce masque était grimaçant, bizarre, il n'est pas étonnant qu'on ait cherché à le mouler le plus exactement possible. Cela peut être utile à un certain degré, mais il vaut mieux, je pense, tenter de reproduire la vraie figure de l'homme; le caractère réel de l'auteur de la *Chartreuse* offre assez de complications intéressantes pour qu'on néglige les formes artificielles dont il s'est tour à tour revêtu.

Les écrits de Beyle ont donné lieu à la même méprise que son caractère. On n'en a vu que la surface, toute hérissée d'aspérités blessantes; et parmi les œuvres de cette intelligence d'élite, les seules qu'on ait lues généralement ne sont que les essais irréguliers d'une plume dédaigneuse. Aussi Beyle passe-t-il, même dans le monde littéraire où il devrait garder toute sa valeur, pour un homme de talent fort inférieur à beaucoup de gens d'esprit mieux connus, et qui ont sur lui l'avantage d'un style à facettes ou d'une pompeuse phraséologie. Je vais scandaliser une foule de lectrices prétentieuses si j'affirme qu'un livre comme la *Chartreuse de Parme* anéantit par comparaison toute la *Comédie humaine* de M. de Balzac. Mais laissons le chef-d'œuvre de Beyle, prenons un de ses livres de voyage, les *Mémoires d'un touriste*. Qu'y a-t-il de comparable en ce genre, dans notre littérature contemporaine, à ces pages de journal toutes pleines d'observations neuves et profondes? Seraient-ce les *Impressions* de M. Alexandre Dumas? C'est vif, mais léger! Serait-ce le *Rhin* de M. Victor Hugo? Passons. Il y a, je le sais, des phrases toutes faites pour célébrer l'emphase poétique aux dépens de la simplicité, pour exalter l'analyse chimique d'une passion ou d'un caractère au mépris de l'observation puissante et calme de la nature humaine. Mais il s'agit bien de phrases vraiment quand on entreprend de fixer le mérite d'un écrivain dont toute la poétique se résume par ces mots: «Penser et sentir!»

Dans la biographie la plus exacte de Beyle, on ne peut que glaner çà et là quelques traits significatifs. Le reste est sans importance, et cela se conçoit aisément. Que seraient les plus attrayantes scènes des *Confessions* de Jean-Jacques si elles n'étaient racontées par lui-même? L'histoire d'un homme d'action, d'un grand capitaine, par exemple, conserve toujours un vif intérêt quel que soit l'historien. Il n'en est pas ainsi, tant s'en faut, de celle d'un écrivain qui a vécu surtout par l'esprit et par le cœur. La vie morale est presque tout en ce cas; les faits extérieurs n'ont point de valeur absolue, et je ne vois aucun inconvénient à les négliger lorsqu'ils ne sont point la cause ou le résultat d'une idée, d'un sentiment, d'une passion. Beyle n'a pas trouvé dans son orgueil, comme Jean-Jacques, la patience d'écrire ses Mémoires, il en a eu seulement le projet. Quelques notes recueillies par un ami, M. Colomb, témoignent de cette intention malheureusement abandonnée. Tels qu'ils sont restés, ces feuillets épars griffonnés à la hâte renferment des révélations précieuses sur le caractère de Beyle. Ils donnent la clef de certaines énigmes mal comprises et fournissent les moyens d'interpréter sûrement le sens de tant d'œuvres diverses où l'auteur a souvent écrit le contraire de ce qu'il pensait. Nous consulterons avec soin, pour arriver à la connaissance parfaite du caractère de Beyle, tous les aveux, directs ou indirects, qu'il a laissés échapper. Quant à la trace matérielle de sa vie, nous ne nous en inquiéterons pas plus qu'il ne s'en inquiétait lui-même. M. Colomb a beau dire, titres en main, que son ami naquit de ce côté des Alpes dans une province française; nous sommes assez disposé, pour notre compte, à prendre au sérieux l'épitaphe de notre auteur, qui recommanda de graver sur sa tombe ces simples mots:

ARRIGO BEYLE
MILANESE
SCRISSE
AMO
VISSE
ANN. LIX.M.II
MORI. IL XXIII MARZO
M.D.CCC.XLII

Oui, sans doute, Henri Beyle est Italien, Henri Beyle est Milanais, fallût-il détourner pour cela le cours de l'Isère vers le Pô et regarder le Dauphiné comme une dépendance de la Lombardie. L'Italie est sa patrie d'adoption, Milan la ville italienne où il a passé ses plus heureux jours. C'est là que, dans la maison du comte Porro ou dans la loge de M. Lodovico de Brême au théâtre de la Scala, il rencontrait Byron, Pellico, madame de Staël, Dawis, Brougham, Schlegel. D'abord soldat de l'armée républicaine dans ces vastes plaines de la vieille Gaule cisalpine, plus tard attaché à l'administration de M. Pétiet, gouverneur de Milan, il revint se fixer dans ce beau pays en artiste, en oisif, lorsque les événements de 1814 eurent brisé sa carrière. La plupart de ses ouvrages ont pour sujet l'Italie. Il suffira de citer *Rome, Naples et Florence*, les *Promenades dans Rome*, l'*Histoire de la Peinture en Italie*, la *Chartreuse de Parme*, la *Vie de Rossini*,

et même le livre de l'*Amour,* car, selon lui, l'amour est un phénomène qui ne se développe complètement que dans le pays où
l'oranger fleurit en pleine terre.—Il y a dans je ne sais plus quel
opéra-buffa un personnage qui arrive à Vicence et à qui l'on demande d'où il vient: «Vengo adesso di cosmopoli;» telle est la
réponse du personnage.   Cet homme-là ressemble beaucoup à
Beyle, vrai cosmopolite, ayant seulement une patrie de choix, et
cette patrie, c'est l'Italie.   Dans l'une des notes recueillies par M.
Colomb, nous lisons les lignes suivantes: «J'ai eu un lot exécrable
de sept à dix-sept ans; mais, depuis le passage du mont Saint-
Bernard, je n'ai plus eu à me plaindre du destin.»   C'est à dix-
sept ans, en effet, qu'il entre en Italie.   Il faut lui laisser raconter
son départ de Genève; cela ressemble à un chapitre de la vie de
Fabrice, le héros de *la Chartreuse de Parme:* «Mon cheval, qui
n'était pas sorti de l'écurie depuis un mois, au bout de vingt pas
s'emporte, quitte la route et se jette vers le lac dans un champ
planté de saules.   Je mourais de crainte,mais le sacrifice était
fait; les plus grands dangers n'étaient pas capables de m'arrêter;
je regardais les épaules de mon cheval, et les trois pieds qui me
séparaient de terre me semblaient un précipice sans fond; pour
comble de ridicule, je crois que j'avais des éperons.   Mon jeune
cheval fringant galopait donc au hasard au milieu de ces saules,
quand je m'entendis appeler: c'était le domestique sage et prudent du capitaine Burelviller qui, enfin, en me criant de retirer
la bride et s'approchant, parvint à arrêter le cheval, après une
galopade d'un quart d'heure au moins dans tous les sens.   Il me
semble qu'au milieu de mes peurs sans nombre, j'avais celle d'être
entraîné dans le lac.   Que me voulez-vous? dis-je à ce domestique
quand enfin il eut pu calmer mon cheval.—Mon maître désire
vous parler.   Aussitôt je pensai à mes pistolets; c'est sans doute
quelqu'un qui vient m'arrêter.   La route était couverte de
passants, mais toute ma vie *j'ai vu mon idée et non la réalité,
comme un cheval ombrageux,* me disait six-sept ans plus tard M.
de Tracy.   Je reviens fièrement au capitaine, que je trouvai obli-
geamment arrêté sur la grande route.   Que me voulez-vous,
monsieur? lui dis-je m'attendant à faire le coup de pistolet.   Le
capitaine, d'un air narquois et fripon, n'ayant rien d'engageant,
bien au contraire, m'explique qu'en passant la porte de Cornavin
on lui avait dit: Il y a là un jeune homme qui s'en va à l'armée
sur ce cheval et qui n'a jamais vu l'armée, ayez la charité de le
prendre avec vous pour les premières journées.   M'attendant
toujours à me fâcher et pensant à mes pistolets, je considérais
le sabre droit et immensément long du capitaine Burelviller, qui,

ce me semble, appartenait à l'arme de la grosse cavalerie, habit bleu, boutons et épaulettes d'argent. Je crois que, pour comble de ridicule, j'avais un sabre; même en y pensant, j'en suis sûr. Autant que je puis en juger, je plais à ce M. de Burelviller, qui peut-être avait été chassé d'un régiment et cherchait à se raccrocher à un autre. M. Burelviller répondait à mes questions et m'apprenait à monter à cheval; nous faisions l'étape ensemble, allions prendre ensemble notre billet de logement, et cela dura jusqu'à Milan. Comme le sacrifice de ma vie à ma fortune était fait et parfait, j'étais excessivement hardi à cheval, mais hardi en demandant toujours au capitaine Burelviller: Est-ce que je vais me tuer? Heureusement mon cheval était suisse, pacifique et raisonnable comme un Suisse; s'il eût été romain et traître, il m'eût tué cent fois. Le capitaine s'appliqua à me former en tout, et il fut pour moi, de Genève à Milan, pendant un voyage à quatre à cinq lieues par jour, ce qu'un excellent gouverneur doit être pour un jeune prince. Notre vie était une conversation agréable, mêlée d'événements singuliers et non sans quelque petit péril: par conséquent impossibilité de l'apparence la plus éloignée de l'ennui. Je n'osais dire mes chimères en parlant littérature à ce roué de vingt-huit ou trente ans, qui paraissait le contraire de l'émotion. Dès que nous arrivions à l'étape, je le quittais, je donnais l'étrenne à son domestique pour bien soigner son cheval, puis j'allais rêver en paix.»

Ce charmant voyage ne vous semble-t-il pas un vrai début dans la vie? Jusque-là le compagnon improvisé du capitaine Burelviller avait en effet peu vécu; sa première échappée de jeune homme le conduisait, par un heureux concours de circonstances, au milieu des périls glorieux de la campagne de 1800; le siècle s'ouvrait par des prodiges, c'était un beau moment pour s'abandonner *au long espoir, aux vastes pensées,* aux songes d'avenir les plus enivrants. On respirait l'enthousiasme dans cette atmosphère d'Italie toute frémissante de coups de canon. Beyle avait l'âme pleine de ces impressions généreuses. Déjà pourtant on peut entrevoir en quoi il diffère de la plupart des jeunes gens de cette époque, cerveaux enflammés d'où chaque sensation déborde en bruyantes démonstrations extérieures. La nature du *cheval ombrageux* se trahit. Cette dédaigneuse réserve à l'égard du capitaine Burelviller deviendra, chez Beyle, un trait de caractère indélébile. En avançant dans la vie, au lieu de s'effacer au contact de l'expérience, une disposition de ce genre, quand elle résulte des habitudes du premier âge, envahit peu à peu et

soumet entièrement les forces libres de la volonté. Il en devait
être ainsi chez Beyle, en qui l'influence d'une éducation solitaire
avait encore assombri le type du tempérament dauphinois. Ce
type, dont il offre une image exagérée, voici comme il le décrit
lui-même: «Le Dauphinois a une manière de sentir à soi, opiniâtre, raisonneuse, que je n'ai rencontrée dans aucun pays. A
Valence sur le Rhône, la nature provençale finit; la nature
bourguignonne commence à Valence et fait place, entre Dijon
et Troyes, à la nature parisienne, polie, spirituelle, sans profondeur, en un mot songeant beaucoup aux autres. La nature
dauphinoise a une ténacité, une profondeur, un esprit, une
finesse que l'on chercherait en vain dans la civilisation provençale
et dans la bourguignonne ses voisines. Là où le Provençal
s'exhale en injures atroces, le Dauphinois réfléchit et s'entretient
avec son cœur.»   Ces vertus, ou, si l'on veut, ces défauts du
terroir, Beyle les avait en naissant.

S'il avait quitté le pays de bonne heure, s'il avait seulement,
pendant les années où l'on ne raisonne pas encore, subi
l'influence de l'éducation en commun, le fond résistant de la
nature dauphinoise, ce terrain primitif d'une si remarquable
densité, aurait bientôt disparu sous de nouvelles formations
graduellement amenées par le temps et les circonstances. Les
parents de Beyle élevèrent une barrière entre l'enfant et le monde
extérieur. Privé de sa mère à l'âge de sept ans, négligé par son
père, il tomba sous l'autorité d'une vieille fille, mademoiselle
Séraphie, sa grand'-tante, qui le détestait. Il fut élevé dans une
maison triste, où la vieillesse dominait, par des précepteurs
ecclésiastiques dont l'humeur austère était aigrie par la persécution. De cette ennuyeuse période de sa vie, Beyle n'a gardé dans
sa mémoire qu'une seule image attrayante, celle des soirées d'été,
de sept à neuf heures et demie, qu'il passait sur la terrasse de son
grand-père, M. Gagnon. «Cette terrasse, dit-il, formée par l'é-
paisseur d'un mur nommé *Sarrazin*, mur qui avait quinze ou dix-
huit pieds de largeur, avait une vue magnifique sur la montagne
de Sassenage. Là, le soleil se couchait, en hiver, sur le rocher de
Voreppe. Mon grand-père fit beaucoup de dépenses pour cette
terrasse, qu'il fit garnir des deux côtés de caisses de châtaignier,
dans lesquelles on cultivait un nombre infini de fleurs odorantes.
Tout était joli et gracieux sur cette terrasse, théâtre de mes
principaux plaisirs pendant dix ans.»

Une journée de bonheur pour cet enfant entouré de

vieillards, ce fut celle qui vit son départ pour l'*Ecole centrale,*
où il allait enfin rencontrer de jeunes amis partageant ses goûts
et ses désirs. Sa première impression fut une surprise douloureuse: «Tout m'étonnait dans cette liberté tant souhaitée et
à laquelle j'arrivais enfin. Les charmes que j'y trouvais n'étaient
pas ceux que j'avais rêvés; ces compagnons si gais, si aimables, si
nobles, que je m'étais figurés, je ne les trouvais pas, mais à leur
place des polissons très-égoïstes. Ce désappointement, je l'ai
eu à peu près dans tout le courant de ma vie. Je ne réussissais
guère auprès de mes camarades; je vois aujourd'hui que j'avais
alors un mélange fort ridicule de hauteur et de besoin de
m'amuser. Je répondais à leur égoïsme le plus âpre par mes idées
de noblesse espagnole; j'étais navré quand dans leurs jeux ils me
laissaient de côté.»

Il y a dans ces lignes un sentiment de réalité qui saisit et
qui frappe. On comprend ces malheurs très-sérieux de l'écolier,
on pardonnera d'autant mieux l'amertume de l'homme. Les
ennuis de la solitude, la société de personnes graves appe-
santissent le corps et l'esprit d'un enfant. Il s'habitue à marcher,
à réfléchir, à écouter comme ses vénérables modèles. Point de
jeux pour développer l'énergie et la souplesse de ces membres
délicats; point de compagnons avec qui folâtrer, courir, crier et
rire aux éclats du matin au soir. Ce front si pur se ride et se
contracte; le regard oblique et sournois prend un air de sauvage-
rie; les lèvres boudent; il s'assied, dans la veillée, au coin du feu,
et tisonne en poussant de grands soupirs comme son aïeul.
C'est un nain de quarante ans, sans grâce et sans gaieté. Que ce
pauvre petit être soit tiré soudainement de sa prison et jeté au
milieu d'une joyeuse fourmilière d'écoliers, aussitôt mille sentiments divers se disputent sa jeune âme. Le spectacle de ces joies
turbulentes le transporte, l'enivre, et pourtant il n'ose s'y mêler.
Un excès de timidité le rend ridicule. S'il s'aperçoit de son
malheur et que, par un effort de volonté, il arrive à faire un
premier mouvement au sein de cette folle agitation du collège,
il déplace lourdement son petit corps et s'en va trébucher dans la
mêlée joyeuse. Qui le relèvera? Personne. Les sourdes rancunes
s'amassent, gonflent dans ce noble cœur d'une sensibilité infinie.
On n'a pas voulu de son amitié de sauvage, exigeante et jalouse
comme une vraie passion; il n'a pas même le plaisir de voir ses
gros ressentiments pris au sérieux. Dans cette foule étourdie
lui seul réfléchit, lui seul est un personnage gourmé, veillant
avec une âpre attention, aux intérêts de sa dignité précoce.

Dédaigneux et dédaigné, sa seule ressource dans ses dégoûts, la seule vengeance possible pour lui, c'est l'étude, mais l'étude dévorante, enragée, qui escalade la place d'honneur comme une forteresse, y plante un insolent drapeau, et s'y loge à tout jamais derrière un rempart inexpugnable. Encore la solitude! Et la solitude avec une sorte de gloire, c'est-à-dire avec l'envie pour unique perspective. Ce héros de collège entre dans le monde avec une pédanterie de jeune savant. D'aimables ignorants le bafouent pour un geste ou pour un mot maladroit, l'esprit de réplique lui manque, il balbutie, s'indigne et quitte en grondant les salons maudits où il jure de ne plus remettre le pied.

Ceci est vrai de beaucoup d'enfants mal dirigés, dont l'éducation véritable, j'entends l'éducation sociale, se fait trop tard ou ne peut plus se faire après une funeste déviation. Beyle était dans ce cas. L'existence de l'*Ecole centrale* ne lui fut pas bonne: il eut beau, à force d'application, enlever tous les premiers prix, devenir à la fois le roi de la grammaire et des mathématiques, cette gloire classique ne le sauve point, à Paris, des épigrammes de ses protecteurs. «Voilà donc ce brillant humaniste qui a remporté tous les prix dans son endroit!» s'écria M. Daru, à qui le jeune Beyle avait été recommandé. De son côté, Beyle se livrait aux amères réflexions. «C'était donc là ce Paris que j'avais tant désiré! L'absence de montagnes et de bois me serrait le cœur. Les bois étaient intimement liés à mes rêveries d'amant tendre et dévoué, comme dans l'Arioste. Tous les hommes me semblaient *prosaïques* et plats dans les idées qu'ils avaient de l'amour et de la littérature. Je me gardai de faire confidence de mes objections contre Paris. Ainsi, je ne m'aperçus pas que le centre de Paris est à une heure de distance d'une belle forêt, séjour des cerfs sous les rois. Quel n'eût pas été mon ravissement, en 1800, de voir la forêt de Fontainebleau, où il y a quelques petits rochers en miniature; les bois de Versailles, Saint-Cloud, etc.! Probablement j'eusse trouvé que ces bois ressemblaient trop à un jardin. . . . Quand je m'ennuyais dans un salon, j'y manquais la semaine d'après et je n'y reparaissais qu'au bout de quinze jours. Avec la franchise de mon regard et l'extrême malheur de prostration de forces que l'*ennui* me donne, on voit combien je devais avancer mes affaires par ces absences. D'ailleurs je disais toujours d'un sot: *c'est un sot.* Cette manie m'a voulu un monde d'ennemis.»

Qui eût pu deviner alors qu'un jour Beyle devait être l'un

des causeurs les plus spirituels des salons parisiens? Tout homme intelligent, réellement animé du feu de la vocation littéraire, va droit à Paris comme le fer à l'aimant. C'est la patrie du désir— et de ce désir tout-puissant qui, pareil à la foi, transporte les montagnes. On y viendrait à pied, s' il le fallait, en doublant les étapes, du dernier vallon des Pyrénées ou des Alpes françaises, quand la jeunesse réchauffe cette noble curiosité de la gloire dont le germe remue au fond de tous les esprits bien nés. Ce voyage, quelque long qu'il soit, est toujours délicieux; l'illusion qui vous sourit dans les vagues lointains du paysage, à chaque tournant du chemin, semble aplanir la route et l'étendre sous vos pas comme un ruban magique. Il n'y a point de poussière, il n'y a point de boue, il n'y a point de pierre roulante où vous puissiez trébucher. Le soleil brille dans l'azur, ou la douce lueur des étoiles descend mollement sur la nature endormie. Entre l'aube et le crépuscule il n'y a plus qu'un trait lumineux, tant les heures s'empressent de sauter insouciantes dans les profonds abîmes du temps! Vous arrivez, l'illusion disparaît et vous laisse seul avec vous-même dans l'immense ville. Six mois d'incertitudes, de doutes, de vaines espérances et de noir ennui, c'est déjà trop d'infortune pour de jeunes courages sans patience. Paris devient insupportable, odieux; on le déteste avec toute l'énergie d'un amour impuissant retombé sur lui-même et qui, rebondissant par la douloureuse élasticité naturelle aux grandes passions, s'est tourné en haine féroce. Partez alors, éloignez-vous, livrez-vous aux hasards de l'activité matérielle et vagabonde si l'occasion vous en est offerte, endossez le harnais et battez-vous sur tous les champs de bataille de l'Europe, si vous avez le bonheur de voir la guerre héroïque, à cheval, l'épée nue, franchissant au galop les frontières des empires comme les petites haies verdoyantes d'un jardin. Plus tard, quand le vaste silence de la paix aura couvert le dernier écho de ce grand fracas, vous rêverez encore de Paris dans une retraite écartée, vous y reviendrez avec délices après quelque temps de repos: car la vie intelligente, avec ses belles franchises, est là et point ailleurs!

Notre volontaire de 1800 éprouva ces alternatives. Entrainé dans le tourbillon de l'époque impériale, il donna sa démission de Français en 1814: il alla revoir Milan, sa patrie d'adoption, comme nous l'avons déjà dit; mais il finit par revenir à Paris, où ces luttes littéraires allaient s'engager. Il eut de l'esprit, nous dit-il, vers 1826, et «dès lors (nous citons ses propres paroles) les épigrammes arrivèrent en foule et des *mots qu'on ne peut plus oublier,* me disait cette bonne madame M. . . .» Ce moment fut sans doute celui où s'établit le mieux sa réputation de causeur. Beyle avait transformé vingt fois, depuis vingt ans, l'enveloppe de cet être maussade que M. Gagnon avait envoyé, un beau jour, de l'*Ecole centrale* à M. Daru. Il avait pris des leçons de Larive et de Dugazon pour effacer chez lui les derniers restes de l'accent dauphinois. Ce malheureux accent avait disparu, mais non point cette nature dauphinoise dont il avait été longtemps le signe manifeste. Beyle avait encore, en fait de salons, ses ombrages et ses antipathies d'autrefois; seulement, comme l'expérience lui était venue, il raisonnait ses aversions et les rangeait par numéro d'ordre. «Un salon de provinciaux enrichis et qui étalent du luxe est ma bête noire. Ensuite vient un salon de marquis et de grands-cordons de la Légion-d'Honneur, qui étalent de la morale. Pour moi, quand je vois un homme se pavanant dans un salon (comme M. le comte, de fraîche date, de S. . .par exemple) avec plusieurs ordres à la boutonnière, je suppute involontairement le nombre infini de bassesses, de platitudes et souvent de noires trahisons qu'il a dû accumuler pour en avoir reçu tant de certificats. . . . Un salon de huit ou dix personnes aimables, où la conversation est gaie, anecdotique, et où l'on prend du punch léger à minuit et demi, est l'endroit du monde où je me trouve le mieux. Là, dans mon centre, j'aime infiniment mieux entendre parler un autre que de parler moi-même. Volontiers je tombe dans le silence du *bonheur,* et si je parle, ce n'est que pour payer mon *billet d'entrée*.» Il me semble que le *centre* de Beyle devait être un salon français où l'on causait en italien, peut-être un salon italien où l'on causait en français.

Je n'ai pas encore dit un mot de ses ouvrages. L'écrivain s'est développé un peu tard chez Beyle. Il m'a paru intéressant, avant d'entrer dans son histoire littéraire, de recueillir et de commenter les fragments éparpillés d'une autobiographie malheureusement remplie de lacunes. C'était la préface naturelle, ou, si l'on veut, le premier chapitre de cette étude. On me rendra, je l'espère, ce bon témoignage que je n'ai pas cherché à égarer l'attention du lecteur dans un labyrinthe de détails insignifiants. Ceux qui tiennent à une biographie minutieusement exacte, à un compte rendu jour par jour des moindres événements de la vie de Beyle, voudront bien recourir à la notice très-substantielle de M. Colomb, et me pardonner de n'avoir cherché à satisfaire que la plus noble part de leur curiosité. Pour bien comprendre

l'écrivain, il fallait avoir une vue aussi nette que possible de la
nature de l'homme. Dans l'examen de ses écrits je demande
aussi la permission de résumer plus que d'analyser, de ne toucher
qu'aux faits essentiels en négligeant les particularités épisodiques.
Si je voulais être complet de tout point, un article de quelques
pages ne me suffirait pas, j'écrirais un volume. Le sujet en
vaudrait la peine, mais qui me saurait gré de l'avoir prise? Je re-
nonce donc à l'ordre chronologique dans cet examen, trop de
longueurs arrêteraient ma plume; le seul moyen de les éviter
serait, je crois, d'adopter une de ces divisions logiques et claires
dont l'effet naturel est de limiter à la fois le critique et le lecteur.

Les écrits de Beyle se divisent naturellement en deux
groupes: d'un côté les fantaisies d'artiste, une vingtaine de petits
volumes; de l'autre ses œuvres sérieuses, ses vrais titres d'écrivain,
Rouge et noir, la Chartreuse de Parme.

II

Un grand artiste, selon l'opinion de Beyle, se compose de
deux choses, une âme tendre, exigeante, passionnée, dédaigneuse,
et un talent qui s'efforce de plaire à cette âme et de lui donner
des jouissances en créant des beautés nouvelles.

Il est à remarquer que la littérature contemporaine est
encombrée d'artistes, je ne dis pas de grands artistes; les écrivains, dans le sens exact du mot, sont rares, et cette observation
explique très-bien les exagérations du mouvement romantique de
la restauration. Beyle fut un des premiers sur la brèche quand on
attaqua, pour la démolir de fond en comble, la vieille cité des
classiques de l'empire. On le vit parmi les assaillants, mais à
l'écart des groupes tumultueux où les fanfaronnades burlesques
déparaient les plus brillants courages. Il combattit seul, pour son
propre compte, pour se *plaire à lui-même,* et cet isolement
s'explique par son caractère ombrageux, qui montrait en cette
occasion son bon côté, l'horreur des coteries, du charlatanisme
en commun, et des pratiques sans noblesse de ces associations qui
ont pour principe capital: «Aidons-nous, le ciel nous aidera.»
Beyle ne se rangea sous aucune bannière; il ne salua point de
chef, et renonça de son plein gré au dividende de popularité qui
eût pu lui revenir en entrant dans les sociétés d'assurance littéraires. Son pamphlet si vif, *Racine et Shakespeare,* alla chercher

d'emblée le public. Je me trompe, il fit un détour. Avant de passer à l'imprimerie, le manuscrit prit la poste, arriva à Chavonnières, et revint ensuite à Paris avec l'approbation d'un vigneron tourangeau dont le suffrage avait bien quelque importance, le suffrage de Paul-Louis Courier! Le manifeste joyeusement célèbre de M. Auger, parlant au nom de l'Académie française, ne tarda pas à paraître. L'auteur de *Racine et Shakespeare* répliqua par une seconde brochure écrite de verve comme la première, et laissant jaillir de plus toutes les étincelles d'une passion en flamme. Le succès fut joli, succès de pamphlet, c'est tout dire! Aujourd'hui encore ces pages animées gardent un certain air victorieux; elles plaisent par je ne sais quelle vive allure de cavalerie légère d'infanterie pesante et délabrée. Feu! feu! Le bras s'allonge, l'éclair brille, on entend des cris piteux d'académiciens tombant embarrassés dans leur cuirasse antique, et M. Auger tout le premier s'en va mordre la poussière. Ses deux coups tirés, notre cavalier tourne bride sans se soucier du prix de la victoire. Le mépris des vainqueurs devait plus tard égaler chez lui le mépris des vaincus. Beyle avait parlé de cette guerre avant de s'y engager; il en dit quelques mots aussi quand la querelle fut vidée et le champ libre. Ces réflexions, faites de sang-froid, sont bonnes à citer comme contraste aux lignes violentes de *Racine et Shakespeare.*

D'abord une anecdote, forme d'argument appropriée au goût de Beyle, toujours conteur spirituel même quand il a le droit de soutenir sa thèse avec un peu de pédanterie, travers commun à toutes les écoles. «L'aimable Donézan disait hier: Dans ma jeunesse et jusque bien avant dans ma carrière, puisque j'avais cinquante ans en 1789, les femmes portaient de la poudre dans leurs cheveux. Je vous avoue qu'une femme sans poudre me fait répugnance. La première impression est toujours celle d'une femme de chambre qui n'a pas eu le loisir de faire sa toilette. . . . Voilà la seule raison contre Shakespeare et en faveur des unités. . . . Les jeunes gens ne lisant que La Harpe, le goût des grands toupets poudrés comme ceux que portait la feue reine Marie-Antoinette, peut encore durer quelques années.» Il ajoute ailleurs sur un ton légèrement paradoxal: «Quelle excellente source de comique pour la postérité! les La Harpe et les gens de goût français régentant les nations du haut de leur chaire, et prononçant hardiment des arrêts dédaigneux sur leurs goûts divers, tandis qu'en effet ils ignorent les premiers principes de la science de l'homme. De là l'inanité des disputes sur Racine et Shakespeare. . . . Si le savant a le génie de Montesquieu il pourra dire: «Le climat tempéré et la monarchie font naître des admirateurs pour Racine; l'orageuse liberté et les climats extrêmes produisent des enthousiastes à Shakespeare. . . .» «Mais Racine ne plût-il qu'à un seul homme, tout le reste de l'univers fût-il pour le peintre d'*Othello,* l'univers entier serait ridicule s'il venait dire à un tel homme, par la voix d'un petit pédant vaniteux: Prenez garde, mon ami, vous vous trompez, vous donnez dans le mauvais goût, puisque vous aimez mieux les petits pois que les asperges, tandis que moi j'aime mieux les asperges que les petits pois.»

Veut-on voir maintenant le revers de la médaille? Beyle garde toujours son franc-parler: «Les romantiques étaient presque aussi ridicules que les La Harpe, leur seul avantage était d'être persécutés. Dans le fond ils ne traitaient pas moins la littérature comme les religions, dont une seule est la bonne. . . leur vanité voulait détrôner Racine. . . . Ils n'avaient qu'un nom pour eux, dont ils abusaient; mais ils ne voyaient pas d'assez haut les civilisations pour sentir que Shakespeare n'est qu'un diamant incompréhensible qui s'est trouvé dans les sables. . . Cependant la cause des romantiques était si bonne qu'ils la gagnèrent. Ils furent l'instrument aveugle d'une grande révolution; ils n'eurent jamais d'yeux pour voir ce qu'ils frappaient ni ce qu'il fallait mettre à la place.» Je dois citer aussi un passage sur la *couleur locale,* grand mot d'alors qui sonne creux aujourd'hui: «Une glace ne doit pas faire remarquer sa couleur, mais laisser voir parfaitement l'image qu'elle reproduit. Les professeurs d'athénée ne manquent jamais la petite remarque sur la bonhomie de nos ancêtres, qui se laissaient émouvoir par des Achille et des Cinna à demi cachés sous de vastes perruques. Si ce défaut n'avait pas été remarqué, il n'existait pas.» Ce n'est qu'une boutade, mais sensée, pleine de justesse, et perçant à jour les gros sophismes amoncelés par les romantiques.

Beyle se séparait sur beaucoup de points des doctrines formulées et appliquées par les poètes de l'école moderne. Il détestait l'emphase qui plaît aux lyriques (Beyle disait: *qui plaît aux femmes de chambre*); l'exagération, la prose poétique lui étaient odieuses. Il s'était battu à l'armée contre un officier enthousiaste de la «cime indéterminée des forêts,» expression de Châteaubriand. Qu'on nous permette de citer encore, aucun raisonnement ne saurait remplacer les franches déclarations de cet esprit indépendant: «Si j'ai eu un soin constant, c'est de ne rien *exagérer par le style* et d'éviter avant tout d'obtenir quelque effet par une suite de considérations et d'images d'une chaleur un peu forcée et qui font dire à la fin d'une période: Voilà une belle page. D'abord, entré fort tard dans le champ de la littérature, le ciel m'a tout à fait refusé le talent de parer une idée et et d'exagérer avec grâce; ensuite, à mes yeux, il n'y a rien de pire que l'exagération dans les intérêts tendres de la vie. On obtient un effet d'un moment, qui, un quart d'heure après, crée un sentiment de répugnance; et le lendemain on ne reprend pas le livre, on se dirait presque: je n'ai pas assez de vivacité dans le cœur aujourd'hui pour me plaire à être trompé avec esprit. . . . Partout où j'ai rencontré une idée susceptible de donner une période à chute brillante, j'ai diminué ce qui me semblait la vérité, pour que le petit plaisir du moment ne causât pas méfiance et dégoût un quart d'heure après. . . . J'ai vingt fois quitté les livres d'un des hommes rares que la France ait produits, je me disais: ce n'est qu'un rhêteur. N'ayant pas la plus petite étincelle de sa rare éloquence, j'ai surtout cherché à éviter le défaut qui me rend Rousseau illisible.»

Cette préoccupation va si loin chez notre auteur, qu'avant de se mettre au travail, il lit chaque matin deux ou trois pages du Code civil afin de prendre le ton et de ne pas se jeter hors du naturel. «Je fais tous les efforts possibles pour être sec: je veux imposer silence à mon cœur, qui croit avoir beaucoup à dire; je tremble toujours de n'avoir écrit qu'un soupir, quand je crois avoir noté une vérité.» Avec de telles idées, on conçoit qu'il demande à être délivré pour une bonne fois de l'inutile phraséologie des écrivains du genre descriptif (l'abbé Delille, madame de Staël, etc.). Ce n'est pas que Beyle proscrive systématiquement la description; il l'admet quand elle est nécessaire, mais avec certaines restrictions fort bien entendues selon nous. Plus d'un écrivain d'ailleurs a compris cette question comme lui: l'auteur de *Waverley,* par exemple. «Comme Rossini prépare et soutient ses chants par l'harmonie, de même Walter Scott prépare et soutient ses dialogues et ses récits par des descriptions. Voyez dès la première page d'*Ivanhoe* cette admirable description du soleil couchant qui darde des rayons déjà affaiblis et presque horizontaux au travers des branches les plus basses et les plus touffues des arbres qui cachent l'habitation de *Cedric le Saxon.* Ces rayons déjà pâlissants tombent au milieu d'une éclaircie de cette forêt sur les habits singuliers que portent le fou Wamba et

Gurth le gardeur de porcs. L'homme de génie écossais n'a pas encore achevé de décrire cette forêt éclairée par les derniers rayons d'un soleil rasant et les singuliers vêtements des deux personnages, peu nobles assurément, qu'il nous présente contre toutes les règles de la dignité, que nous nous sentons déjà comme touchés par avance de ce que ces deux personnages vont se dire. Lorsqu'ils parlent enfin, leurs moindres paroles ont un prix infini. Essayez par la pensée de commencer le chapitre et le roman par ce dialogue non préparé par la description, il aura perdu tout son effet.» Quant à lui, sa règle invariable consiste à «ne parler des aspects touchants de la nature que quand son cœur lui laisse assez de sang-froid pour les remarquer et en jouir.» Ces principes bien établis annoncent un écrivain jaloux de se contenir dans les limites de son art. On peut compter d'avance qu'il n'empruntera ses effets ni à la peinture, ni à la sculpture, ni à la musique; modes absurdes, trop souvent adoptées par la littérature de ce temps-ci.

Beyle a d'autant plus de mérite à se préserver de ces influences, qu'en véritable artiste méridional, en fils adoptif de la terre italienne, il court d'instinct aux musées, aux théâtres lyriques avant de compléter ses études littéraires. Quand il rassemble avec un goût passionné les matériaux de la *Vie de Rossini,* des *Promenades dans Rome,* de l'*Histoire de la peinture en Italie,* de *Rome, Naples et Florence,* on ne s'attend guère à voir éclater plus tard, dans les ouvrages de ce *dilettante* homme d'esprit, les qualités des grands romanciers. Quelle jouissance littéraire vaudra jamais pour lui le plaisir de contempler une belle toile du Corrège ou d'entendre une charmante mélodie de Cimarosa! Estimera-t-il quelque jour un chef-d'œuvre de poésie à l'égal d'une statue de Michel—Ange? Non, il a dans le cœur toutes les fibres de l'artiste, et la littérature lui semblera toujours la plus froide expression des rêves de l'imagination humaine. Peut-être fera-t-il quelques excursions de fantaisie dans le domaine des lettres, mais à coup sûr il ne tentera point de s'y établir définitivement. Laissez-le donc tout entier à ses études de prédilection et permettez lui de ne prendre la plume que pour exprimer ses impressions d'artiste.

Un caractère commun se distingue au premier coup d'œil dans toutes les productions émanées de cette source d'inspiration. Beyle porte dans ses jugements un caprice, une intolérance, un mépris de l'opinion générale exagérés à dessein pour irriter chez le lecteur de la classe moyenne cette paisible conscience façonnée par l'habitude, cette intelligence médiocre toute peuplée d'idées de convention. Il proclame à haute voix, en haine des instincts moutonniers de la foule, la souveraineté du jugement individuel. C'est une bonne fortune pour lui que de trouver un sot préférant Boucher au Corrège et Mignard à Michel-Ange. Cela lui permet de parler ainsi du plus grand peintre de l'école flamande: «Ce matin, par un beau soleil, je passais devant une boucherie très-proprement tenue, située en plein midi sur la place Bellecour; des morceaux de viande bien fraîche étaient étalés sur des linges très-blancs. Les couleurs dominantes étaient le rouge-pâle, le jaune et le blanc. Voilà le ton général d'un tableau de Rubens, ai-je pensé.» Si vous vous étonnez d'une telle bizarrerie d'opinion, il répondra que la préférence dégagée de tout jugement accessoire et réduite à la pure sensation est inattaquable et qu'il n'y a rien de moins absurde que de faire quelquefois des sottises bien absurdes. On arrive par là très-logiquement au mot de madame de La Ferté. «Il faut l'avouer, ma chère amie, disait la duchesse à mademoiselle de Launay, je ne trouve que moi qui ai toujours raison.» Le mot est joli, mais ce n'est qu'un mot; il ne justifie rien, car il peut se trouver à la fois dans la bouche d'un ignorant et dans celle d'un homme éclairé: il traduit en même temps la froide sensation d'un être sec et l'émotion passionnée d'une âme sensible.

Beyle ne l'ignore pas; et quand, au lieu de se guinder au bizarre, il demeure vrai tout simplement (ne fût-ce que par lassitude de l'affectation), on ne lui conteste jamais l'exactitude de ses remarques. De son côté, sans le soupçonner le moins du monde, il entre alors dans ce vaste empire de la vérité absolue où chaque sentiment personnel, chaque préférence sincère de l'esprit occupe librement sa place en acceptant comme lois suprêmes les résultats de l'expérience des siècles. Quoi de plus juste, par exemple, que ses réflexions sur les diverses manières dont peut se traiter un sujet par la peinture, selon la *teinte particulière* de l'âme du peintre? Beyle suppose que Michel-Ange, Raphaël, Léonard de Vinci, le Corrège sont chargés de représenter sur la toile le grand fait de l'adoration des mages. Chacun de ces artistes concevra d'une façon originale l'ensemble et les détails de son tableau.

«La force et la terreur marqueront le tableau de Michel-Ange; les rois seront des hommes dignes de leur rang et paraîtront

sentir devant qui ils se prosternent. Si la couleur avait de l'agrément et de l'harmonie l'effet serait moindre, ou plutôt la véritable harmonie du sujet est dure.

Chez Raphaël, on songera moins à la majesté des rois; on
n'aura d'yeux que pour la céleste pureté de Marie et les regards
de son fils. Cette action aura perdu sa teinte de férocité hé-
braïque. Le spectateur sentira confusément que Dieu est un
tendre père.

«Si le tableau est de Léonard de Vinci, la noblesse sera plus
sensible que chez Raphaël même. La force et la sensibilité brû-
lante ne viendront pas nous distraire. Les gens qui ne peuvent
s'élever jusqu'à la majesté, seront charmés de l'air noble des rois;
le tableau chargé de sombres demi-teintes semblera respirer la
mélancolie.

«Il sera une fête pour l'œil charmé, s'il est du Corrège;
mais aussi la divinité, la majesté, la noblesse ne saisiront pas le
cœur dès le premier abord. Les yeux ne pourront s'en détacher,
l'âme sera heureuse, et c'est par ce chemin qu'elle arrivera à
s'apercevoir de la présence du Sauveur des hommes.»

A part quelques affectations de paradoxe ou de profondeur
énigmatique, ces traits d'observation intelligente se remarquent
souvent dans l'*Histoire de la peinture en Italie*. Il y a dans cet
ouvrage inachevé plus d'enseignements sérieux pour un artiste,
qu'on n'en trouverait dans la collection complète des gros livres
pédantesques lourdement élaborés par les hommes techniques.—
Je passe volontiers sur les petits chapitres de dix lignes imités de
Montesquieu. Ce sont là des puérilités assez familières aux gens
d'esprit. Beyle sème çà et là au beau milieu de sa route, sans
jamais perdre de vue son but lointain, une multitude de cailloux
ronds et glissants, où la plupart de ceux qui le suivent trébuchent
infailliblement, s'ils quittent une seconde du regard leur guide
capricieux. Tant pis pour le candide lecteur qui tient bonnement
à se rendre compte de tout dans un livre. Il est sujet à se laisser
choir à chaque pas dans un piège. Le rôle d'Œdipe est fort difficile à tenir, quand on se trouve en face d'un pareil sphinx. Le
mieux est de franchir en riant les passages obscurs, sans chercher
à en mesurer la vague profondeur.

Si l'on s'indignait des espiégleries très sérieuses de notre

auteur, si l'on s'avouait mystifié sur un ton de courroux vulgaire,
si l'on allait enfin jusqu'à rejeter avec mépris le livre impertinent
où l'attention la plus méritoire est exposée à de telles déconve-
nues, toutes ces démonstrations ennemies ne feraient qu'encoura-
ger Henri Beyle à répéter plus haut que jamais l'*Odi profanum
vulgus et arcco.* Quel triomphe pour ses répugnances d'artiste à
flatter le goût bourgeois! Quelle justification de ses hypocrisies
apparentes, de ses restrictions mentales, de ses contradictions
systématiques, de toutes ces jongleries de l'esprit destinées à
donner le change sur le vrai caractère de ses sentiments! C'est
alors qu'il se réjouirait d'avoir gardé si souvent l'incognito, de
s'être masqué avec une si belle opiniâtreté. Passer pour un fou
aux yeux des gens du nord, être regardé par les *demi-sots* comme
un méchant, un homme noir, voilà de ces triomphes qu'il envie.
Dans sa joie de rester inintelligible au grand nombre, il se met
tout à coup à dévoiler le secret de la comédie; les aveux les plus
francs échappent à sa plume; il devient clair à son insu pour tout
le monde dès qu'il est bien persuadé que la foule ne l'entend
point. Cygès passe à son doigt l'anneau magique, il oublie une
fois par hasard de tourner le chaton, et se croyant invisible, il
agit et parle avec une complète franchise. Certain désormais de
sa liberté pleine et entière, il ne prétend plus se servir exclusivement d'une langue sacrée, il admettrait même quelques confi-
dents choisis parmi les plus sensibles. Son voeu serait de plaire
beaucoup à trente ou quarante personnes qu'il ne verra jamais,
qu'il aime à la folie sans les connaître: «Par exemple à quelque
jeune madame Roland lisant en cachette un volume qu'elle cache
bien vite au moindre bruit dans les tiroirs de l'établi de son père,
lequel est graveur de boîtes de montre.» Quarante personnes,
c'est beaucoup! Beyle admet donc que certains sentiments peuvent lui être communs avec quelques lecteurs d'élite.

Nous prenons acte de cette concession qui fait une large
brèche à cette singulière charte littéraire où l'auteur des *Promenades dans Rome* avait si orgueilleusement inscrit le principe
de la souveraineté du sentiment individuel. Beyle ouvre son
salon; il y reçoit d'abord peu de monde, il est vrai; mais, comme
au temps d'Horace, chaque convive aura le droit d'amener son
ombre; les élus parleront de leurs plaisirs et inspireront partout
le désir d'y goûter. On poussera la porte à demi ouverte, on se
fera présenter, et bientôt ce spirituel causeur, si jaloux de ne
point élargir le cercle de sa petite société de quarante personnes,
verra s'élever malgré lui le nombre des membres libres de son

académie très-précieuse.

A la première page de ses écrits, Beyle se propose toujours d'obtenir la seule approbation de son âme fière, arbitre spontané, incorruptible, appliquant sans réflexion des lois improvisées. Peu à peu cependant, comme cette âme est infiniment sensible, c'est-à-dire inquiète et mobile, elle cherche au dehors une garantie de la sincérité de ses impressions. La voilà forcée de se quitter un moment, de respirer un air nouveau. Elle choisit, pour les consulter, des âmes sympathiques, c'est-à-dire faites à son image. Dès lors sa vue s'étend autour d'elle, elle échange un regard, une parole et le bon accueil qu'elle reçoit lui donne quelque assurance. Si pourtant elle vient à réfléchir, que signifie, dira-t-elle, ce premier témoignage? Consulter des juges de mon choix, n'est-ce point encore me consulter moi-même? Pour sortir de ce cercle vicieux il n'y a qu'un moyen; s'élancer résolument hors de sa sphère, et s'adresser non point à des initiés, mais à tous ceux qui peuvent sortir et penser autrement que soi-même. Chez Beyle l'écrivain de la première page est rarement celui de la dernière; quelque-fois le ton change d'un bout du chapitre à l'autre; le monologue se transforme d'abord en dialogue, et devient enfin un discours prononcé devant une assemblée intelligente devant le public. Négligez les *à-parte*, lisez sans grand soin les scènes confidentielles, mais écoutez la parole libre et claire qui jaillit de l'esprit ou du cœur et frappe l'air sans avoir été déjà affaiblie par le petit écho des vanités intimes. Celle-là instruit et charme, elle rapproche de l'écrivain par un attrait indépendant de toute personnalité.

Dans ses études sur l'Italie, que le sujet soit un tableau, une statue, une basilique, un opéra, Beyle ne manque jamais de se placer à un point de vue élevé. La *Vie de Rossini* est pleine de ces comparaisons fécondes qui font comprendre les arts l'un par l'autre. On n'apprend point exclusivement à connaître l'illustre compositeur, on suit les capricieux développements du génie musical au sein d'un peuple artiste. L'*impresario*, les *dilettanti*, les chanteurs, le public, tout est finement étudié, finement traduit, et l'analyse d'un libretto a parfois le mérite d'un tableau de mœurs. L'histoire du beau idéal antique et du beau idéal moderne, dans l'*Histoire de la peinture en Italie*, abonde en aperçus ingénieux, en raisonnements brillants et solides. Les *Promenades dans Rome*, et cet autre ouvrage du même genre, *Rome, Naples et Florence*, révèlent les mœurs italiennes aussi bien que les plus délicates beautés des monuments de la patrie des arts. Je ne veux rien analyser, j'aurais trop à dire.

Entre les études italiennes de Beyle et ses romans se placent deux ouvrages curieux écrits aussi par la plume d'un artiste, le livre de l'*Amour* et les *Mémoires d'un touriste.* Les observations générales que nous ont suggérées les œuvres précédentes s'appliquent parfaitement à celles-ci. Dans les *Mémoires d'un touriste,* Beyle visite trente départements de France correspondant à peu près aux anciennes provinces de Bourgogne, Dauphiné, Provence et Bretagne. Les Français de ces différentes contrées sont appréciés avec une rare sagacité. Beyle, cela va sans dire, nous préfère les Italiens; il ne se pique guère de flatter notre nation. Exempt des exagérations du patriotisme routinier, il voit et il décrit sans s'orienter ni prendre garde aux degrés de longitude et de latitude. Le monde se divise à ses yeux «en deux moitiés à la vérité fort inégales: les sots et les fripons d'un côté, et de l'autre les êtres privilégiés auxquels le hasard a donné une âme noble et un peu d'esprit.»

Le livre de l'*Amour* est moins sérieux que les *Mémoires d'un touriste.* Les qualités de Beyle y sont moins dégagées de ses défauts. Des chapitres écourtés sans raison, des classifications de fantaisie, des définitions trop alambiquées pour être tout à fait spirituelles, aucun plan, nulle suite d'idées, des phrases qui ne se relient l'une à l'autre que par de nombreux sous-entendus, et des réticences systématiques, voilà les principales imperfections de ce petit ouvrage où la science du cœur groupe néanmoins de brillants calculs. Beyle compte quatre espèces d'amour: 1º l'amour-passion (celui d'Héloïse pour Abélard); 2º l'amour-goût (celui qui régnait à Paris vers 1760); 3º l'amour physique (à la chasse, trouver une belle paysanne qui fuit dans les bois); 4º l'amour de vanité (l'immense majorité des hommes désire et a une femme à la mode comme un joli cheval). Je ne conteste pas l'amour-passion, quoiqu' il soit fort rare dans une société démocratique où l'énergie du cœur est souvent dévorée par l'activité de l'esprit et le travail matériel; mais où rencontrer aujourd'hui des échantillons de l'amour-goût, de cet amusement tout français entre les charmants oisifs et les belles désœuvrées de l'aristocratie de Versailles? La révolution de 1789 a coupé la tête à ce gentil Cupidon si souvent caressé par le pinceau de Boucher et de Watteau. Que représente maintenant le mot de galanterie? Un souvenir historique tout au plus. Quant à l'amour physique, il est plutôt du ressort des médecins que du domaine de l'observation philosophique. Je vois toujours avec un certain dégoût la plume d'un écrivain s'aiguiser en scalpel et faire de l'anatomie. Beyle a beaucoup étudié Cabanis, il l'a même trop étudié; cela se devine dans le *livre de l'Amour* comme dans l'*Histoire de la peinture en Italie,* deux ouvrages où notre Milanais traite avec un peu de manie la question des tempéraments. L'exagération de cette tendance conduit à des résultats littéraires du genre de la *Physiologie du mariage* de M. de Balzac.

Sur ce délicat problème de l'amour il n'y a point de simples équations du premier ou du second degré à établir, opération tout à fait primitive dans l'algèbre galante. On entre de plain-pied dans l'analyse indéterminée, dans les quantités imaginaires. Les solutions sont innombrables et le plus souvent approximatives. Ainsi donc c'est en toute occasion une vaine tentative que de chercher à réduire l'amour en science exacte. On y devient pédant si l'on s'obstine à formuler son expérience en lois mathématiques, et le pédantisme du fat est de toutes les affectations la plus insupportable. Un homme d'esprit se tire d'affaire par de l'esprit, quand il s'aperçoit à temps qu'il se donne des ridicules en adoptant la gravité scientifique. Il appelle le paradoxe, c'est encore le meilleur moyen d'être amusant. Il invente des mots singuliers pour désigner des choses communes qui prennent aussitôt de l'éclat. Beyle ne se fait pas faute de ces artifices; son excuse, c'est qu'il réussit à merveille dans cette littérature de convention où tant d'autres sont lourds et plats. Quoi de plus joli, par exemple, que ce mot de *cristallisation* appliqué, par un heureux néologisme, au phénomène le plus mystérieux de la passion naissante! «Laissez travailler, dit Beyle, la tête d'un amant pendant vingt-quatre heures, et voici ce que vous trouverez:—Aux mines de sel de Saltzbourg on jette, dans les profondeurs abandonnées de la mine, un rameau d'arbre effeuillé par l'hiver; deux ou trois mois après on le retire couvert de cristallisations brillantes; les plus petites branches, celles qui ne sont pas plus grosses que la patte d'une mésange, sont garnies d'une infinité de diamants mobiles et éblouissants; on ne peut plus reconnaître le rameau primitif. . . . Ce que j'appelle cristallisation, c'est l'opération de l'esprit, qui tire de tout ce qui se présente la découverte que l'objet aimé a de nouvelles perfections.» Les amis des figures mythologiques, des *feux* et des *flammes* de tragédie, ont ri comme des frileux de ce mot de cristallisation qui semble offrir, dans un état de congélation symétrique, la plus ardente des impressions humaines. Riez, mais le mot est juste. On ne peut pas en dire autant de cette ingénieuse défini-tion, souvent reproduite à cause de sa *profondeur superficielle,* si ces deux expressions peuvent se rapprocher sans violence: «La beauté, c'est la promesse du bonheur!» J'en demande pardon à Beyle, le sentiment de la beauté n'est pas raisonneur à ce point. On dira: «cette femme est belle,» sans songer directe-ment au plaisir qu'elle donnerait, comme on admire un paysage semé de vignes et d'oliviers, sans songer à l'huile et au vin que l'automne fera jaillir de ces plantes précieuses. En résumé, quoique cet impertinent traité de l'*Amour* soit fort agréable à lire, on aimera mieux voir la passion mobile et agissante dans les romans de Beyle que froide et desséchée dans une série de classi-fications qui exhalent toujours quelque peu le fade parfum de l'herbier.

Ici nous prenons congé de l'artiste dont nous avons tâché d'expliquer les causeries sur la littérature, les arts, sur la France, sur l'Italie et vingt autres sujets intéressants abordés tour à tour avec une verve singulière. Nous voici maintenant en présence de l'écrivain, du romancier, de l'admirable auteur qui a signé cette œuvre de génie: *la Chartreuse de Parme.* Mais avant de quitter ce bizarre homme d'esprit qui va se transformer, permettons-lui d'emprunter à mademoiselle de Lespinasse l'*apologie de ce qu'on appelle ses exagérations, ses enthousiasmes, ses contra-dictions, ses disparates, ses,* etc. . . . Il y a dans la lettre de cette charmante femme du dix-huitième siècle, lettre contresignée par Beyle dans sa *Vie de Rossini,* une lumière délicate qui se répand autour du caractère mystérieux dont nous avons cherché à éclairer les traits saillants. Mademoiselle de Lespinasse établit une distinction subtile entre les *gens exagérés* et les *gens outrés:* «Tous les deux vont par delà le but; mais les uns s'y sont montés, tandis que les autres y ont été jetés, entraînés: les uns ont fait le chemin pas à pas, les autres ont sauté les bornes sans s'en apercevoir. Enfin je trouve qu'il y a cette différence entre les gens exagérés et ceux qui sont outrées qu'on évite les premiers et qu'on quitte les derniers, mais c'est à condition d'y revenir le lendemain; car ce qu'on aime par-dessus tout c'est à être aimé, et voilà l'avantage qu'on éprouve avec les gens passionnés: ils révoltent sans doute, souvent ils choquent, ils fatiguent; mais en les critiquant, en les condamnant, même en les haïssant, on les attire et on les recherche. . . .» Et plus bas: «Mon attrait et mon éloignement pour les personnes est absolument analogue à mon aversion pour les choses. J'aime mieux une bête qu'un sot, j'aime mieux un homme sensible qu'un homme spirituel, j'aime mieux une femme tendre qu'une femme raisonnable, je préfère la rusticité à l'affectation, j'aime mieux la dureté que la flatterie, je préfère, j'aime avant tout, par-dessus tout, la simplicité. . . .» Est-ce mademoiselle Lespinasse, est-ce Beyle qui parle? C'est l'un et l'autre. L'amie passionnée de M. de Guibert tend le miroir où se reproduit, à côté de la sienne, la physionomie de cet homme *outré, qui révolte, qui choque, qui fatigue, qu'on hait peut-être, mais qu'on attire et qu'on recherche.*

III

«L'homme n'est pas libre de ne pas faire ce qui lui fait plus de plaisir que toutes les autres actions possibles.» Cette maxime dirige Beyle dans ses œuvres d'imagination, il l'applique à ses personnages comme une pierre de touche infaillible qui trahit avec une entière fidélité les divers alliages du métal humain. Chaque être intelligent jeté sur cette terre «s'en va tous les matins à la chasse du bonheur.» Les ruses et la force qu'il déploie dans cette poursuite acharnée d'une proie insaisissable constituent à la fois l'unique attrait de la vie réelle et du roman. Comme il est aisé de le comprendre dès ce moment, Beyle est un fils du dix-huitième siècle; il avoue lui-même avec un vrai dépit qu'il n'est point *assez chrétien* pour sentir certaines beautés de l'art moderne. En Italie et en Espagne, partout où la force laïque s'est tardivement dégagée de l'influence prédominnante des puissances spirituelles, l'époque de l'Encyclopédie est survenue au moment même où les idées religieuses reparaissaient en France pour lutter de nouveau contre l'esprit philosophique. Au delà des Alpes et des Pyrénées il y avait une génération florissante de voltairiens lorsque de ce côté des monts le *Génie du christianisme,* les *Méditations poétiques,* l'*Indifférence en matière de religion* et le culte de l'architecture gothique mise à la mode par un protestant anglais, avaient établi parmi les jeunes gens un ridicule de circonstance qu'on pourrait nommer la fatuité du catholicisme. Henri Beyle est un encyclopédiste d'Italie qui relève avec passion les épigrammes voltairiennes pour les lancer de nouveau à la face de l'époque. L'*intérêt d'Helvétius* lui semble un système excellent, et ce philosophe n'a eu qu'un tort, à son avis, c'est de ne pas remplacer ce vilain terme l'*intérêt* par ce joli mot le *plaisir.*

Beyle adore l'Instinct et la passion absolue, fille de l'Instinct. Les plus attrayantes périodes de l'histoire de l'humanité sont pour lui celles où la violente énergie des caractères, éclatant sans obstacle dans la confusion des mœurs publiques, réalise l'idéal des grands crimes et des grandes vertus. L'homme prend aisément, à ces époques troublées, la fière apparence des héros. La Volonté n'est que l'expression brutale du désir; aucun raisonnement ne vient affaiblir par le travail de l'analyse la brusque expansion des penchants naturels. Ils jaillissent du cœur ou du cerveau riches d'un sang généreux, comme une source bouillonnante s'chappe des flancs d'un rocher. A peine répandue sur le versant de la montagne natale, cette source, changée en torrent par une pluie d'orage, tombe dans les vallées, de trois cents pieds de bout, et laisse partout des marques terribles de sa fureur. Spectacle sublime pour un observateur du genre de Beyle! Plus tard la civilisation poussera ses ingénieurs dans ces régions abruptes, et le torrent maîtrisé coulera paisiblement dans le lit régulier des canaux. La civilisation désarme, il est vrai, les menaçantes passions des temps héroïques, sans cesse maintenues sur le pied de guerre, tant que durent les jeux sanglants de la force matérielle; mais elle crée en revanche de nouvelles luttes, aussi intéressantes à connaître et à étudier. La nature de l'être humain se complique; la Volonté, autrefois solidaire de l'Instinct, rompt cette union, se déclare puissance indépendante et souvent ennemie. Toute action, avant d'exister au dehors, est discutée en conseil secret. La Volonté délibère, au lieu d'exécuter mécaniquement, et il lui arrive plus d'une fois de se révolter contre l'Instinct, de le braver en face, de l'enchaîner, de le réduire à rien par un simple *veto*. Le gouvernement de l'être n'appartient plus à d'égoïstes impulsions. La conscience publique est désormais représentée en lui, malgré lui. L'individu, quel qu'il soit, se voit obligé de compter avec la société où il a sa place, d'assujettir par certains côtés ses passions à celles des autres, de subir en un mot l'empire de la majorité, si tyrannique pour l'instinct personnel.

Là réside concentré tout le drame de la vie moderne. L'individu aux prises avec la société, voilà l'inévitable sujet que les réalités de ce siècle offrent aux romanciers. Lequel a raison de ces deux adversaires? C'est une grande question à débattre; et chacun a son avis sur ce point capital.

En pareille matière, il est fort difficile de rencontrer des juges désinteressés. Ceux-ci défendent la société; ce sont pour la plupart des gens froids, médiocrement intelligents, médiocrement éclairés, ne comprenant rien aux grands rêves des âmes d'élite. Ceux-là, noirs pessimistes, déclament avec fracas et souvent sans raison contre les impossibilités de la vie sociale; ils signalent la voie des révolutions comme l'unique voie de salut, ils soutiennent que, dans l'état présent du monde, les plaisirs réservés aux plus riches natures sont confisqués par les plus sottes. Réformateurs intraitables, dans leur ardeur de rénovation, ils oublient les éléments les plus simples de l'éternel problème; ils placent le cœur à droit, ces plaisants Sganarelle, pour justifier l'emploi de leur panacée: car ils ont toujours dans la poche le remède infaillible, merveilleux, incomparable, attendu depuis des siècles par les nations. Laissez-les agir, et la théorie de bonheur absolu va recevoir une triomphante application.

Fi des systèmes! dira Beyle, périssent les déclamateurs pour la masse d'ennui qu'ils traînent après eux dans leur épaisse atmosphère! Il ne s'agit point, avocats à larges manches, de prononcer emphatiquement un plaidoyer sonore; résumons les faits du procès. Ce sont les faits qui parlent. Allons visiter le théâtre des meurtres accomplis, comptons les victimes et racontons leur histoire sans phrase, en style du Code civil. Tel est précisément le but que poursuit dans ses œuvres d'imagination l'auteur de *Rouge et noir* et de *la Chartreuse de Parme*.

Avant ces deux romans, Beyle avait écrit *Armance, ou quelques scènes dans un salon de Paris en 1827*. Ce livre n'est pas un chef-d'œuvre, tant s'en faut, mais il a le mérite de marquer le point de départ de Beyle et de faire comprendre la signification des œuvres importantes qui ont suivi. Octave de Malivert est le frère de Julien et de Fabrice. Ces trois victimes de la vie sociale, ces trois représentants de l'instinct, qui ne tombent pas pour un coup d'épingle comme les risibles martyrs canonisées dans les romans humanitaires, ces *âmes en proie,* dirait un écrivain du grand siècle, appartiennent à une même famille. Octave tranche la difficulté suprême par le suicide, Julien par le meurtre, et Fabrice, trop cruellement frappé pour avoir l'énergie de tuer ou de mourir, laisse faire la souffrance qui le gagne peu à peu comme un froid mortel. Après la blessure fatale, il voit le dénouement s'avancer vers lui d'un pas ferme, il l'attend et baisse la tête au moment prévu. Pourquoi hâterait-il d'une seconde l'heure du sacrifice?

La conclusion de Beyle est plus humaine, on le voit, que ses prémisses. Ses idées, assez indécises dans *Armance* jusqu'à la catastrophe finale, acquièrent dans *Rouge et noir* un degré de résolution effrayante, et viennent enfin s'apaiser doucement dans les dernières pages de la *Chartreuse.*

Quand il publiait *Armance* en 1827, il avait pour son compte des projets de suicide, et cette circonstance explique pourquoi le héros de son premier roman, sans transition, presque sans motif, arrive à terminer son existence par un coup de pistolet. Rien dans le cours de l'action n'indique cette issue violente. Le caractère d'Octave, chrysalide imparfaite de celui de Julien, flotte dans le vague; il a quelque chose d'incompréhensible pour qui n'a point lu les dernières œuvres de l'auteur. Energique par accès, il est presque constamment en butte à tous les fantômes des plus sombres mélancolies. Raisonneur obscur, il découvre un prétexte d'apathie où le clair logicien verrait un stimulant à l'action. Evidemment Beyle avait promené ce songeur à travers les brouillards glacés qui l'environnaient lui-même. Tout à coup il arme un pistolet et fait son testament. Il ne fait qu'ajouter un codicille pour Octave. L'auteur et son héros s'enferment ensemble pour mourir de la même mort. Le pistolet part et ne tue que le héros: l'auteur nous reste, et c'est fort heureux vraiment; car dans la tête qui avait conçu Octave remuait déjà le germe de Julien et de Fabrice.

Beyle se reprend à la vie pour la maudire. Il écrit *Rouge et noir,* il invente le type effrayant de Julien, et cette seule création justifierait le reproche de méchanceté qu'on a fait à Beyle, reproche qu'il semble s'adresser à lui-même dans les lignes suivantes: «Vous avez eu mille fois raison, écrit-il à l'un de ses amis; je m'étonne encore que l'on ne m'ait pas étranglé. Je m'étonne, mais sérieusement, d'avoir un ami qui veuille bien me souffrir. Je suis dominé par une furie; quand elle souffle, je me précipiterais dans un gouffre avec plaisir, avec délices, il faut le dire. . . . Ne me répondez pas, car cela vous fatigue; mais laissez-moi vous écrire, cela m'adoucit l'âme. . . . Je le sens vivement. L'étonnant, c'est qu'on me souffre. Quel malheur d'être différent des autres! ou je suis muet et commun, même sans grâce aucune, ou je me laisse aller au diable qui m'inspire et me porte.»

L'inspiration diabolique anime en effet cette singulière création de Julien; mais entendons-nous: le démon de Beyle n'est point un de ces vulgaires esprits de ténèbres qui jettent feu et flamme à tout propos, se montrent entourés de tout l'appareil mélodramatique de l'enfer, traînant de longues chaînes sur les dalles de quelque église maudite et secouant avec des gestes furibonds une torche empestée. Il faut renoncer au merveilleux des fantasmagories. Nous sommes dans le monde réel, notre diable a pris forme humaine, et si complètement que je défie l'œil le plus pénétrant d'apercevoir le pied fourchu sous la botte vernie, les cornes sous l'élégant chapeau de soie. Il ne ressemble pas mal à l'ange de M. de Maistre, l'ange exterminateur! Tous deux, partis des extrémités les plus opposées, se rencontrent au pied d'un échafaud; tous deux reconnaissent le bourreau comme le seul magistrat logique de ce monde.

Quelqu'un demandant à Beyle s'il s'était peint dans Julien, l'écrivain répondit: Oui, Julien, c'est moi,—du même ton que dut prendre Byron quand il disait: Je suis Child-Harold. Il serait ridicule de chercher à prouver l'identité parfaite de l'auteur et d'un personnage de roman sorti de son imagination. Ici pourtant la ressemblance saisit plus d'une fois l'esprit du lecteur. La perpétuelle hypocrisie de Julien attentif à déguiser ses moindres impressions, le tour orgueilleux de ses méfiances, les froids calculs de son intelligence opposés aux énergiques mouvement de son âme, tous ces traits se retrouvent chez Beyle, et lui sont communs avec son héros; Julien a de plus que Beyle une inépuisable force de volonté.

Voici la pensée tout entière de *Rouge et noir:* Un jeune homme, le fils d'un paysan, est enlevé à sa misérable sphère par un caprice du hasard. Il est soudainement jeté sur le grand chemin de la fortune au milieu d'un tourbillon de poussière qui lui cache ses compagnons de voyage. Peu à peu la poussière tombe, il se voit pressé de tous côtés par une foule avide qui le coudoie, qui le heurte, l'éclabousse, et le poussera bientôt, s'il n'y prend garde, jusque dans la bourbe du fossé. Comment lutter, chétif et inconnu, avec la plupart de ces heureux voyageurs solidement montés sur un cheval de course ou mollement accoudés sur les coussins de leur calèche emportée avec une prestigieuse vitesse? Julien se fait petit et rusé. Il reçoit sans broncher, humiliations, dédains et menaces. La violence de ses grands instincts est comprimée par une indéfectible volonté. Pour satisfaire ses désirs, au lieu d'aller franchement au but, il suit avec une ténacité logique les mille détours de la ligne brisée.

Sa conviction intime, c'est qu'un seul mouvement irréfléchi compromettrait à tout jamais les secrètes ambitions de son cœur, les folles espérances de sa tête ardente. A chaque heure néanmoins il joue son avenir sur un coup de dé. C'est une audace indomptable dans la conception de ses plans, mais quelle fermeté calme dans l'exécution! Le cerveau brûle et la main est de marbre. Il marche vers le précipice pour le franchir glorieusement ou s'y abîmer sans retour, avec un air de magnifique insouciance. On ne distingue le fond de sa pensée qu'après l'avoir vue paraître dans une action d'éclat. Encore s'efforce-t-il souvent d'effacer la trace lumineuse du rayon révélateur, par crainte de livrer le secret de son âme à l'influence d'autrui.

Que de sophismes entasse ce malheureux dans le but de comprimer ses généreux élans! Ne voit-il donc pas que cette jalousie de soi-même lui enlève le plus délicat parfum des joies de la vie? Deux femmes adorables, l'une au cœur simple et irréfléchi comme celui d'une jeune fille, l'autre échauffant ses sentiments au feu d'une imagination exaltée, aiment tour à tour ce fourbe sublime. Ni les cris d'amour d'une âme en délire, ni les égarements d'un puissant esprit emporté dans les régions de l'impossible par les extravagantes fantaisies d'un cerveau bouleversé ne peuvent arracher à Julien cet empire de soi qui fait la repoussante grandeur de ce caractère. Madame de Rénal se jetterait d'elle-même dans les bras de son amant si celui-ci avait la magnanimité de laisser quelque répit à cette vertu expirante. La pauvre femme n'aura pas même le mérite du sacrifice spontané de son honneur. Julien fera violence à cette noble créature, il la ravira prête à se donner: tout cela, par une sorte de tyrannie superbe, et non par la témérité conquérante d'une passion irrésistible. Tel est le premier amour de ce jeune homme, fruit amer d'une volonté cruelle, appliquant un triple sceau sur les richesses enfouies d'une sensibilité plus qu'humaine. Le second surpasse encore le premier, tant Julien déploie de brutalité froide dans la poursuite opiniâtre de mademoiselle de la Mole! Conquis tout d'abord par l'originalité d'esprit et les grâces royales de cette orgueilleuse fille, il exerce bientôt sur elle une si grande fascination qu'il l'amène à renouveler cette scène impossible et si vraie de la Phèdre de Racine déclarant son amour à Hippolyte. Un moment il est près de s'abandonner à cette nouvelle maîtresse. Il se redresse tout à coup au premier retour de l'orgueil féminin, et mademoiselle de la Mole, habituée désormais à trembler devant une énigme vivante, accepte le rôle d'esclave comme madame de

Rénal.

Julien touche à la réalisation de ses ambitions les plus hautes. Mademoiselle de la Mole avoue à son père les relations indissolubles qui l'unissent au fils du paysan. Julien va devenir le gendre du grand seigneur, lorsqu'une lettre arrachée par l'intrigue à madame de Rénal, précipitée par ses remords dans une sombre dévotion, fait voir à M. de la Mole un misérable intrigant dans l'homme adoré de sa fille. La fortune de Julien s'écroule, ce héros de dissimulation perd la tête, une noire folie le saisit, et la Volonté toute-puissante, qui si long-temps était restée debout malgré les plus rudes assauts de l'Instinct, tombe culbutée par une violence imprévue. Julien tire un coup de pistolet sur madame de Rénal et va porter sa tête sur l'échafaud.

Ce roman est terrible; on le lit avec une angoisse profonde jusqu'au dénouement, on n'ose pas le relire, de peur d'y puiser de nouveau l'immense dégoût de la vie et de la mort, sentiment mille fois plus poignant que celui qui mène au suicide. Heureusement peu de lecteurs sont en état de dégager par la réflexion l'effrayante pensée de l'ouvrage. La triste donnée du sujet est développée avec un talent infini. La sécheresse ardente des horizons, qui encadrent le théâtre de l'action si profondément dramatique de *Rouge et noir,* ajoute encore à l'effet d'un grand nombre de scènes passionnées, écrites avec une simplicité inimitable. Tous les personnages sont vrais, au point de vue de l'auteur. Le noble de province, M. de Rénal, le bourgeois de petite ville, M. Valenod, les deux abbés Pirard et Castanède, l'homme du monde M. de Croisenois, et ce ministre *in partibus,* M. de la Mole, sont des physionomies tracées par un maître. Je ne parle pas de madame de Rénal et de mademoiselle de la Mole; je craindrais de paraître emphatique dans mon admiration. On me permettra de ne pas discuter le plan de *Rouge et noir.* Bien des événements me semblent inexplicables dans cette puissante conception; mais je les accepte sur la foi du terrible logicien qui tient la plume.

En abordant la *Chartreuse de Parme,* mon esprit se trouve plus à l'aise: car il n'est plus contraint de suivre l'auteur à travers une sorte de désert enflammé où l'air manque tout à fait à la respiration haletante. Le héros de ce beau livre, empreint d'une grandeur épique, entre dans la vie par la porte de l'illusion, que Beyle n'avait point ouverte à Julien. Il quitte l'Italie, la tête remplie d'idées de liberté, d'amour et de gloire; il part pour la France, où Napoléon vient de rentrer après le court exil de l'île d'Elbe. Les combats vont renaître, et l'enthousiasme pousse Fabrice dans la mêlée. Il assiste comme volontaire à la bataille de Waterloo. Son destin lui montre le côté réel de ces grandes journées héroïques, si magnifiquement éclairées dans les lointains de l'histoire, et qu'on ne peut voir de près que sous les rayons d'une lumière funèbre.

Jamais la guerre moderne, avec ses détails repoussants, n'avait été retracée par un pinceau plus vigoureux que celui de Beyle. La description de cette dernière lutte du génie de l'empire avec les armées de l'Europe se réduit, dans la *Chartreuse de Parme,* à un ensemble de petits faits saisissants, admirablement ordonnés. Nulles phrases, Beyle les déteste; il n'est question ici ni de Napoléon, ni de Wellington, ni de Blücher; l'œil n'a point à juger un tableau d'histoire composé par l'un de ces peintres de batailles qui lisent des descriptions de Quinte-Curce pour représenter dignement les grands chocs des peuples modernes: Beyle ne quitte pas son héros et ne raconte que les faits entrevus par Fabrice. C'en est assez pour émouvoir le lecteur et tourmenter son attention plus vivement que ne pourraient le faire les plus sanglants récits des épopées grecques et romaines.

Après la chute de l'empire, Fabrice revient en Italie; là, il se résout au parti embrassé tout d'abord par Julien: il se revêt de l'habit noir de l'abbé; on lui démontre qu'après son équipée, il n'a point d'autre carrière ouverte que celle de l'église. Son ambition accepte ce pis aller. Comme il est d'une famille noble, on lui donne bientôt les bas violets du monsignor; et, par la protection de sa tante, la maîtresse du premier ministre de Parme, il ne tarde pas à devenir archevêque de cette petite capitale. Fabrice, entré dans les ordres sans vocation, finit par se démettre de ses dignités ecclésiastiques et s'ensevelit dans une chartreuse où il s'éteint doucement vers les derniers beaux jours de la jeunesse.

Comment ce dénoûment arrive-t-il? Par une suite d'intrigues politiques et amoureuses qu'il n'entre pas dans mon sujet d'analyser. Gina del Dongo, maîtresse du ministre Mosca, adore Fabrice, son neveu; tandis que celui-ci aime d'une passion infinie Clélia Conti, la fille d'un sot, chef de l'opposition à Parme. Toutes ces passions en guerre, les jeux tragiques de la politique et de l'amour amènent une série d'événements où l'intérêt grandit avec une énergie croissante. La beauté de certaines scènes atteint au sublime. C'est toujours, d'ailleurs, l'instinct qui lutte et succombe. Les principaux personnages de l'action se consument dans les efforts désespérés que leur coûte la poursuite du bonheur.

Ce roman, nous l'avons déjà dit, est un chef-d'œuvre; le génie seul peut réaliser une conception aussi simplement belle. Oui, le génie! Et si nous employons ce mot, dont notre époque a tant abusé, c'est qu'ici tout l'appelle et le justifie. Nous ne voyons pas, comme M. de Balzac, le portrait de Metternich dans celui du ministre Mosca della Rovere, ni le profil superbe de madame de B. . .dans la physionomie de Gina del Dongo, duchesse Sanseverina; mais cela ne nous empêche pas de partager, à l'égard de ces deux nobles créations, tout l'enthousiasme de l'auteur de la *Comédie humaine.* «La duchesse, dit M. de Balzac (et M. de Balzac a raison), est une de ces magnifiques statues qui font à la fois admirer l'art et maudire la nature, avare de pareils modèles. La Gina, quand vous aurez lu ce livre, restera devant vos yeux comme une statue sublime; ce ne sera ni la Vénus de Milo ni la Vénus de Médicis, mais la Diane avec la volupté de la Vénus, avec la suavité des vierges de Raphaël et le mouvement de la passion italienne. Corinne, sachez-le bien, est une ébauche misérable auprès de cette vivante et ravissante créature. Vous la trouverez grande, spirituelle, passionnée, toujours vraie; et cependant l'auteur a soigneusement caché le côté sensuel. Il n'y a pas dans tout l'ouvrage un mot qui puisse faire penser aux voluptés de l'âme ni les inspirer. Quoique la duchesse, Mosca, Fabrice, le prince et son fils, Clélia, quoique le livre et les personnages soient, de part et d'autre, la passion avec toutes ses fureurs; quoique ce soit l'Italie telle qu'elle est, avec sa finesse, sa dissimulation, sa ruse, son sang-froid, sa tenacité. . .la *Chartreuse de Parme* est plus chaste que le plus puritain des romans de Walter Scott. . . .»

Ce jugement de l'auteur d'*Eugénie Grandet,* publié dans une revue en 1840, est encore aujourd'hui d'une vérité absolue. Après avoir écrit la *Chartreuse,* Henri Beyle a pu mourir: il laissait son nom gravé sur un monument!

Charles-Augustin Sainte-Beuve

M. de Stendhal: Ses Œuvres complètes
1854

Charles-Augustin Sainte-Beuve et Stendhal s'étaient rencontrés chez Mérimée et chez les Ancelot. Quoiqu'ils n'aient jamais été amis intimes, ils entretenaient des relations cordiales. Nommé consul à Trieste, Stendhal invite Sainte-Beuve à visiter son consulat et même y habiter, et les deux écrivains échangeront par la suite quelques lettres. L'importance de l'essai de Sainte-Beuve, paru le 2 et le 9 janvier 1854 dans le *Moniteur,* se trouve dans son évaluation avertie du rôle intellectuel de Stendhal. Sainte-Beuve reconnaît en lui un important excitateur d'idées en musique, en peinture, et en littérature, lui fait crédit d'avoir détruit les préjugés et les routines qui empêchaient à l'époque le renouvellement intellectuel. S'il a apprécié Stendhal le critique, s'il a assez bien compris la personnalité de Henri Beyle, Sainte-Beuve a totalement méconnu Stendhal le romancier. Il est compréhensible que Sainte-Beuve ait trouvé *Armance* «énigmatique,» et qu'il ait contesté la vraisemblance de la description des salons de la Restauration: ces mêmes remarques avaient déjà été faites par d'autres avant lui. Ce qui est étonnant, c'est qu'il ait pu constater que Julien n'est qu'un automate ingénieusement construit, ou qu'il ait pu nier la valeur romanesque de *la Chartreuse de Parme* qu'il qualifia de «Mémoires sur la vie de Fabrice et de sa tante» ou de «spirituelle mascarade italienne.» Sainte-Beuve se fait un devoir dans son essai de 1854 d'insister sur le fait qu'il ne partage pas l'enthousiasme de Balzac pour Stendhal, et dans un essai sur Taine, en 1857, et encore dans un autre sur Delécluze en 1862, il se dissocie de l'opinion de Taine sur Stendhal. Ces erreurs de jugement découlent, bien sûr, de sa fameuse «méthode,» voulant juger l'œuvre d'après l'homme. Lui, affirmait-il à ceux qui lui vantaient Stendhal, avait *connu* Henri Beyle et ainsi savait très bien qu'il ne pouvait être grand romancier. Ce préjugé lui a valu la critique célèbre de

Proust qui, en constatant qu'un «livre est le produit d'un autre moi que celui que nous manifestons dans nos habitudes, dans la société, dans nos vices,» se demanda «en quoi le fait d'avoir été l'ami de Stendhal permet-il de le mieux juger?»[1]   MM. Gérald Antoine et Claude Pichois ont signalé, en plus, que Sainte-Beuve, qui appelle Stendhal à plusieurs reprises «un homme d'esprit,» considérait «l'esprit» comme nocif à la littérature, et que ce critique resté toujours fervent de la poésie n'était pas disposé à admirer cet adversaire affiché du lyrisme.[2]

En 1869, pour une nouvelle édition des *Causeries du Lundi,* Sainte-Beuve ajouta à cet essai une note affirmant que Stendhal avait donné ou prêté à Balzac les 3000 francs qu'il venait de recevoir de la *Revue des Deux-Mondes* pour que Balzac écrive l'article de la *Revue parisienne.*   Romain Colomb, selon Sainte-Beuve, aurait certifié ce fait.   Cette histoire a laissé les stendhaliens incrédules, et elle apparaît, de fait, peu probable.   Henri Martineau a rappelé que Sainte-Beuve a prudemment attendu que Romain Colomb soit mort avant de placer cette affirmation sous sa caution, que Sainte-Beuve détestait Balzac, et que, de toute façon, Beyle ne reçut que 1500 francs de la *Revue des Deux-Mondes.*[3]

❧

Cette fois, ce n'est qu'un chapitre de l'histoire littéraire de la Restauration.   On s'est fort occupé depuis quelque temps du spirituel auteur, M. Beyle, qui s'était déguisé sous le pseudonyme un peu teutonique de Stendhal.*   Lorsqu'il mourut à Paris, le 23 mars 1842, il y eut silence autour de lui; regretté de quelques-uns, il parut vite oublié de la plupart.   Dix ans à peine écoulés, voilà toute une génération nouvelle qui se met à s'éprendre de ses œuvres, à le rechercher, à l'étudier en tous sens presque comme un ancien, presque comme un classique; c'est

---

*Steindal est une ville de la Saxe prussienne, lieu natal de Winckelmann. Il est probable que Beyle y aura songé en prenant le nom sous lequel il devint un guide de l'art en Italie. [note de Sainte-Beuve]

autour de lui et de son nom comme une Renaissance. Il en eût été fort étonné. Ceux qui ont connu personnellement M. Beyle, et qui ont le plus goûté son esprit, sont heureux d'avoir à reparler de cet écrivain distingué, et, s'ils le font quelquefois avec moins d'enthousiasme que les critiques tels que M. de Balzac, qui ne l'ont vu qu'à la fin et qui l'ont inventé, ils ne sont pas disposés pour cela à lui rendre moins de justice et à moins reconnaître sa part notable d'originalité et d'influence, son genre d'utilité litté-raire.

Il y a dans M. Beyle deux personnes distinctes, le *critique* et le *romancier;* le romancier n'est venu que plus tard et à la suite du critique: celui-ci a commencé dès 1814. C'est du critique seul que je m'occuperai aujourd'hui, et il le mérite bien par le caractère singulier, neuf, piquant, paradoxal, bien souvent sensé, qu'il nous offre encore, et qui frappa si vivement non pas le public, mais les gens du métier et les esprits attentifs de son temps.

Henri Beyle est, comme Paul-Louis Courier, du très-petit nombre de ceux qui, au sortir de l'Empire en 1814, et dès le premier jour, se trouvèrent prêts pour le régime nouveau qui s'essayait, et il a eu cela de plus que Courier et d'autres encore, qu'il n'était pas un mécontent ni un boudeur: il servait l'Empire avec zèle; il était un fonctionnaire et commençait à être un administrateur lorsqu'il tomba de la chute commune; et il se retrouva à l'instant un homme d'esprit, plein d'idées et d'aperçus sur les arts, sur les lettres, sur le théâtre, et empressé de les ino-culer aux autres. Beyle, c'est le Français (l'un des premiers) qui est sorti de chez soi, littérairement parlant, et qui a comparé. En suivant la Grande Armée et en parcourant l'Europe comme l'un des membres de l'état-major civil de M. Daru dont il était parent, il regardait à mille choses, à un opéra de Cimarosa ou de Mozart, à un tableau, à une statue, à toute production neuve et belle, au génie divers des nations; et tout bas il réagissait contre la sienne, contre cette nation française dont il était bien fort en croyant la juger, contre le goût français qu'il prétendait raviver et régénérer, du moins en causant: c'était là être bien Français encore. Chose singulière! tandis que M. Daru, occupé des grandes affaires et portant de dur poids de l'administration des provinces conquises ou de l'approvisionnement des armées, trouvait encore le temps d'entretenir avec ses amis littérateurs de Paris, les Picard et les Andrieux, une correspondance charmante d'attention, pleine d'aménité et de conseils, il y avait là tout à côté le plus lettré des commissaires des guerres, le moins classique des auditeurs du Conseil d'Etat Beyle, qui faisait provision d'observations et de malices, qui amassait toute cette jolie érudition piquante, imprévue, sans méthode, mais assez forte et abondante, avec laquelle il devait attaquer bientôt et battre en brèche le système littéraire régnant. C'est ainsi, je le répète, qu'il se trouva en mesure dès 1814, à une date où bien peu de gens l'étaient. En musique, en peinture, en littérature, il perça aussitôt d'une veine nouvelle; il fut surtout un excitateur d'idées.

Dans ce rôle actif qu'il eut avec distinction pendant une douzaine d'années, je me le figure toujours sous une image. Après les grandes guerres européennes de conquête et d'invasion, vinrent les guerres de plume et les luttes de parole pour les systèmes. Or, dans cet ordre nouveau, imaginez un hussard, un hulan, un chevau-léger d'avant-garde qui va souvent insulter l'ennemi jusque dans son retranchement, mais qui aussi,dans ses fuites et refuites, pique d'honneur et aiguillonne la colonne amie qui cheminait parfois trop lentement et lourdement, et la force d'accélérer le pas. Ç'a été la manœuvre et le rôle de Beyle: un hussard romantique, enveloppé, sous son nom de *Stendhal,* de je ne sais quel manteau scandinave, narguant d'ailleurs le solennel et le sentimental, brillant, aventureux, taquin, assez solide à la riposte, excellent à l'escarmouche.

Il était né à Grenoble le 23 janvier 1783, fils d'un avocat, petit-fils d'un médecin, appartenant à la haute bourgeoisie du pays. Il puisa dans sa famille des sentiments de fierté assez habituels en cette belle et généreuse province. Il reçut dans la maison de son grand-père une bonne éducation et une instruction très-inégale. Il avait perdu sa mère à sept ans, et son père vivait assez isolé de ses enfants. Il apprit de ses maîtres du latin, et le reste au hasard, comme on peut se le figurer en ces années de troubles civils. Les poëtes italiens étaient lus dans la famille, et il aimait même à croire que cette famille de son grand-père était originaire d'Italie. A dix ans, il fit en cachette une comédie en prose, ou du moins un premier acte. Lui aussi, il eut sa période de Florian. Une terrasse de la maison de son grand-père d'où l'on avait une vue magnifique sur la montagne de Sassenage, et qui était le lieu de réunion les soirs d'été, fut, dit-il, le théâtre de ses principaux plaisirs durant dix ans (de 1789 à 1799). Il commença à se former et à s'émanciper en suivant les cours de l'*Ecole centrale,* institution fondée en 1795 par une loi de la Convention, et, en grande partie, d'après le plan de M. Destutt-Tracy. Je nomme M. de Tracy parce qu'il fut un des parrains intellectuels de Beyle, que celui-ci lui garda toujours de la reconnaissance et lui voua, jusqu'à la fin, de l'admiration; parce que l'école philosophique de Cabanis et de Tracy fut la sienne, qu'il affichait au moment où l'on s'y attendait le moins. Ce romantique si avancé a cela de particulier, d'être en contradiction et en hostilité avec la renaissance littéraire chrétienne de Chateaubriand et avec l'effort spiritualiste de madame de Staël; il procède du pur et direct dix-huitième siècle. Un des travers de Beyle fut même d'y mettre de l'affectation. Au moment où il causait le mieux peinture, musique; où Haydn le conduisait à Milton; où il venait de réciter avec sentiment de beaux vers de Dante ou de Pétrarque, tout d'un coup il se ravisait et mettait à son chapeau une petite cocarde d'impiété. Il poussait cette singularité jusqu'à la petitesse. Son esprit et son cœur valaient mieux que cela.

Sa vie a été très-bien racontée par un de ses parents et amis, M. Colomb. Au sortir de l'Ecole centrale où, sur la fin, il avait étudié avec ardeur les mathématiques, Beyle vint pour la première fois à Paris; il avait dix-sept ans; il y arriva le 10 novembre 1799, juste le lendemain du 18 Brumaire: date mémorable et bien faite pour donner le cachet à une jeune âme! L'année suivante, ayant accompagné MM. Daru en Italie, il suivit le quartier général et assista en amateur à la bataille de Marengo. Excité par ces merveilles, il s'ennuya de la vie de bureau, entra comme maréchal des logis dans un régiment de dragons, et y devint sous-lieutenant: il donna sa démission deux ans après, lors de la paix d'Amiens. Dans l'intervalle, et pendant le séjour qu'il fit en Lombardie, à Milan, à Brescia, à Bergame, à cet âge de moins de vingt ans, au milieu de ces émotions de la gloire et de la jeunesse, de ces enchantements du climat, du plaisir et de la beauté, il acheva son éducation véritable, et il prit la forme intérieure qu'il ne fera plus que développer et mûrir depuis: il eut son idéal de beaux-arts, de nature, il eut sa patrie d'élection. Si son roman de *la Chartreuse de Parme* a paru le meilleur de ceux qu'il a composés, et s'il saisit tout d'abord le lecteur, c'est que, dès les premières pages, il a rendu avec vivacité et avec âme les souvenirs de cette heure brillante. C'est Montaigne, je crois, qui a dit: «Les hommes se font pires qu'ils ne peuvent.» Beyle, ce sceptique, ce frondeur redouté, était sensible: «Ma sensibilité est devenue trop vive, écrivait-il deux ans avant sa mort;

ce qui ne fait qu'effleurer les autres me blesse jusqu'au sang. Tel j'étais en 1799, tel je suis encore en 1840: mais j'ai appris à cacher tout cela sous de l'ironie imperceptible au vulgaire.» Cette ironie n'était pas si imperceptible qu'il le croyait; elle était très-marquée et constituait un travers qui barrait bien de bonnes qualités, et qui brisait même le talent. C'est là clef de Beyle. Parlant de l'impression que cause sur place la vue du Forum contemplé du haut des ruines du Colisée, et se laissant aller un moment à son enthousiasme romain, il craint d'en avoir trop dit et de s'être compromis auprès des lecteurs parisiens: «Je ne parle pas, dit-il, du vulgaire né pour admirer le pathos de *Corinne;* les gens un peu délicats ont ce malheur bien grand au dix-neuvième siècle: quand ils aperçoivent de l'exagération, leur âme n'est plus disposée qu'à inventer de l'ironie.» Ainsi,de ce qu'il y a de la déclamation voisine de l'éloquence, Beyle se jettera dans le contraire; il ira à mépriser Bossuet et ce qu'il appelle ses *phrases.* De ce qu'il y a des esprits moutonniers qui, en admirant Racine, confondent les parties plus faibles avec les grandes beautés, il sera bien près de ne pas sentir *Athalie.* De ce qu'il y a des hypocrites de croyances dans les religions, il ne se croira jamais assez incrédule; de ce qu'il y a des hypocrites de convenances dans la société, il ira jusqu'à risquer à l'occasion l'indécent et le cynique. En tout, la *peur d'être dupe* le tient en échec et le domine: voilà le défaut. *Son orgueil serait au désespoir de laisser deviner ses sentiments.* Mais au moment où ce défaut sommeille, en ces instants reposés où il redevient Italien, Milanais, ou Parisien du bon temps; quand il se trouve dans un cercle de gens qui l'entendent, et de la bienveillance de qui il est sûr (car ce moqueur à la prompte attaque avait, notez-le, un secret besoin de bienveillance), l'esprit de Beyle, tranquilisé du côté de son faible, se joue en saillies vives, en aperçus hardis, heureux et gais, et en parlant des arts, de leur charme pour l'imagination, et de leur divine influence pour la félicité des délicats, il laisse même entrevoir je ne sais quoi de doux et de tendre dans ses sentiments, ou du moins l'éclair d'une mélancolie rapide: «Un salon de huit ou dix personnes aimables, a-t-il dit, où la conversation est gaie, anecdotique et où l'on prend du punch léger à minuit et demi, est l'endroit du monde où je me trouve le mieux. Là, dans mon centre, j'aime infiniment mieux entendre parler un autre que de parler moi-même; volontiers je tombe dans le *silence du bonheur,* et, si je parle, ce n'est que pour *payer mon billet d'entrée.*»

En cette année de Marengo et quinze jours auparavant, il assista à Ivrée à une représentation du *Matrimonio segreto,* de Cimarosa: ce fut un des grands plaisirs et une des dates de sa vie: «Combien de lieues ne ferais-je pas à pied, écrivait-il quarante ans plus tard, et à combien de jours de prison ne me soumettrais-je pas pour entendre *Don Juan* ou le *Matrimonio segreto!* Et je ne sais pour quelle autre chose je ferais cet effort.»

Je ne le suivrai pas dans ses courses à travers l'Europe sous l'Empire. Sa correspondance qu'on doit bientôt publier nous le montrera en plus d'une occurrence mémorable, et notamment à Moscou, en 1812. Ayant perdu sa place avec l'appui de M. Daru en 1814, il commença sa vie d'homme d'esprit et de cosmopolite, ou plutôt d'homme du Midi qui revient à Paris de temps en temps: «A la chute de Napoléon, dit Beyle en tête de sa *Vie de Rossini,* l'écrivain des pages suivantes, qui trouvait de la duperie à passer sa jeunesse dans les haines politiques, se mit à courir le monde.» Malgré le soin qu'il prit quelquefois pour le dissimuler, ses quatorze ans de vie sous le Consulat et sous l'Empire avaient donné à Beyle une empreinte; il resta marqué au coin de cette grande époque, et c'est en quoi il se distingue de la génération des novateurs avec lesquels il allait se mêler en les devançant pour la plupart. Il dut faire quelques sacrifices au ton du jour et entrer plus ou moins en composition avec le libéralisme, bientôt général et dominant: il sut pourtant se soustraire et résister à l'espèce d'oppression morale que cette opinion d'alors, en tant que celle d'un parti, exerçait sur les esprits les plus distingués; il sut être indépendant, penser en tout et marcher de lui-même. «Les Français ont donné leur démission en 1814,» disait-il souvent avec le regret et le découragement d'un homme qui avait vu un plus beau soleil et des jours plus glorieux. Mais le propre du Français n'est-il pas de ne jamais donner de démission absolue et de recommencer toujours?

Je prends Beyle en 1814, et dans le premier volume qu'il ait publié: *Lettres écrites de Vienne en Autriche sur le célèbre compositeur Joseph Haydn, suivies d'une Vie de Mozart, etc., par Louis-Alexandre-César Bombet.* Il n'avait pas encore songé à son masque de *Stendhal.* C'est une singularité et un travers encore de Beyle, provenant de la source déjà indiquée (la peur du ridicule), de se travestir ainsi plus ou moins en écrivant. Il se pique de n'être qu'un amateur. Dans ce volume, la *Vie de Mozart* est donnée comme écrite par M. Schlichtegroll et simplement

traduite de l'allemand: ce qui n'est vrai que jusqu'à un certain
point; et quant aux *Lettres sur Haydn,* qui sont en partie traduites et imitées de l'italien de Carpani, l'auteur ne le dit pas,
bien qu'il semble indiquer dans une note qu'il a travaillé sur des
Lettres originales.   Il y a de quoi se perdre dans ce dédale de
remaniements, d'emprunts et de petites ruses.   Que de précautions et de mystifications, bon Dieu, pour une chose si simple!
que de *dominos,* dès son début, il met sur son habit d'auteur!

Le livre, d'ailleurs, est très-agréable et l'un des meilleurs de
Beyle, en ce qu'il est un des moins décousus.   L'art, le génie de
Haydn, le caractère de cette musique riche, savante, magnifique,
pittoresque, élevée, y sont présentés d'une manière sensible et
intelligible à tous.   Beyle y apprend le premier à la France le nom
de certains chefs-d'œuvre que notre nation mettra du temps à
goûter; il exprime à merveille, à propos des Cimarosa et des
Mozart, la nature d'âme et la disposition qui sont le plus favorables au développement musical.   En parlant de Vienne, de
Venise, il y montre la politique interdite, une douce volupté
s'emparant des cœurs, et la musique, le plus délicat des plaisirs
sensuels, venant remplir et charmer les loisirs que nulle inquiétude ne corrompt et que les passions seules animent.   Il a les plus
fines remarques sur le contraste du génie des peuples, sur la
gaieté italienne opposée à la gaieté française: «La gaieté italienne, c'est de la gaieté annonçant le bonheur; parmi nous elle
serait bien près du mauvais ton; ce serait montrer *soi heureux,* et
en quelque sorte occuper les autres de soi.   La gaieté française
doit montrer aux écoutants qu'on n'est gai que pour leur
plaire. . . .   La gaieté française exige beaucoup d'esprit; c'est
celle de Le Sage et de *Gil Blas:* la gaieté d'Italie est fondée sur
la sensibilité, de manière que, quand rien ne l'égaye, l'Italien
n'est point gai.»   Il commence cette petite guerre qu'il fera au
caractère de notre nation, chez qui il veut voir toujours la vanité
comme ressort principal et comme trait dominant: «La nature,
dit-il, a fait le Français vain et vif plutôt que gai.»   Et il ajoute:
«La France produit les meilleurs grenadiers du monde pour
prendre des redoutes à la baïonnette, et les gens les plus amu-
sants.   L'Italie n'a point de Collé et n'a rien qui approche de la
délicieuse gaieté de *la Vérité dans le Vin.*»   J'arrête ici Beyle et
je me permets de remarquer que je ne comprends pas très-bien
la suite et la liaison de ses idées.   Que la vanité (puis-qu'il veut
l'appeler ainsi), élevée jusqu'au sentiment de l'honneur, produise
des héros, je l'accorderai encore; mais que cette vanité produise

la gaieté vive, franche, amusante et délicieuse d'un Collé ou d'un Désaugiers, c'est ce que je conçois difficilement, et tous les Condillac du monde ne m'expliqueront pas cette transformation d'un sentiment si personnel en une chose si imprévue, si involontaire. Beyle abusera ainsi souvent d'une observation vraie en la poussant trop loin et en voulant la retrouver partout. Il est d'ailleurs très-fin et sagace quand il observe que l'*ennui* chez les Français, au lieu de chercher à se consoler et à s'enchanter par les beaux-arts, aime mieux se distraire et se dissiper par la *conversation:* mais je le retrouve systématique lorsqu'il en donne pour raison que, dans la conversation, «la vanité, qui est leur passion dominante, trouve à chaque instant l'occasion de briller, soit par le fond de ce qu'on dit, soit par la manière de le dire. La conversation, ajoute-t-il, est pour eux un jeu, une mine d'événements. Cette conversation française, telle qu'un étranger peut l'entendre tous les jours au café de Foy et dans les lieux publics, me paraît le commerce armé de deux vanités.»

Il faut laisser aux peuples divers leur génie, tout en cherchant à le féconder et à l'étendre. Le Français est sociable, et il l'est surtout par la parole; la forme qu'il préfère est celle encore qu'il donne à la pensée en causant, en raisonnant, en jugeant et en raillant: le chant, la peinture, la poésie, dans l'ordre de ses goûts, ne viennent qu'après, et les arts ont besoin en général, pour lui plaire et pour réussir tout à fait chez lui, de rencontrer cette disposition première de son esprit et de s'identifier au moins en passant avec elle. A Vienne, à Milan, à Naples, on sent autrement: mais Beyle, à force de nous expliquer cette différence et d'en rechercher les raisons, d'en vouloir saisir le principe unique à la façon de Condillac et d'Helvétius, que fait-il autre chose lui-même, sinon, tout en frondant le goût français, de raisonner sur les beaux-arts à la française?

Au fond, quand il s'abandonne à ses goûts et à ses instincts dans les arts, Beyle me paraît ressembler fort au président de Brosses: il aime le tendre, le léger, le gracieux, le facile dans le divin, le Cimarosa, le Rossini, ce par quoi Mozart est à ses yeux le La Fontaine de la musique. Il adore l'aimable Corrége comme l'Arioste. Son admiration pour Pétrarque est sincère, celle qu'il a pour Dante me paraît un peu apprise: dans ces parties élevées et un peu âpres, c'est l'intelligence qui avertit en lui le sentiment.

Le fond de son goût et de sa sensibilité est tel qu'on le peut

attendre d'un épicurien délicat: «Quelle folie, écrit-il à un ami
de Paris en 1814, à la fin de ses *Lettres sur Mozart,* quelle folie
de s'indigner, de blâmer, de se rendre haïssant, de s'occuper de
ces grands intérêts de politique qui ne nous intéressent point!
Que le roi de la Chine fasse pendre tous les philosophes; que la
Norwége se donne une Constitution, ou sage, ou ridicule, qu'est-
ce que cela nous fait? Quelle duperie ridicule de prendre les
soucis de la grandeur, et seulement ses soucis! Ce temps que
vous perdez en vaines discussions compte dans votre vie; la
vieillesse arrive, vos beaux jours s'écoulent: *Amiamo, or quando,*
etc.» Et il répète le refrain voluptueux des jardins d'Armide.
Un jour à Rome, assis sur les degrés de l'église de San Pietro in
Montorio, contemplant un magnifique coucher de soleil, il vint
à songer qu'il allait avoir cinquante ans dans trois mois et s'en
affligea comme d'un soudain malheur. Il pensait tout à fait
comme ce poëte grec, «que bien insensé est l'homme qui pleure
la perte de la vie, et qui ne pleure point la perte de la jeunesse.»
Il n'avait pas cette doctrine austère et plus difficile qui élève et
perfectionne l'âme en vieillissant, celle que connurent les Dante,
les Milton, les Haydn, les Beethoven, les Poussin, les Michel-
Ange, et qui, à n'y voir qu'une méthode sublime, serait encore
un bienfait.

Beyle passa à Milan et en Italie la plus grande partie des
premières années de la Restauration; il y connut Byron, Pellico,
un peu Manzoni; il commença à y guerroyer pour la cause du
romantisme tel qu'il le concevait. En 1817, il publiait l'*Histoire
de la Peinture en Italie,* dédiée à Napoléon. Il existe de cette
Dédicace deux versions, l'une où se trouve le nom de l'exilé de
Sainte-Hélène, l'autre, plus énigmatique et plus obscure, sans le
nom; dans les deux, Napoléon y est traité en monarque toujours
présent, et Beyle, en rattachant *au plus grand des souverains
existants* (comme il le désigne) la chaîne de ses idées, prouvait
que dans l'ordre littéraire et des arts, c'était une marche en avant,
non une réaction contre l'Empire qu'il prétendait tenter. Dans
ces volumes agréables et d'une lecture variée, Beyle parlait de la
peinture et de mille autres choses, de l'histoire, du gouvernement, des mœurs. On reconnaît en lui tout le contraire de ce
provincial dont il s'est moqué, et dont la plus grande crainte
dans un salon est de se trouver seul de son avis. Beyle est volontiers le contre-pied de cet homme-là: il est contrariant à
plaisir. Il aime en tout à être d'un avis imprévu; il ne supporte
le convenu en rien. Il n'a pas plus de foi qu'il ne faut au gou-

vernement représentatif; il ne fait pas chorus avec les philosophes contre les Jésuites, et, s'il avait été, dit-il, à la place du pape, il ne les aurait pas supprimés. Il a des professions de machiavélisme qui sentent l'abbé Galiani, un des hommes (avec le Montesquieu des *Lettres persanes*) de qui il relève dans le passé. Il faudrait d'ailleurs l'arrêter à chaque pas si l'on voulait des explications. A force de rompre avec le traditionnel, il brouille et entre-choque bien des choses. Il n'entre pas dans la raison et dans le vrai de certains préjugés qui ne sont point pour cela des erreurs. Il y a du taquin de beaucoup d'esprit chez lui, et qui a de grandes pointes de bon sens, mais des pointes et des percées seulement. Il regrette surtout l'âge d'or de l'Italie, celui des Laurent-le-Magnifique et des Léon X, les jeunes et beaux cardinaux de dix-sept ans, et le catholicisme d'avant Luther, si splendide, si à l'aise chez soi, si favorable à l'épanouissement des beaux-arts; il a le culte du beau et l'adoration de cette contrée où, à la vue de tout ce qui en est digne, on prononce avec un accent qui ne s'entend point ailleurs: «*O Dio! com'è bello!*» A tout moment il a des retours plus ou moins offensifs de notre côté, du côté de la France. Il en veut à mort aux La Harpe, à tous les professeurs de littérature et de goût, qui précisément corrompent le goût, dit-il, et qui, en fait de plaisirs dramatiques, vont jusque dans l'âme du spectateur *fausser la sensation.* Il nous accuse d'être sujets à l'engouement, et à un engouement prolongé, ce qui tient, selon lui, au manque de caractère et à ce qu'on a trop de vanité pour *oser être soi-même.* Il nous reproche d'aimer dans les arts à recevoir les opinions toutes faites, les recettes commodes, et à les garder long-temps, même après que l'utilité d'un jour en est passée. La Harpe fut utile en 1800, quand presque tout le monde, après la Révolution, eut son éducation à refaire: est-ce une raison pour éterniser les jugements rapides qu'on a reçus de lui? Il va jusqu'à accuser quelque part ce très-judicieux et très-innocent La Harpe qui dit-il, a appris la littérature à cent mille Français dont il a fait de mauvais juges, d'avoir *étouffé* en revanche *deux ou trois hommes de génie,* surtout dans la province. Depuis que le règne de La Harpe a cessé et que toutes les entraves ont disparu, comme on n'a rien vu sortir, on ne croit plus à ces *deux ou trois hommes de génie* étouffés.

On commence à comprendre quel a été le rôle excitant de Beyle dans les discussions littéraires de ce temps-là. Ce rôle a perdu beaucoup de son prix aujourd'hui. En littérature comme

en politique, on est généralement redevenu prudent et sage;
c'est qu'on a eu beaucoup de mécomptes. On opposait sans cesse
Racine et Shakespeare; les Shakespeare modernes ne sont pas
venus, et Racine, Corneille, reproduits tout d'un coup, un jour,
par une grande actrice, ont reparu aux yeux des générations déjà
oublieuses avec je ne sais quoi de nouveau et de rajeuni. Cela
dit, il faut, pour être juste, reconnaître que le théâtre moderne,
pris dans son ensemble, n'a pas été sans mérite et sans valeur
littéraire; les théories ont failli; un génie dramatique seul, qui eût
bien usé de toutes ses forces, aurait pu leur donner raison, tout
en s'en passant. Ce génie, qu'il n'appartenait point à la critique
de créer, a manqué à l'appel; des talents se sont présentés en
second ordre et ont marché assez au hasard. A l'heure qu'il est,
de guerre lasse, une sorte de Concordat a été signé entre les
systèmes contraires, et les querelles théoriques semblent épuisées:
l'avenir reste ouvert, et il l'est avec une étendue et une ampleur
d'horizon qu'il n'avait certes pas en 1820, au moment où les
critiques comme Beyle guerroyaient pour faire place nette et
pour conquérir au talent toutes ses franchises.

    Justice est donc d'accepter Beyle à son moment et de lui
tenir compte des services qu'il a pu rendre. Ce qu'il a fait en
musique pour la cause de Mozart, de Cimarosa, de Rossini,
contre les Paër, les Berton et les maîtres jurés de la critique musicale d'alors, il l'a fait en littérature contre les Dussault, les Duvic-
quet, les Auger, les critiques de l'ancien *Journal des Débats,* de
l'ancien *Constitutionnel,* et les oracles de l'ancienne Académie.
Sa plus vive campagne est celle qu'il mena en deux brochures
ayant pour titre: *Racine et Shakespeare* (1823-1825). Quand
je dis *campagne* et quand je prends les termes de guerre, je ne fais
que suivre exactement sa pensée: car dans son séjour à Milan,
dès 1818, je vois qu'il avait préludé à ce projet d'attaque en
traçant une carte du théâtre des opérations, où était représentée
la position respective des deux armées, dites classique et romantique. L'armée romantique, qui avait à sa tête la *Revue
d'Edimbourg* et qui se composait de tous les auteurs anglais,
de tous les auteurs espagnols, de tous les auteurs allemands, et
des romantiques italiens (quatre corps d'armée), sans compter
madame de Staël pour auxiliaire, était campée sur la rive gauche
d'un fleuve qu'il s'agissait de passer (le fleuve de l'*Admiration
publique*), et dont l'armée classique occupait la rive droite; mais
je ne veux pas entrer dans un détail très-ingénieux, qui ne s'expli-
querait bien que pièce en main, et qui de loin rappelle trop la

carte de Tendre. Beyle, depuis son retour en France, était sur la rive droite du fleuve et, à cette date, en pays à peu près ennemi: il s'en tira par de hardies escarmouches. Dans ses brochures, il combat les deux unités, de *lieu* et de *temps,* qui étaient encore rigoureusement recommandées; il s'attache à montrer que pour des spectateurs qui viennent après la Révolution, après les guerres de l'Empire; qui n'ont pas lu Quintillien, et qui ont fait la campagne de Moscou, il faut des cadres différents, et plus larges que ceux qui convenaient à la noble société de 1670. Selon la définition qu'il en donne, un auteur romantique n'est autre qu'un auteur qui est essentiellement actuel et vivant, qui se conforme à ce que la société exige à son heure; le même auteur ne devient classique qu'à la seconde ou à la troisième génération, quand il y a déjà des parties mortes en lui. Ainsi, d'après cette vue, Sophocle, Euripide, Corneille et Racine, *tous les grands écrivains, en leur temps,* auraient été aussi romantiques que Shakespeare l'était à l'heure où il parut: ce n'est que depuis qu'on a prétendu régler sur leur patron les productions dramatiques nouvelles, qu'ils seraient devenus classiques, ou plutôt «ce sont les gens qui les copient au lieu d'ouvrir les yeux et d'imiter la nature, qui sont classiques en réalité.» Tout cela était dit vivement et gaiement. La *tirade,* le vers alexandrin, la partie descriptive, épique, ou de périphrase élégante, qui entrait dans les tragédies du jour, faisaient matière à sa raillerie. Il en voulait particulièrement au vers alexandrin, qu'il prétendait n'être souvent qu'un *cache-sottise;* il voulait «un genre clair, vif, simple, allant droit au but.» Il ne trouvait que la prose qui pût s'y prêter. C'était donc des tragédies ou drames en prose qu'il appelait de tous ses vœux. Il est à remarquer qu'en fait de style, à force de le vouloir limpide et naturel, Beyle semblait en exclure la poésie, la couleur, ces images et ces expressions de génie qui revêtent la passion et qui relèvent le langage des personnes dramatiques, même dans Shakespeare,—et je dirai mieux, surtout dans Shakespeare. En ne voulant que des mots courts, il tarissait le développement, le jet, toutes qualités qui sont très-naturelles aussi à la passion dans les moments où elle s'exhale et se répand au dehors. Nous avons eu, depuis, ce qui était alors l'idéal pour Beyle, ces drames ou tragédies en prose «qui durent plusieurs mois, et dont les événements se passent en des lieux divers;» et pourtant ni Corneille ni Racine n'ont encore été surpassés. C'est qu'à tel jeu la recette de la critique ne suffit pas, et il n'est que le génie qui trouve son art. «Que le Ciel nous envoie bientôt un homme à talent pour faire une telle tragédie!» s'écriait Beyle. Nous continuons de faire le même vœu, avec cette différence que, lui, il semblait accuser du retard tantôt le Gouvernement d'alors avec sa censure, et tantôt le public français avec ses susceptibilités: «C'est cependant à ceux-ci, disait-il des Français de 1825, qu'il faut plaire, à ces êtres si fins, si légers, si susceptibles, toujours aux aguets, toujours en proie à une émotion fugitive, toujours incapables d'un sentiment profond. Ils ne croient à rien qu'à la mode. . . .» Hélas! nous sommes bien revenus de ces prises à partie du public par les auteurs. Ce public, tel que nous le connaissons aujourd'hui, ne serait pas si difficile sur son plaisir: qu'on lui offre seulement quelque chose d'un peu vrai, d'un peu touchant, d'honnête, de naturel et de profond, soit en vers, soit en prose, et vous verrez comme il applaudira.

Il y a deux parts très-distinctes dans toute cette polémique de Beyle si leste et si cavalièrement menée. Quand il ne fait que se prendre corps à corps aux adversaires du moment, à ceux qui parlent de Shakespeare sans le connaître, de Sophocle et d'Euripide sans les avoir étudiés, d'Homère pour l'avoir lu en français, et dont toute l'indignation classique aboutit surtout à défendre leurs propres œuvres et les pièces qu'ils font jouer, il a raison, dix fois raison. Il rit très-agréablement de M. Auger qui a prononcé à une séance publique de l'Académie les mots de schisme et de secte. «Tous les Français qui s'avisent de penser comme les romantiques sont donc des *sectaires* (ce mot est *odieux,* dit le Dictionnaire de l'Académie). Je suis un *sectaire*,» s'écrie Beyle; et il développe ce thème très-gaiement, en finissant par opposer à la liste de l'Académie d'alors une *contre-liste* de noms qui la plupart sont arrivés depuis à l'Institut, qui n'en étaient pas encore et que poussait la faveur du public. Voilà le point triomphant et par où il mettait les rieurs de son côté. Mais dès que Beyle expose ses plans de tragédies en prose ou de comédies, dès qu'il s'aventure dans l'idée d'une création nouvelle, il montre la difficulté et trahit l'embarras. Sur la comédie surtout, il est en défaut; il nomme trop peu Molière, si vivant toujours et si présent; Molière, ce classique qui a si peu vieilli et qui fait autant de plaisir en 1850 qu'en 1670. Il n'explique pas ce démenti que donne l'auteur des *Femmes savantes* et du *Misanthrope* à cette théorie d'une *mort partielle* chez tous les classiques. Il a senti depuis cette lacune, et, dans un Supplément à ses brochures qui n'a pas été encore imprimé, il cherche à repondre à l'objection. L'objection subsiste, et, sous une forme plus générale, il mérite qu'on la maintienne contre lui. Beyle ne croit pas assez dans les Lettres à ce qui ne vieillit pas, à l'éternelle jeunesse du génie, à cette immortalité des oeuvres qui n'est pas un nom, et qui ressemble à celle que Minerve, chez Homère, après le retour dans Ithaque, a répandu tout d'un coup sur son héros.

Quoi qu'il en soit, l'honneur d'avoir détruit quelques-unes des préventions et des routines qui s'opposaient en 1820 à toute innovation, même modérée, revient en partie à Beyle et aux critiques qui, comme lui, ont travaillé à notre éducation littéraire. Il y travaillait à sa manière, non en nous disant des douceurs et des flatteries comme la plupart de nos maîtres d'alors, mais en nous harcelant et en nous piquant d'épigrammes. Il eût craint, en combattant les La Harpe, de leur ressembler, et il se faisait léger, vif, persifleur, un pur amateur au passage, un gentilhomme incognito qui écrit et noircit du papier pour son plaisir. Comme critique, il n'a pas fait de livre proprement dit; tous ses écrits en ce genre ne sont guère qu'un seul et même ouvrage qu'on peut lire presque indifféremment à n'importe quel chapitre et où il disperse tout ce qui lui vient d'idées neuves et d'aperçus. Le goût du vrai et du naturel qu'il met en avant a souvent, de sa part, l'air d'une gageure; c'est moins encore un goût tout simple qu'une revanche, un gant jeté aux défauts d'alentour dont il est choqué. Dans le bain russe, au sortir d'une tiède vapeur, on se jette dans la neige, et de la neige on se replonge dans l'étuve. Le brusque passage du genre académique au genre naturel, tel que le pratique Beyle, me semble assez de cette espèce-là. Il prend son disciple (car il en a eu) et il le soumet à cette violente épreuve: plus d'un tempérament s'y est aguerri.

Je n'ai point parlé de son livre *de l'Amour,* publié d'abord en 1822, ni de bien d'autres écrits de lui qui datent de ces années. Dans une petite brochure, publiée en 1825 (*D'un nouveau Complot contre les Industriels*), il s'éleva l'un des premiers contre l'industrialisme et son triomphe exagéré, contre l'espèce de palme que l'école utilitaire se décernait à elle-même. Je n'entre pas dans le point particulier du débat, et je n'examine point s'il entendait parfaitement l'idée de l'école saint-simonienne du *Producteur* qu'il avait en vue alors; je note seulement qu'il revendiquait la part éternelle des sentiments dévoués, des belles choses réputées inutiles, de ce que les Italiens appellent *la virtù.*

Aujourd'hui il m'a suffi de donner quelque idée de la nature des services littéraires que Beyle nous a rendus. Aux sédentaires comme moi (et il y en avait beaucoup alors), il a fait connaître bien des noms, bien des particularités étrangères; il a donné des désirs de voir et de savoir, et a piqué la curiosité par ses demi-mots.　Il a jeté des citations familières de ces poëtes divins de l'Italie qu'on est honteux de ne point savoir par cœur; il avait cette jolie érudition que voulait le prince le Ligne, et qui sait les bons endroits.　Longtemps je n'ai dû qu'à lui (et quand je dis *je*, c'est par modestie, je parle au nom de bien du monde) le sentiment italien vif et non solennel, sans sortir de ma chambre.　Il a réveillé et stimulé tant qu'il a pu le vieux fonds français; il a agacé et taquiné la paresse nationale des élèves de Fontanes, si Fontanes a eu des élèves.　Tel, s'il était sincère, conviendrait qu'il lui a dû des aiguillons; on profitait de ses épigrammes plus qu'on ne lui en savait gré.　Il nous a tous solli-cités, enfin, de sortir du cercle académique et trop étroitement français, et de nous mettre plus ou moins au fait du dehors; il a été un critique, non pour le public, mais pour les artistes, mais pour les critiques eux-mêmes: Cosaque encore une fois, Cosaque qui pique en courant avec sa lance, mais Cosaque ami et auxi-liaire, dans son rôle de critique, voilà Beyle.

Après le critique, dans Beyle, il faudrait parler du romancier; mais il y a quelque chose à dire du rôle qui est peut-être le sien avant tout, et de la vocation où il a le plus excellé: Beyle est un guide pénétrant, agréable et sûr, en Italie.　Des divers ouvrages qu'il a publiés et qui sont à emporter en voyage, on peut surtout conseiller ses *Promenades dans Rome;* c'est exactement la conversation d'un *cicerone,* homme d'esprit et de vrai goût, qui vous indique en toute occasion le beau, assez pour que vous le sentiez ensuite de vous-même si vous en êtes digne; qui mêle à ce qu'il voit ses souvenirs, ses anecdotes, fait au besoin une digression, mais courte, instruit et n'ennuie jamais.　En face de cette nature «où le climat est le plus grand des artistes,» ses *Promenades* ont le mérite de donner la note vive, rapide, élevée; lisez-les en voiturin ou sur le pont d'un bateau à vapeur, ou le soir après avoir vu ce que l'auteur a indiqué, vous y trouvez l'impression vraie, idéale, italienne ou grecque:　il a des éclairs de sensibilité naturelle et d'attendrissement sincère, qu'il secoue vite, mais qu'il communique.　Les défauts de Beyle n'en sont plus quand on le prend de la sorte à l'état de voyageur et qu'on use de lui pour compagnon. En 1829, il avait déjà visité Rome six fois. Nommé, après Juillet 1830, consul à Trieste d'abord, puis, sur le refus de l'*exequatur* par l'Autriche, consul à Civita-Vecchia, il était devenu dans les dernières années un habitant de Rome. En retournant en Italie après cette Révolution de Juillet, il ne l'avait plus retrouvée tout à fait la même: «L'Italie, écrivait-il de Civita-Vecchia en décembre 1834, n'est plus comme je l'ai adorée en 1815; elle est amoureuse d'une chose qu'elle n'a pas. Les beaux-arts, pour lesquels seuls elle est faite, ne sont plus qu'un pis-aller: elle est profondément humiliée, dans son amour-propre excessif, de ne pas avoir une robe lilas comme ses sœurs aînées la France, l'Espagne, le Portugal. Mais, si elle l'avait, elle ne pourrait la porter. Avant tout, il faudrait vingt ans de la verge de fer d'un Frédéric II pour pendre les assassins et emprisonner les voleurs.» Il continua d'aimer l'Italie qui était selon son cœur, l'Italie des arts et sans la politique. Il avait coutume de dire que la politique intervenant tout à coup dans une conversation agréable et désintéressée, ou dans une œuvre littéraire, «lui faisait l'effet d'un coup de pistolet dans un concert.» Tous ceux qui sont allés à Rome dans les années où il était consul à Civita-Vecchia ont pu connaître Beyle, et la plupart ont eu à profiter de ses indications et de ses lumières; ce narquois et ce railleur armé d'ironie était le plus obligeant des hommes. Il avait beau dire du mal des Français; quand il y avait longtemps qu'il n'en avait vu un, et que le nouveau débarqué à Civita-Vecchia s'adressait à lui (s'il le trouvait homme d'esprit), combien il était heureux de se dédommager de son abstinence forcée par des conversations sans fin! Il l'accompagnait à Rome et devenait volontiers un cicerone en personne. Dans un voyage que fit en Italie le savant M. Victor Le Clerc et dont était le spirituel Ampère, Beyle, qui était de la partie pour la campagne romaine, égayait les autres, à chaque pas, de ses saillies, et excellait surtout à mettre ses doctes compagnons en rapport avec l'esprit des gens du pays: «le Ciel, disait-il, m'a donné le talent de me faire bien venir des paysans.» Sa prompte et gaillarde accortise, sa taille déjà ronde et à la Silène, je ne sais quel air *satyresque* qui relevait son propos, tout cela réussissait à merveille auprès des vendangeurs, des moissonneurs, des jeunes filles qui allaient puiser l'eau aux fontaines de Tivoli comme du temps d'Horace. Et ce même homme qui aurait joué au naturel dans un mime antique, était celui qui sentait si bien le grand et le sublime sous la coupole de Saint-Pierre. Je dis surtout les qualités de l'homme distingué dont je parle; personne ne niera, en effet, qu'il n'eût celles-là.

Ce n'est pas seulement en Italie que Beyle a été un guide, il a donné en 1838 deux volumes d'un voyage en France sous le titre de *Mémoires d'un Touriste:* un commis marchand comme il y en a peu est censé avoir pris ces notes dont la suite forme un journal assez varié et amusant. Beyle n'y est plus cependant sur son terrain; on l'y sent un peu novice sur cette terre gauloise; quand il se met à parler antiquités ou art gothique, on s'aperçoit qu'il vient, l'année précédente, de faire un tour de France avec M. Mérimée, dont il a profité cette fois et de qui, sur ce point, il tient sa leçon. Pourtant, pour qui sait lire, il y a de jolies choses comme partout avec lui, et des aperçus d'homme d'esprit qui font penser. Par exemple, sur la route de Langres à Dijon, il rencontre une petite colline couverte de bois qui, vu le paysage d'alentour, est d'un grand effet et enchante le regard: «Quel effet, se dit Beyle, ne ferait pas ici le mont Ventoux ou la moindre des montagnes méprisées dans les environs de la fontaine de Vaucluse!» Et il continue à rêver, à supposer: «Par malheur, se dit-il, il n'y a pas de hautes montagnes auprès de Paris: si le Ciel eût donné à ce pays un lac et une montagne passables, la littérature française serait bien autrement pittoresque. Dans les beaux temps de cette littérature, c'est à peine si La Bruyère, qui a parlé de toutes choses, ose dire un mot en passant de l'impression profonde qu'une vue comme celle de Pau ou de Cras en Dauphiné laisse dans certaines âmes.» Une fois sur le chapitre du *pittoresque,* songeant surtout aux jardins anglais, Beyle le fait venir d'Angleterre comme les bonnes diligences et les bateaux à vapeur: le pittoresque littéraire, il l'oublie, nous est surtout venu de Suisse et de Rousseau; mais ce qui est joli et fin littérairement, c'est la remarque qui suit: «La première trace d'attention aux choses de la nature que j'aie trouvée dans les livres qu'on lit, c'est cette rangée de saules sous laquelle se réfugie le duc de Nemours, réduit au désespoir par la belle défense de la princesse de Clèves.» Même en rectifiant et en contredisant ces manières de dire trop exclusives, on arrive à des idées qu'on n'aurait pas eues autrement et en suivant le grand chemin battu des écrivains ordinaires. Sur Diderot, à propos de Langres sa patrie; sur Riouffe, en passant à Dijon où il fut préfet; sur les bords ravissants de la Saône en approchant de Lyon; sur l'endroit où Rousseau y passa la nuit à la belle étoile en entendant le rossignol; sur cet autre endroit où probablement, selon lui, madame Roland, avant la Révolution, avait son petit domaine, madame Roland que Beyle ne nomme pas et qu'il désigne simplement «la femme que je respecte le plus au monde;» sur Montesquieu «dont le style est une fête pour l'esprit;« sur une foule de sujets familiers ou curieux, il y a de ces riens qui ont du prix pour ceux qui préfèrent un mot vif et senti à une phrase ou même à une page à l'avance prévue. A la fin du tome II, le Dauphiné est traité par l'auteur avec une complaisance particulière: Beyle n'est pas ingrat pour sa belle province; il en rappelle toutes les gloires, surtout l'illustre Lesdiguières, le représentant et le type du caractère dauphinois, brave, fin, et *jamais dupe.* Beyle tient fort à ce dernier trait qui est, à lui, sa prétention: «Lesdiguières, ce fin renard, dit-il, comme l'appelait le duc de Savoie, habitait ordinairement Vizille, et y bâtit un château. . . . Au-dessus de la porte principale, on voit sa statue équestre en bronze; c'est un bas-relief. De loin, les portraits de Lesdiguières ressemblent à ceux de Louis XIII; mais, en approchant, la figure belle et vide du faible fils de Henri IV fait place à la physionomie astucieuse et souriante de grand général dauphinois, qui fut d'ailleurs un des plus beaux hommes de son temps.» Les souvenirs de 1815 et du retour de l'île d'Elbe y sont racontés avec détail et avec le feu d'un contemporain et presque d'un témoin: le passé chevaleresque y est senti avec noblesse. Sur les bords de l'Isère, apercevant les ruines du château Bayard: «Ici naquit Pierre Du Terrail, cet homme si simple, dit Beyle, qui, comme le marquis de Posa de Schiller, semble appartenir par l'élévation et la sérénité de l'âme à un siècle plus avancé que celui où il vécut.» Mais pourquoi, à la page suivante, en visitant le château de Tencin, Beyle, venant à nommer le cardinal Dubois, tente-t-il en deux mots une réhabilitation qui crie: «La France l'admirerait, dit-il de ce cardinal, s'il fût né grand seigneur?» Dubois en regard de Bayard! ces disparates et ces désaccords d'idées se feront bien plus sentir encore quand Beyle voudra créer pour son compte des personnages.

Romancier, Beyle a eu un certain succès. Je viens de relire la plupart de ses romans. Le premier en date fut *Armance ou quelques Scènes d'un Salon de Paris,* publié en 1827. *Armance* ne réussit pas et fut peu comprise. La duchesse de Duras avait récemment composé d'agréables romans ou nouvelles qui avaient été très-goûtés dans le grand monde; elle avait de plus fait lecture, dans son salon, d'un petit récit non publié qui avait pour titre *Olivier.* Cette lecture, plus ou moins fidèlement rapportée, excita les imaginations au dehors, et il y eut une sorte de concours malicieux sur le sujet qu'on supposait être celui d'Olivier. Beyle, après Latouche, eut le tort de s'exercer sur ce thème impossible à raconter et peu agréable à comprendre. Son Octave, jeune homme riche, blasé, ennuyé, d'un esprit supérieur, nous dit-on, mais capricieux, inapplicable et ne sachant que faire souffrir ceux dont il s'est fait aimer, ne réussit qu'à être odieux et impatientant pour le lecteur. Les salons que l'auteur avait en vue n'y sont pas peints avec vérité, par la raison très-simple que Beyle ne les connaissait pas. Il y avait encore sous la Restauration une ligne de démarcation dans le grand monde; n'allait pas dans le faubourg Saint-Germain qui voulait; ceux que leur naissance n'y installait point tout d'abord n'y étaient pas introduits, comme depuis, sur la seule étiquette de leur esprit. M. de Balzac et d'autres, à leur heure, n'ont eu qu'à désirer pour y être admis: avant 1830 c'était matière à négociations, et, à moins d'être d'un certain coin politique, on n'y parvenait pas. Beyle, qui vivait dans des salons charmants, littéraires et autres, a donc parlé de ceux du faubourg Saint-Germain comme on parle d'un pays inconnu où l'on se figure des monstres; les personnes particulières qu'il a eues en vue (dans le portrait de madame de Bonnivet, par exemple) ne sont nullement ressemblantes; et ce roman, énigmatique par le fond et sans vérité dans le détail, n'annonçait nulle invention et nul génie.

Le Rouge et le Noir, intitulé ainsi on ne sait trop pourquoi, et par un emblème qu'il faut deviner, devait paraître en 1830, et ne fut publié que l'année suivante; c'est du moins un roman qui a de l'action. Le premier volume a de l'intérêt, malgré la manière et les invraisemblances. L'auteur veut peindre les classes et les partis d'avant 1830. Il nous offre d'abord la vue d'une jolie petite ville de Franche-Comté avec son maire royaliste, homme important, riche, médiocrement sot, qui a une jolie femme simple et deux beaux enfants; il s'agit pour lui d'avoir un précepteur à domicile, afin de faire pièce à un rival de l'endroit dont les enfants n'en ont pas. Le petit précepteur qu'on choisit, Julien, fils d'un menuisier, enfant de dix-neuf ans, qui sait le latin et qui étudie pour être prêtre, se présente un matin à la grille du jardin de M. de Rênal (c'est le nom du maire), avec une chemise bien blanche, et portant sous le bras une veste fort propre de ratine violette. Il est reçu par madame de Rênal, un peu étonnée d'abord que ce soit là le précepteur que son mari ait choisi pour ses enfants. Il arrive que ce petit Julien, être sensible, passionné, nerveux, ambitieux, ayant tous les vices d'esprit d'un Jean-Jacques enfant, nourrissant l'envie du pauvre contre le riche et du protégé contre le puissant, s'insinue, se fait aimer de la mère, ne s'attache en rien aux enfants, et ne vise bientôt qu'à une seule chose, faire acte de force et de vengeance par vanité et par orgueil en tourmentant cette pauvre femme qu'il séduit et qu'il n'aime pas, et en déshonorant ce mari qu'il a en haine comme son supérieur. Il y a là une idée. Beyle, au fond, est un esprit aristocratique: un jour, à la vue des élections, il s'était demandé si cette habitude électorale n'allait pas nous obliger à faire la cour aux dernières classes comme en Amérique: «En ce cas, s'écrie-t-il, je deviens bien vite aristocrate. Je ne veux faire la cour à personne, mais moins encore au peuple qu'au ministre.» Beyle est donc très-frappé de cette disposition à *faire son chemin,* qui lui semble désormais l'unique passion sèche de la jeunesse instruite et pauvre, passion qui domine et détourne à son profit les entraînements même de l'âge: il la personnifie avec assez de vérité au début dans Julien. Il avait pour ce commencement de roman un exemple précis, m'assure-t-on, dans quelqu'un de sa connaissance, et, tant qu'il s'y est tenu d'assez près, il a pu paraître vrai. La prompte introduction de ce jeune homme timide et honteux dans ce monde pour lequel il n'avait pas été élevé, mais qu'il convoitait de loin; ce tout de vanité qui fausse en lui tous les sentiments, et qui lui fait voir, jusque dans la tendresse touchante d'une faible femme, bien moins cette tendresse même qu'une occasion offerte pour la prise de possession des élégances et des jouissances d'une caste supérieure; cette tyrannie méprisante à laquelle il arrive si vite envers celle qu'il devrait servir et honorer; l'illusion prolongée de cette fragile et intéressante victime, madame de Rênal: tout cela est bien rendu ou du moins le serait, si l'auteur avait un peu moins d'inquiétude et d'épigramme dans la manière de raconter. Le défaut de Beyle comme romancier est de n'être venu à ce genre de composition que par la critique, et d'après certaines idées antérieures et préconçues; il n'a point reçu de la nature ce talent large et fécond d'un récit dans lequel entrent à l'aise et se meuvent ensuite, selon le cours des choses, les personnages tels qu'on les a créés; il forme ses personnages avec deux ou trois idées qu'il croit justes et surtout piquantes, et qu'il est occupé à tout moment à rappeler. Ce ne sont pas des êtres vivants, mais des automates ingénieusement construits; on y voit, presque à chaque mouvement, les ressorts que le mécanicien introduit et touche par le dehors. Dans le cas présent, dans *le Rouge et le Noir,* Julien, avec les deux ou

trois idées fixes que lui a données l'auteur, ne paraît plus bientôt
qu'un petit monstre odieux, impossible, un scélérat qui ressemble
à un Robespierre jeté dans la vie civile et dans l'intrigue domestique: il finit en effet par l'échafaud. Le tableau des partis et des
cabales du temps, que l'auteur a voulu peindre, manque aussi de
cette suite et de cette modération dans le développement qui
peuvent seules donner idée d'un vrai tableau de mœurs. Le
dirai-je? avoir trop vu l'Italie, avoir trop compris le quinzième
siècle romain ou florentin, avoir trop lu Machiavel, son *Prince* et
sa Vie de l'habile tyran Castruccio, a nui à Beyle pour
comprendre la France et pour qu'il pût lui présenter de ces
tableaux dans les justes conditions qu'elle aime et qu'elle applaudit. Parfaitement honnête homme et homme d'honneur dans
son procédé et ses actions, il n'avait pas, en écrivant, la même
mesure morale que nous; il voyait de l'hypocrisie là où il n'y a
qu'un sentiment de convenance légitime et une observation de la
nature raisonnable et honnête, telle que nous la voulons retrouver
même à travers les passions.

Dans les nouvelles ou romans qui ont des sujets italiens, il a
mieux réussi. Pendant son séjour dans l'Etat romain, tout en
faisant des fouilles et en déterrant des vases noirs «qui ont 2700
ans, à ce qu'ils disent (je doute là, comme ailleurs, ajoutait-il),»
il avait mis ses économies à acheter le droit de faire des copies
dans des archives de famille gardées avec une jalousie extrême, et
d'autant plus grande que les possesseurs ne savaient pas lire:
«J'ai donc, disait-il, huit volumes in-folio (mais la page écrite
d'un seul côté) parfaitement vrais, écrits par les contemporains
en demi-jargon. Quand je serai de nouveau pauvre diable, vivant
au quatrième étage, je traduirai cela *fidèlement;* la fidélité, suivant moi, en fait tout le mérite.» Il se demandait s'il pourrait
intituler ce recueil: «*Historiettes romaines, fidèlement traduites
des récits écrits par les contemporains, de 1400 à 1650.»* Son
scrupule (car il en avait comme puriste) était de savoir si l'on
pouvait dire *historiette* d'un récit tragique. L'*Abbesse de Castro,*
publiée d'abord dans la *Revue des Deux Mondes* (février et mars
1839), appartenait probablement à cette série d'historiettes
sombres et sanglantes. L'auteur ou le traducteur se plaît à trouver dans l'amour d'Hélène pour Jules Branciforte un de ces
amours passionnés qui n'existent plus, selon lui, en 1838, et
qu'on trouverait fort ridicules si on les rencontrait; amours «qui
se nourrissent de grands sacrifices, ne peuvent subsister qu'envi-
ronnés de mystère, et se trouvent toujours voisins des plus

affreux malheurs.» Beyle cherche ainsi dans le roman une pièce à l'appui de son ancienne et constante théorie, qui lui avait fait dire: «L'amour est une fleur délicieuse, mais il faut avoir le courage d'aller la cueillir sur les bords d'un précipice affreux.» Ce genre brigand et ce genre romain est bien saisi dans *l'Abbesse de Castro;* cependant on sent que, littérairement, cela devient un genre comme un autre, et qu'il n'en faut pas abuser. Dans une autre nouvelle de lui, *San Francesco a Ripa,* imprimée depuis sa mort (*Revue des Deux Mondes,* 1er juillet 1847), je touve encore un historiette de passion romaine, dont la scène est, cette fois, au commencement du dix-huitième siècle; la jalousie d'une jeune princesse du pays s'y venge de la légèreté d'un Français infidèle et galant: le récit y est vif, cru et brusqué. Il y a pro- fusion, à la fin, de balles et de coups de tromblon qui tuent l'infidèle ainsi que son valet de chambre: «ils étaient percés de plus de vingt balles chacun,» tant on avait peur de manquer le maître. Dans le genre plus classique de Didon et d'Ariane, dans les romans du ton et de la couleur de *la Princesse de Clèves,* on prodigue moins les balles et les coups mortels, on a les plaintes du monologue, les pensées délicates, les nuances de sentiment; quand on a poussé à bout l'un des genres, on passe volontiers à l'autre pour se remettre en goût; mais, abus pour abus, un certain excès poétique de tendresse et d'effusion dans le langage est encore celui dont on se lasse le moins.

La Chartreuse de Parme (1839) est de tous les romans de Beyle celui qui a donné à quelques personnes la plus grande idée de son talent dans ce genre. Le début est plein de grâce et d'un vrai charme. On y voit Milan depuis 1796, époque de la pre- mière campagne d'Italie, jusqu'en 1813, la fin des beaux jours de la Cour du prince Eugène. C'est une idée heureuse que celle de ce jeune Fabrice, enthousiaste de la gloire, qui, à la nouvelle du débarquement de Napoléon en 1815, se sauve de chez son père avec l'agrément de sa mère et de sa tante pour aller combattre en France sous les aigles reparues. Son odyssée bizarre a pourtant beaucoup de naturel; il existe en anglais un livre qui a donné à Beyle son idée: ce sont les *Mémoires d'un soldat du 71e régiment* qui a assisté à la bataille de Vittoria sans y rien comprendre, à peu près comme Fabrice assiste à celle de Water- loo en se demandant après si c'est bien à une bataille qu'il s'est trouvé et s'il peut dire qu'il se soit réellement battu. Beyle a combiné avec les souvenirs de sa lecture d'autres souvenirs personnels de sa jeunesse, quand il partait à cheval de Genève pour assister à la bataille de Marengo. J'aime beaucoup ce commencement; je n'en dirai pas autant de ce qui suit. Le roman est moins un roman que des Mémoires sur la vie de Fabrice et de sa tante, madame de Pietranera, devenue duchesse de Sanseverina. La morale italienne, dont Beyle abuse un peu, est décidément trop loin de la nôtre. Fabrice, d'après ses débuts et son éclair d'enthousiasme en 1815, pouvait devenir un de ces Italiens distingués, de ces libéraux aristocrates, nobles amis d'une régénération peut-être impossible, mais tenant par leurs vœux, par leurs études et par la générosité de leurs désirs, à ce qui nous élève en idée et à ce que nous comprenons (Santa-Rosa, Cesare Balbo, Capponi). Mais Beyle, en posant ainsi son héros, aurait eu trop peur de retomber dans le lieu commun d'en deçà des Alpes. Il a fait de Fabrice un Italien de pur sang, tel qu'il le conçoit, destiné sans vocation à devenir archevêque, bientôt coadjuteur, médiocrement et mollement spirituel, libertin, faible (lâche, on peut dire), courant chaque matin à la chasse du bonheur ou du plaisir, amoureux d'une Marietta, comédienne de campagne, s'affichant avec elle sans honte, sans égards pour lui-même et pour son état, sans délicatesse pour sa famille et pour cette tante qui l'aime trop. Je sais bien que Beyle a posé en principe qu'un Italien pur ne ressemble en rien à un Français et n'a pas de vanité, qu'il ne feint pas l'amour quand il ne le ressent pas, qu'il se contente d'être lui-même en liberté; mais ce que Fabrice est et paraît dans presque tout le roman, malgré son visage et sa jolie tournure, est fort laid, fort plat, fort vulgaire; il ne se conduit nulle part comme un homme, mais comme un animal livré à ses appétits, ou un enfant libertin qui suit ses caprices. Aucune morale, aucun principe d'honneur: il est seulement déterminé à ne pas simuler de l'amour quand il n'en a pas; de même qu'à la fin, quand cet amour lui est venu pour Clélia, la fille du triste général Fabio Conti, il y sacrifiera tout, même la délicatesse et la reconnaissance envers sa tante. Beyle, dans ses écrits antérieurs, a donné une définition de l'*amour passionné* qu'il attribue presque en propre à l'Italien et aux natures du Midi: Fabrice est un personnage à l'appui de sa théorie, il le fait sortir chaque matin à la recherche de cet amour et ce n'est que tout à la fin qu'il le lui fait éprouver; celui-ci alors y sacrifie tout, comme du reste il faisait précédemment au plaisir. Les jolies descriptions de paysage, les vues si bien présentées du lac de Côme et de ses environs, ne sauraient par leur cadre et leur reflet ennoblir un personnage si peu digne d'intérêt, si peu formé pour l'honneur, et si prêt à tout faire, même à assassiner, pour son utilité du moment et sa passion. Il y a un moment où Fabrice tue quelqu'un, en effet; il est vrai que, cette fois, c'est à son corps défendant. Il se bat d'une manière assez ignoble sur la grande route avec un certain Giletti, comédien et protecteur de la Marietta dont Fabrice est l'ami de choix. S'il fallait discuter la vraisemblance de l'action dans le roman, on pourrait se demander comment il se fait que cet accident de grande route ait une si singulière influence sur la destinée future de Fabrice; on demanderait pourquoi celui-ci, ami (ou qui peut se croire tel) du prince de Parme et de son premier ministre, coadjuteur et très en crédit dans ce petit Etat, prend la fuite comme un malfaiteur, parce qu'il lui est arrivé de tuer devant témoins, en se défendant, un comédien de bas étage qui l'a menacé et attaqué le premier. La conduite de Fabrice, sa fuite extravagante, et les conséquences que l'auteur en a tirées, seraient inexplicables si l'on cherchait, je le répète, la vraisemblance et la suite dans ce roman, qui n'est guère d'un bout à l'autre (j'en excepte le commencement) qu'une spirituelle mascarade italienne. Les scènes de passion, dont quelques-unes sont assez belles, entre la duchesse tante de Fabrice et la jeune Clélia, ne rachètent qu'à demi ces impossibilités qui sautent aux yeux et qui heurtent le bon sens. La part de vérité de détail, qui peut y être mêlée, ne me fera jamais prendre ce monde-là pour autre chose que pour un monde de fantaisie, fabriqué tout autant qu'observé par un homme de beaucoup d'esprit qui fait, à sa manière, du marivaudage italien. L'affectation et la grimace du genre se marquent de plus en plus en avançant. Au sortir de cette lecture, j'ai besoin de relire quelque roman tout simple et tout uni, d'une bonne et large nature humaine, où les tantes ne soient pas éprises de leurs neveux, où les coadjuteurs ne soient pas aussi libertins et aussi hypocrites que Retz pouvait l'être dans sa jeunesse, et beaucoup moins spirituels; où l'empoisonnement, la tromperie, les lettres anonymes, toutes les noirceurs, ne soient pas les moyens ordinaires et acceptés comme indifférents; où, sous prétexte d'être simple et de fuir l'effet, on ne me jette pas dans des complications incroyables et dans mille dédales plus effrayants et plus tortueux que ceux de l'antique Crète.

Depuis que Beyle taquine la France et les sentiments que nous portons dans notre littérature et dans notre société, il m'a pris plus d'une fois envie de la défendre. Une de ses grandes théories, et d'après laquelle il a écrit ensuite ses romans, c'est qu'en France l'amour est à peu près inconnu; l'amour digne de ce nom, comme il l'entend, l'*amour-passion* et maladie, qui, de sa nature, est quelque chose de tout à fait à part, comme l'est la cristallisation dans le règne minéral (la comparaison est de lui): mais quand je vois ce que devient sous la plume de Beyle et dans ses récits cet amour-passion chez les êtres qu'il semble nous proposer pour exemple, chez Fabrice quand il est atteint finalement, chez l'abbesse de Castro, chez la princesse Campobasso, chez Mina de Wangel (autre nouvelle de lui), j'en reviens à aimer et à honorer l'amour à la française, mélange d'attrait physique sans doute, mais aussi de goût et d'inclination morale, de galanterie délicate, d'estime, d'enthousiasme, de raison même et d'esprit, un amour où il reste un peu de sens commun, où la société n'est pas oubliée entièrement, où le devoir n'est pas sacrifié à l'aveugle et ignoré. Pauline, dans Corneille, me représente bien l'idéal de cet amour, où il entre des sentiments divers, et où l'élévation et l'honneur se font entendre. On en trouverait, en descendant, d'autres exemples compatibles avec l'agrément et une certaine décence dans la vie, amour ou liaison, ou attachement respectueux et tendre, peu importe le nom. L'amour-passion, tel que me l'ont peint dans Médée, dans Phèdre ou dans Didon, des chantres immortels, est touchant à voir grâce à eux, et j'en admire le tableau: mais cet amour-passion, devenu systématique chez Beyle, m'impatiente; cette espèce de maladie animale, dont Fabrice est l'idéal à la fin de sa carrière, est fort laide et n'a rien d'attrayant dans sa conclusion hébétée. Quand on a lu cela, on revient tout naturellement, ce me semble, en fait de compositions romanesques, au genre français, ou du moins à un genre qui soit large et plein dans sa veine; on demande une part de raison, d'émotion saine, et une simplicité véritable telle que l'offrent l'histoire des *Fiancés* de Manzoni, tout bon roman de Walter Scott, ou une adorable et vraiment simple nouvelle de Xavier de Maistre. Le reste n'est que l'ouvrage d'un homme d'esprit qui se fatigue à combiner et à lier des paradoxes d'analyse piquants et imprévus, auxquels il donne des noms d'hommes; mais les personnages n'ont point pris véritablement naissance dans son imagination ou dans son cœur, et ils ne vivent pas.

On voit combien je suis loin, à l'égard de *la Chartreuse* de Beyle, de partager l'enthousiasme de M. de Balzac. Celui-ci a tout simplement parlé de Beyle romancier comme il aurait aimé à ce qu'on parlât de lui-même: mais lui du moins, il avait la faculté de concevoir d'un jet et de faire vivre certains êtres qu'il lançait ensuite dans son monde réel ou fantastique et qu'on n'oubliait plus. Il a fort loué dans *la Chartreuse* le personnage du comte de Mosca, le ministre homme d'esprit d'un petit Etat despotique, et dans lequel il avait cru voir un portrait ressemblant du prince de Metternich: Beyle n'y avait jamais pensé. On ne peut d'ailleurs se ressembler moins que Beyle et M. de Balzac. Ce dernier était aussi confiant que l'autre l'était peu; Beyle était toujours en garde contre le sot, et craignait tout ce qui eût laissé percer la vanité. Il songeait sans cesse au ridicule et à n'y pas prêter, et M. de Balzac n'en avait pas même le sentiment. Lorsque M. de Balzac fit sur Beyle, à propos de *la Chartreuse*, l'article inséré dans les *Lettres parisiennes,* Beyle, à la fin de sa réponse datée de Civita-Vecchia (octobre 1840), et après des remercîments confus pour cette bombe outrageuse d'éloges à laquelle il s'attendait si peu, lui disait: «Cet article étonnant, tel que jamais écrivain ne le reçut d'un autre, je l'ai lu, j'ose maintenant vous l'avouer, *en éclatant de rire.* Toutes les fois que j'arrivais à une louange un peu forte, et j'en rencontrais à chaque pas, je voyais la mine que feraient mes amis en le lisant.»

Tous deux ne différaient pas moins par la manière dont ils concevaient la forme et le style, ou la façon de s'exprimer. Sur ce point, M. de Balzac croyait n'en avoir jamais fait assez. Dans ses *Mémoires d'un Touriste*, Beyle, passant dans je ne sais quelle ville de Bourgogne, a dit: «J'ai trouvé dans ma chambre un volume de M. de Balzac, c'est *l'Abbé Biroteau* de Tours. Que j'admire cet auteur! qu'il a bien su énumérer les malheurs et petitesses de la province! Je voudrais un style plus simple; mais, dans ce cas, les provinciaux l'achèteraient-ils? Je suppose qu'il fait ses romans en deux temps; d'abord raisonnablement, puis il les habille en beau style néologique, avec les *patiments* de l'âme, *il neige dans mon cœur,* et autres belles choses.» De son côté, M. de Balzac trouvait qu'il manquait quelque chose au style de Beyle, et nous le trouvons aussi. Celui-ci dictait ou griffonnait comme il causait; quand il voulait corriger ou retoucher, il refaisait autrement, et recommençait à tout hasard pour la seconde ou troisième fois, sans mieux faire nécessairement que la première. Ce qu'il n'avait pas saisi du premier mot, il ne l'atteignait pas, il ne le réparait pas. Son style, en appuyant, n'éclaircit pas sa pensée; il se faisait des idées singulières des écrivains proprement dits: «Quand je me mets à écrire, disait-il, je ne songe plus à mon *beau idéal* littéraire; je suis assiégé par des idées que j'ai besoin de noter. Je suppose que M. Villemain est assiégé par des formes de phrases; et, ce qu'on appelle un poète, M. Delille ou

Racine, par des formes de vers. Corneille était agité par des formes de réplique.» Enfin il se donne bien de la peine pour s'expliquer une chose très-simple; il n'était pas de ceux à qui l'image arrive dans la pensée, ou chez qui l'émotion lyrique, éloquente, éclate et jaillit par places dans un développement naturel et harmonieux. L'étude première n'avait rien fait chez lui pour suppléer à ce défaut; il n'avait pas eu de maître, ni ce professeur de rhétorique qu'il est toujours bon d'avoir eu, dût-on s'insurger plus tard contre lui. Il sentait bien, malgré la théorie qu'il s'était faite, que quelque chose lui manquait. En paraissant mépriser le style, il en était très-préoccupé.

En critiquant ainsi avec quelque franchise les romans de Beyle, je suis loin de le blâmer de les avoir écrits. S'il se peut faire encore des chefs-d'œuvre, ce n'est qu'en osant derechef tenter la carrière, au risque de s'exposer à rester en chemin par bien des œuvres incomplètes. Beyle eut ce genre de courage. En 1825, il y avait une école ultra-critique et toute raisonneuse qui posait ceci en principe: «Notre siècle *comprendra* les chefs-d'œuvre, mais n'en *fera* pas. Il y a des époques d'artistes, il en est d'autres qui ne produisent que des gens d'esprit, d'infiniment d'esprit si vous voulez.» Beyle répondait à cette théorie désespérante dans une lettre insérée au *Globe* le 31 mars 1825:

«Pour être artiste après les La Harpe, il faut un courage de fer. Il faut encore moins songer aux critiques qu'un jeune officier de dragons, chargeant avec sa compagnie, ne songe à l'hôpital et aux blessures. C'est le manque absolu de ce *courage* qui cloue dans la médiocrité tous nos pauvres poëtes. Il faut écrire pour se faire plaisir à soi-même, écrire comme je vous écris cette lettre; l'idée m'en est venu, et j'ai pris un morceau de papier. C'est faute de *courage* que nous n'avons plus d'artistes. Nierez-vous que Canova et Rossini ne soient de grands artistes? Peu d'hommes ont plus méprisé les critiques. Vers 1785, il n'y avait peut-être pas un amateur à Rome qui ne trouvât ridicules les ouvrages de Canova, etc.»

Toutes les fois que Beyle a eu une idée, il a donc pris un morceau de papier, et il a écrit, sans s'inquiéter du qu'en dira-t-on, et sans jamais mendier d'éloges: un vrai galant homme en cela. Ses romans sont ce qu'ils peuvent, mais ils ne sont pas vulgaires; ils sont comme sa critique, surtout à l'usage de ceux qui en font; ils donnent des idées et ouvrent bien des voies.

Entre toutes ces pistes qui s'entre-croisent, peut-être l'homme de talent dans le genre trouvera la sienne.

Plusieurs écrivains dans ces derniers temps, et après M. de Balzac, se sont occupés de Beyle, de sa vie, de son caractère et de ses œuvres: M. Arnould Frémy, M. Paulin Limayrac, M. Charles Monselet, ont parlé de lui tour à tour; il y a à s'instruire sur son compte à leurs discussions et à leurs spirituelles analyses; mais s'ils me permettent de le dire, pour juger au net de cet esprit assez compliqué et ne se rien exagérer dans aucun sens, j'en reviendrai toujours de préférence, indépendamment de mes propres impressions et souvenirs, à ce que m'en diront ceux qui l'ont connu en ses bonnes années et à ses origines, à ce qu'en dira M. Mérimée, M. Ampère, à ce que m'en dirait Jacquemont s'il vivait, ceux en un mot qui l'ont beaucoup vu et goûté sous sa forme première.—Au physique, et sans être petit, il eut de bonne heure la taille forte et ramassée, le cou court et sanguin; son visage plein s'encadrait de favoris et de cheveux bruns frisés, artificiels vers la fin; le front était beau, le nez retroussé et quelque peu à la kalmouck; la lèvre inférieure avançais légèrement et s'annonçait pour moqueuse. L'œil assez petit, mais très-vif, sous une voûte sourcilière prononcée, était fort joli dans le sourire. Jeune, il avait eu un certain renom dans les bals de la cour par la beauté de sa jambe, ce qu'on remarquait alors. Il avait la main petite et fine, dont il était fier. Il devint lourd et apoplectique dans ses dernières années, mais il était fort soigneux de dissimuler, même à ses amis, les indices de décadence. Il mourut subitement à Paris, où il était en congé, le 23 mars 1842, âgé de cinquante-neuf ans. En continuant littérairement avec originalité et avec une sorte d'invention la postérité française des Chamfort, des Rulhière, de ces hommes d'esprit qu'il rappelle par plus d'un trait ou d'une malice, Beyle avait au fond une droiture et une sûreté dans les rapports intimes qu'il ne faut jamais oublier de reconnaître quand on lui a dit d'ailleurs ses vérités.

Elme Caro

Stendhal: Ses Romans
1855

Elme Caro (1826-1887), oublié de nos jours, eut une brillante carrière dans l'enseignement. Normalien, docteur de l'Université de Paris, il fut professeur à la Faculté des Lettres de Douai, au Lycée Bonaparte et à l'Ecole Normale Supérieure avant d'obtenir la chaire de philosophie à la Sorbonne en 1864. Membre de l'Académie des sciences morales et politiques en 1869, il fut élu à l'Académie française en 1874. Dans ses livres et dans ses articles, il se consacra à la critique du positivisme, du matérialisme, et du scepticisme et à la défense du spiritualisme et de la morale. Son article sur Stendhal, paru dans la *Revue contemporaine* en 1855, fut reproduit la même année dans le livre qui établit sa réputation, à savoir, ses *Etudes morales sur le temps présent.* Dans l'avant-propos de ce volume, Caro avoue qu'il aborde les auteurs dont il traite d'un point de vue prédéterminé: «Ce livre. . .est écrit sous l'inspiration d'une pensée unique. Ce n'est ni précisément de la critique que nous avons prétendu faire, ni purement du dogme; c'est plutôt du dogme à propos de la critique. *[. . .]* L'unité de ce livre. . .c'est la défense du vrai spiritualisme dans la philosophie, dans la littérature et dans l'art.»[1] Cette critique moralisante peut bien nous paraître surannée, mais elle fut importante au XIXe siècle. Ainsi, avons-nous cru nécessaire qu'elle soit représentée dans cette anthologie.

Comme l'article de Caro est très long, nous ne reproduisons que la section la plus digne d'intérêt, celle qui porte sur les romans. Notons, toutefois, que dans une première partie biographique Caro se fait un devoir de détruire l'intégrité morale de Stendhal. A l'en croire, Stendhal manquait de naturel, méprisait les hommes, était sceptique, étroit d'esprit et chargé de préjugés. Or, on peut, si l'on veut, trouver une graine de vérité dans ces affirmations. Mais peut-on reconnaître Stendhal lorsque Caro nous apprend qu'il n'avait aucun sentiment élevé, qu'il ignorait ce que veut dire le mot devoir, qu'il avait le cœur sec? Est-ce de Stendhal qu'il parle lorsqu'il prétend qu'il n'a pas vraiment senti l'amour, qu'il est «un athée de l'amour pur»?[2] Il est visible que Caro, ne pouvant approuver cet auteur qui faisait fi de la morale traditionnelle, n'a pas pu voir, comme l'a vu Bussière, d'ailleurs, que le matérialisme de Stendhal n'empêche pas la coexistence chez lui d'un côté spirituel. Caro termine la première partie de son essai en avertissant les jeunes esprits d'éviter Stendhal: «Je ne sache rien qui rabaisse l'imagination, le talent, la vie même à un plus vulgaire niveau que la méditation assidue de ces aphorismes élégamment graveleux,que le contact intellectuel avec la pire de toutes les corruptions, la corruption réfléchie, que le commerce habituel de la pensée avec cet auteur étrange, qui n'a vécu, qui n'a écrit que pour le plaisir, et auquel ont manqué ces deux choses: le sens de l'idéal et le cœur.»[3]

Cela ne promet pas une critique éclairée des romans. En effet, Caro affirme que Stendhal «n'a jamais su ce que c'est qu'un roman.» Caro prétend, néanmoins, juger les romans de Stendhal à partir de bases esthétiques. En particulier, il affirme qu'ils sont invraisemblables, la fin de *Rouge et Noir* étant surtout «insupportable d'exagérations et de bizarrerie.» Et les personnages ne vivent pas. . . . Au fond, on a l'impression que Caro cherche des raisons d'ordre esthétique qui puissent camoufler son objection fondamentale qui s'appuie sur l'immoralité des romans. Le moralisateur se révèle, pourtant, là où il s'irrite de l'absence de personnages purs dans le *Rouge*. A noter: Caro aime bien les scènes de la bataille de Waterloo, approuvées d'ailleurs par presque tout le monde.

❧

1.

J'entends dire souvent, et il semble que ce soit un mot d'ordre convenu, que Stendhal valait mieux que ses principes. On nous assure que, par horreur pour le lieu commun, il se faisait méchant à plaisir, poursuivant d'une haine immortelle la banalité dans la morale, comme il la poursuivait de ses sarcasmes dans la conversation. Il avait une aversion si passionnée pour l'hypocrisie, qu'il se faisait Tartuffe de vice comme les autres se font Tartuffes de vertu. Il appliquait ainsi de consciencieux efforts à grimer sa nature et à jouer l'immoralité, prenant plaisir à effaroucher l'honnêteté niaise et la moralité bourgeoise. Au fond, on prétend que c'était le plus honnête homme, la conscience la plus scrupuleuse, l'amitié la plus fidèle, le naturel le plus sincère. Je ne sais pas trop si l'on ne va pas jusqu'à dire que c'était l'amant le plus tendre et le plus constant.—L'aimable plaisanterie! J'admets qu'il y ait eu bien de la forfanterie dans l'immoralité de Stendhal; mais on conviendra que cette vanité est d'une triste espèce et que la corruption affichée, la corruption rédigée en axiomes, formulée en dogmes, est une fanfaronnade odieuse, qui ne va pas sans une grande dépravation du cœur. Il faut être déjà mauvais pour prendre plaisir à le paraître. Voilà ce que dit le simple bon sens, en dehors des subtilités d'une casuistique nouvelle, qui prétend affranchir le caractère et la moralité privée d'un homme de toute solidarité avec ses principes, si bien qu'à en croire ces docteurs étranges, on peut impunément professer des doctrines sataniques et faire de sa vie une seconde édition de *la Morale en actions*.—On cite les affections auxquelles Stendhal est resté fidèle et qui lui sont restées fidèles durant le cours agité d'une vie disséminée à travers l'Europe. Qu'est-ce que cela prouve? Je ne crois guère, pour ma part, à la méchanceté absolue, et je suis loin de prétendre que l'immoralité, même doctrinale, anéantisse la nature humaine au point de l'affranchir de ce besoin, le plus impérieux de notre être, le besoin d'aimer quelqu'un ou quelque chose. Stendhal aima et fut aimé. Il eut des amis, et il eut le bonheur, plus grand encore, de les garder. Il obéit, en aimant, à une des lois les plus inévitables de la nature. D'ailleurs, l'égoïsme a-t-il jamais conçu l'étrange pensée de se refuser les affections, qui sont à la fois un plaisir, un charme de la vie, un trésor de bons conseils, un appui, un asile? Quand l'amitié ne se retrouverait pas dans le cœur de l'égoïste, elle se retrouverait au moins dans ses calculs. La question n'est donc pas de savoir si Stendhal céda plusieurs fois à cet instinct, si doux et si fort, qui nous porte aux affections humaines. Il y a trop de plaisir à la fois et d'utilité à aimer et à être aimé pour qu'il y ait lieu de s'étonner de cette particularité de la vie de Stendhal, et les amitiés qui honorent aujourd'hui sa mémoire ne sont pas une contradiction à son système. La question serait de savoir s'il sut pratiquer l'amitié, non pas dans ses plaisirs, mais dans ses devoirs et dans ses sacrifices. Ici, nous rencontrons un témoignage d'autant plus précieux qu'il part d'une âme plus ingénue, M. Colomb, l'ami le plus persévérant de Stendhal. «L'amitié, nous dit-il, a ses droits et ses devoirs; Beyle en a plus particulièrement connu les droits, non certainement qu'il fût dépourvu d'obligeance, mais son imagination vive, passionnée, n'aimait guère à s'occuper des égards, des soins, des prévenances que l'amitié impose journellement. Beyle n'a rendu que peu de services relativement au nombre de ceux qu'il a reçus. Ceci a moins tenu à un mauvais vouloir qu'à une fâcheuse disposition de son esprit, dont l'extrême mobilité ne lui permettait pas toujours de suivre ses bons penchants. Au moment de faire une démarche utile à un ami, si un plaisir s'offrait, il oubliait l'ami et courait au plaisir. La nature ne lui avait pas départi ce sentiment divin qui remplissait le cœur de Montaigne pour La Béotie; elle lui avait refusé le bonheur de connaître *cette amitié qui possède l'âme et la régente en toute souveraineté.*» Nous ne perdrons pas notre temps à faire ressortir ce qu'il y a d'accablant dans ce témoignage. Il est bien avéré que Stendhal n'hésita jamais entre un plaisir et un ami, ce qui prouve assez que l'amitié ne fut pour lui qu'une camaraderie agréable d'esprit, une association de pur agrément ou d'intérêt. Elle ne s'offrit jamais à ses yeux avec ce caractère qui la consacre, la solidarité du devoir.

Au surplus, pour la postérité, l'homme, c'est l'auteur. Si Stendhal a pris plaisir à se faire plus méchant qu'il n'était et à exagérer les teintes sombres de son scepticisme, qu'il porte la peine de sa sotte vanité! Il a voulu désespérer les plus nobles croyances de l'âme, la croyance à Dieu, au devoir, au désintéressement, à l'amour pur; il a prétendu réduire tout le secret de la vie heureuse à une recette parfaitement simple, à une sorte de machiavélisme voluptueux; il a semé ses ouvrages des paradoxes les plus effrontés contre la vertu, qu'il ne considère que comme un calcul heureux; contre la pudeur, qui n'est pour lui que l'assaisonnement du plaisir; contre la morale, qui n'est qu'une sorte de gendarmerie invisible et immatérielle inventée par les gouvernements; contre la religion, enfin, qui n'est rien qu'une lucrative hypocrisie. Chacune de ses pages est un hymne à la sensation et un sarcasme contre l'esprit pur. Toute sa philosophie se réduit à cet axiome fondamental: le plaisir pendant la vie, le néant après. Quoi de plus? Cela ne suffit-il pas pour juger l'homme dans l'auteur? Et de si déplorables axiomes, si complaisamment professés, ne donnent-ils pas la mesure morale d'un caractère et d'une vie tout entière? Que maintenant on vienne nous dire que tout cela n'est qu'une pure coqueterrie de vice, l'amusement d'un bel esprit qui a l'horreur du pédantisme, l'ironie d'un raffiné contre les banalités solennelles de la morale, l'excuse nous semblera détestable, et nous tiendrons l'homme pour responsable de ses délits littéraires. L'homme répond de ses idées comme de ses actions, et si cette responsabilité littéraire ou philosophique échappe, par la nature immatérielle du délit, à la justice du magistrat et aux sévérités du Code, elle n'échappera pas à la vindicte naturelle de la conscience, ce code inné de l'honnête homme. Stendhal rirait bien de nous entendre parler ainsi; mais, à coup sûr, il ne rirait pas plus des indignations de notre probité vulgaire que des apologies posthumes de ses maladroits défenseurs, soutenant gravement que ce grand railleur a vécu pour autre chose que pour le plaisir.

Ses romans, dont quelques-uns ont acquis une certaine célébrité, ne sont guère que la mise en œuvre de ses théories, incarnées dans des personnages fictifs et jetées dans le mouvement invraisemblable d'intrigues laborieusement bizarres. Les théories sont tristes, très- monotones et ne se relèvent guère par l'agitation bruyante des personnages, non plus que par la variété romanesque des incidents. Tout y est d'une aridité désespérante. On y sent à la fois la sécheresse du cœur et la pénurie de l'imagination. Stendhal n'a jamais su ce que c'est qu'un roman, et, malgré le mérite de quelques pages très-rares, le lecteur ne revient pas sans une grande lassitude de ses excursions à travers ces steppes désolés. On ne peut pas faire un roman seulement avec des théories et de l'esprit. Il y faut autre chose, un vif sentiment de la réalité, une agilité lumineuse de pensée, une aisance naturelle d'allures, le don inné de peindre, l'art du récit animé sans effort, coloré sans excès, une méthode instinctive qui groupe, comme en se jouant, les personnages et les scènes autour de la figure et de l'action principale, conservant dans la variété la plus contrastée des effets accessoires l'unité vivante du sujet, qui est l'âme même du roman. Rien de tout cela dans Stendhal. Ses personnages s'agitent et ne vivent pas, ce sont des théories plutôt que des personnages, des abstractions plus que des hommes. Le roman s'enchevêtre laborieusement, ne s'engage qu'avec effort et se traîne avec lenteur au dénoûment à travers une multiplicité fatigante d'événements secondaires et fortuits qui naissent on ne sait pourquoi, si ce n'est pour ralentir l'action, pour distraire l'intérêt et fatiguer l'attention du lecteur. Rien ne diffère plus de la véritable imagination, qui agrandit chaque détail et ajoute à chaque scène une perspective variée, que cette stérile abondance d'événements surchargés d'incidents mesquins, d'aventures péniblement romanesques reliées entre elles par un fil qui s'emmêle et se noue à chaque instant. Tout, dans ces œuvres étranges et laborieuses, est juxtaposé plutôt que composé. Rien ne marche d'un pas libre et d'une franche allure. Ce sont des sinuosités infinies, des retours et des détours, des dédales inextricablement mêlés de voies obliques et de sentiers perdus. On arrive au dénoûment sans qu'il y ait de raison suffisante. Le terme de ce laborieux voyage pourrait être aussi bien rapproché qu'éloigné d'une distance infinie. Comme il arrive dans toutes les œuvres confuses et mal composées, il n'y a de motif ni pour s'arrêter, ni pour aller plus loin; le seul motif est le caprice de l'auteur. Il arrête le roman quand il est las de ses personnages, et alors il les condamne à mort sans pitié, pour mener à fin l'entreprise. Remarquez que presque toujours, au lieu de saisir dans la vie de son héros une époque décisive, un moment de crise, et de relier les scènes diverses à ce point fondamental auquel s'attache tout l'intérêt, Stendhal, ignorant ce grand art de la composition, qui rassemble toute la force dramatique en une période rapide et courte, compose péniblement des biographies étendues et surchargées, éparpille l'intérêt à travers les divisions infinies de l'espace et du temps, et mène avec lenteur son héros dans le monde, sans le quitter d'un pas depuis sa naissance, ou peu s'en faut, jusqu'à la crise suprême qui dénoue sa vie et clôt l'histoire. On ne saurait trop le redire, ce sont des biographies romanesques, ce ne sont pas des romans.

Un mot encore avant de passer à l'analyse détaillée de ces œuvres. Nous avons dit qu'on ne faisait pas seulement un roman avec de l'esprit, il y faut du cœur; il y faut quelques sentiments vrais, nobles, affectueux, élevés; il y faut aussi de l'idéal. Le roman est œuvre d'art, et l'idéal est la vie de l'art. A travers ces tableaux mouvants et variés qui ont la prétention de représenter la vie, les yeux veulent de temps à autre se reposer sur quelque point lumineux, sur quelque sommet baigné des pures clartés; le cœur veut s'attacher à quelques-unes de ces grandes âmes qui semblent paraître dans le monde pour marquer plus haut le niveau de la vie humaine. Ne demandez à Stendhal ni ces clartés supérieures de l'idéal, ni cette noblesse native des âmes d'élite. Il a bien essayé de relever ici et là ses peintures ternes et grises et de les éclairer d'un reflet lumineux; mais ce reflet, à peine apparu, va s'éteindre dans les brouillards. Il a bien essayé, parfois, d'animer de son pinceau aride quelques nobles figures, disséminées de loin en loin sur sa toile indigente et morne. Mais, je ne sais pourquoi, ces figure grimacent, et il y a toujours, même sur ces physionomies privilégiées, comme une secrète convulsion.

Son premier essai, dans ce genre de compositions, fut un essai particulièrement malheureux: *Armance, ou Quelques scènes d'un salon de Paris en 1827.* L'espérance de l'auteur fut complétement trompée: il avait compté sur un scandale, et le scandale n'arriva pas. Il l'avait pourtant bien préparé.

C'est une chose délicate que d'avoir à rendre compte d'un roman fondé tout entier sur certaines monstruosités physiques; mais nous avons promis de dire sur Stendhal toute la vérité; nous poursuivrons notre tâche jusqu'au bout, à travers des difficultés infinies et des obstacles de tout genre. Nous aurons au moins cette récompense de notre courage, la conscience d'une entière, d'une absolue sincérité dans notre critique, et c'est chose assez rare à cette époque de demi-teintes et de demi-nuances, où la critique n'est trop souvent qu'une transaction avec la vérité.

Avez-vous lu *Mademoiselle de Maupin,* de M. Théophile Gautier? Avez-vous lu *Olivier,* de M. de La Touche? Si vous me répondez non, je vous en félicite bien sincèrement. Mais enfin, il n'est peut-être pas sans intérêt pour l'histoire des mœurs littéraires au XIXe siècle, de savoir que les plus étranges caprices, je pourrais dire les plus dépravés, ont passé par la tête de nos romanciers. A bout d'inventions violentes, quelques-uns ont eu la pensée d'aller chercher une source nouvelle d'émotion et d'intérêt dans les yeux bizarres de la nature déguisée comme chez Mlle de Maupin, incomplète comme chez Olivier. C'est à cette singulière fantaisie d'une imagination épuisée et pervertie que se rattache le roman d'*Armance.* Stendhal n'eut même pas la triste gloire de l'invention du sujet; M. de La Touche est le véritable inventeur du genre.

Le vrai titre du roman serait *Octave,* puisque c'est Octave qui en est le lamentable héros. Intelligence élévée, caractère généreux, âme ardente et profonde, il se trouve, par une bizarrerie cruelle de la nature, ou plutôt par une bizarrerie cynique de l'auteur, qui a mis cela sur le compte de la nature, que le malheureux vicomte de Malivert traîne avec lui, à travers le roman, le ridicule et la honte d'une monstrueuse anomalie. Octave est

beau, il est brave, il a du talent, presque du génie, il est amoureux, et, avec tout cela, Octave est un monstre, et tout l'intrêt
du roman, s'il y a intérêt là où il y a dégoût, se concentrera sur
cette lutte de la passion d'Octave avec l'abominable sentiment de
ce ridicule qui le navre et le tue. Octave aime, et il viole, en
aimant, le serment terrible qu'il s'est fait à lui-même dans le
secret de son cœur. Il recherche et fuit obstinément la passion
fatale qui s'est emparée de lui pour le dévorer à la fois de ses
ardeurs et le désespérer par les scrupules les plus affreux. Il
effraie et déconcerte à chaque instant par ses bizarreries, par ses
soubresauts, par ses violences soudaines et ses mornes désespoirs,
mêlés à des heures rapides d'entraînement et d'oubli, Armance,
une excellente fille, un peu dame de compagnie, un peu pédante,
exaltée et froide, légèrement esprit fort et bel esprit. Il l'épouse
pour être honnête homme, et s'empresse de se tuer après son
mariage pour être plus honnête homme encore. Il n'a voulu
tromper ni son amante en ne l'épousant pas, ni sa femme en
l'épousant. Il n'a rien de plus pressé que de lui rendre la liberté
après lui avoir donné son nom, et Armance va confier au couvent
son veuvage et sa virginité. La Méditerranée, qui garde le cadavre
d'Octave, ensevelit le honteux secret sous ses flots. Il est malheureux que le roman n'ait pas suivi le héros dans la mer.

Voilà le fond. A cette intrigue pénible, obscure pour tous,
inintelligible pour beaucoup, joignez quelques scènes prétendues
d'un grand salon de Paris en 1827, et quelques portraits satiri-
ques d'hommes et de femmes du monde, du même temps. La
plupart des personnages sont odieux, comme le chevalier de
Bonnivet, qui, ayant fait son éducation aux Jésuites, ne saurait
être qu'un affreux petit scélérat, ou M. de Soubirane, qui, étant
commandeur, doit être un grand coquin. D'autres ne sont que
fats, comme M. de Créveroche. Toutes les femmes, étant du
grand monde, sont des intrigantes ou des écervelées. L'âme de
ce brillant salon, c'est la *congrégation*. On voit naître et grandir
cette terrible bête noire du *Constitutionnel* d'alors, sous les traits
perfides et doux du petit Bonnivet. Il y a déjà là une esquisse
légère de ce qui deviendra une toile d'histoire dans le *Rouge et
le Noir,* le grand monde sous la Restauration, asile inviolable et
sacré, selon Stendhal, de tous les vices élégants, de toutes les
infamies déguisées, de toutes les hypocrisies et les bassesses. Ce
temps est déjà si loin de nous, que toutes les colères de Stendhal
avortent dans l'esprit de son lecteur. Il veut exciter notre
indignation, et n'excite que notre indifférence. Ce livre, écrit

avec tout le fiel de l'esprit de parti, est devenu pour nous, dans beaucoup de ses intentions, de ses allusions, de ses épigrammes, une sorte de logogriphe. Stendhal a voulu peindre le grand monde de 1827 comme on se l'imaginait, sans le connaître, dans un certain monde de feuilletonistes et de romanciers. Il l'a peint avec ses rancunes et ses défiances, qui, n'étant plus les nôtres, nous agacent les nerfs. Toute cette partie archaïque du roman fait l'effet d'un premier-Paris vieux d'un quart de siècle.

Tel est ce roman, odieux dans le sujet, suranné dans les détails. Le fond en est une anomalie impossible; car la nature ne se trompe pas au point de jeter une âme ardente dans un monstre; anomalie insupportable, car l'imagination, à chaque instant attirée vers ce qui fait l'idée fixe d'Octave et de l'auteur, y rencontre la répugnance à la place de l'intérêt absent.

Stendhal avait des idées si délicates sur le goût des femmes, j'ajoute des femmes distinguées, qu'il espérait un succès de salon et de boudoir pour son triste héros. Sa seule crainte était de n'avoir pas mis assez de passion et d'ardeur dans son roman. Il écrivait à M. Mérimée, auquel il en avait communiqué l'ébauche: «Mon livre a-t-il assez de chaleur pour faire veiller une jolie marquise française jusqu'à deux heures du matin? *That is the question.*» Il insistait: «Je reviens à la question de chaleur; vous ne me dites rien. Est-ce mauvais signe? Si ce roman n'est pas de nature à faire passer la nuit, à quoi bon le finir?» Le reste de la lettre est consacré à une étude historique et psychologique sur le *babilanisme* (mot italien pour les cas d'Octave).

Nous avons trop insisté peut-être sur cette œuvre cynique, malgré le mystère, et justement oubliée, malgré le mérite de quelques analyses. C'est que tout Stendhal est là avec ses préoccupations sensuelles, ses arrière-pensées libertines, ses colères et ses défiances d'homme d'opposition, ses bizarreries d'entretiens interrompus et de brusques saillies, ses négligences travaillées et son décousu plein de prétention. Aussi *Armance* resta son œuvre de prédilection, et il voulut consoler son roman et peut-être se consoler lui-même de son échec absolu, en mettant cette œuvre infortunée au premier rang dans son cœur. C'est une habitude, chez les auteurs, d'avouer leurs préférences secrètes pour ceux de leurs ouvrages que le public semble dédaigner. Admirable et simple procédé pour réussir toujours, même quand on échoue. On réussit du moins pour soi, quand on ne réussit pas pour les autres. C'est une consolation.

Le Rouge et le Noir, chronique du dix-neuvième siècle,
parut quelques années après *Armance* et avec plus de succès.
Ce titre a beaucoup intrigué la critique, et vraiment il n'y a pas
de quoi. Stendhal a voulu tout simplement indiquer par ce
titre, emprunté à la langue des tripots, les chances affreusement
aléatoires de la vie de son héros, et, en général, les hasards effrayants de la fortune qui met aujourd'hui un homme au pinacle,
et demain le jette à l'échafaud. Quant au sujet du roman, M.
Colomb nous raconte que Stendhal l'a puisé dans un procès
criminel qui eut beaucoup de retentissement en Dauphiné, dans
l'année 1828. Le séminariste Berthet, en proie à une atroce
jalousie, tira deux coups de pistolet sur madame M. . .au milieu
de l'église du village de Brangue; cette dame en fut quitte pour
une blessure, et Berthet fut exécuté à Grenoble. La cause,
très-dramatique par elle-même, offrait à Stendhal un intérêt
particulier; madame M. . .était parente d'un conseiller à la Cour
royale de Grenoble, portant le même nom, et ami d'enfance
de Stendhal.

Je viens de relire ce roman, pour en renouveler l'impression
un peu effacée dans mon souvenir, et je sors de cette lecture profondément attristé. Le commencement est plein d'engageantes
promesses; il y a une certaine jeunesse de sensations, sinon de
sentiments, une certaine fraîcheur de paysage, quelque vérité
d'observation, et, malgré le machiavélisme précoce de Julien qui
sonne faux dès les premières pages, on ne saurait contester que
les scènes d'exposition offrent beaucoup d'intérêt. Cette simplicité relative, que l'on est tout surpris de rencontrer dans un
écrivain aussi compliqué que Stendhal, excite et soutient pendant
quelques instants l'attention. Malheureusement cela ne dure pas,
et l'effet disparaît vite avec la cause. A mesure que l'on avance
dans le livre, les teintes s'exagèrent, le fond s'obscurcit, les caractères sont surchargés; tout devient faux, impossible, outré.
L'invraisemblable et l'odieux irritent tour à tour et repoussent
l'esprit du lecteur. La dernière partie du livre est décidément
insupportable d'exagération et de bizarrerie. Il y a comme un
parti pris d'horreur qui laisse dans l'âme l'impression vague et
pénible d'un cauchemar.

Le roman s'engage d'une manière vive et piquante qui
rappelle quelques bonnes scènes de la vie de province de Balzac.

Nous sommes à Verrières, «qui va en montant depuis la rive du Doubs jusque vers le sommet de la colline,» nous rencontrons un grand homme à l'air affairé et important. A son aspect, tous les chapeaux se lèvent rapidement. Ses cheveux sont grisonnants, et il est vêtu de gris. Il est chevalier de plusieurs ordres, il a un grand front, un nez aquilin, et au total sa figure ne manque pas d'une certaine régularité. Mais à la réflexion on est choqué d'un certain air de contentement de soi et de suffisance mêlé à je ne sais quoi de borné et de peu inventif. Tel est le maire de Verrières, M. de Rênal, le chef des ultras, l'adversaire déclaré des libéraux et des jansénistes, le rival d'influence et d'autorité d'un autre gros personnage, M. Valenod, directeur du dépôt de mendicité, un ci-devant beau de la localité, lovelace joufflu, dévot et marié. Ce jour-là M. de Rênal est plus préoccupé que jamais. Pour faire crever de dépit son cher Valenod, il va se donner le luxe d'un précepteur pour ses enfants. Le fils d'un madré paysan, Julien Sorel, fera l'affaire. On se passera la fantaisie d'un professeur à domicile pour cent écus par an, la nourriture et l'habillement. Toutes ces grosses vanités de petite ville, ces rivalités haineuses et mesquines, ces luttes sourdes de ruse et d'intrigue, sont posées d'une main hardie et habile dès le début du livre. Nous respirons à pleins poumons l'air de la province. Nous sommes à mille lieues de Paris. Tout est étroit et passionné, et sur ce théâtre microscopique, la lutte s'engage avec fureur entre les intérêts rivaux.

Une scène heureuse et fraîche vient faire diversion à cette iliade de petite ville. Je veux parler de la rencontre de Mme de Rênal et de Julien Sorel, qui vient remplir ses fonctions de précepteur.

«. . .Mme de Rênal aperçut près de la porte d'entrée la figure d'un jeune paysan presque encore enfant, extrêmement pâle et qui venait de pleurer. Il était en chemise bien blanche, et avait sous le bras une veste fort propre de rétine violette. Le teint de ce petit paysan était si blanc, ses yeux si doux, que l'esprit un peu romanesque de Mme de Rênal eut d'abord l'idée que ce pouvait être une jeune fille déguisée, qui venait demander quelque grâce à M. le maire. Elle eut pitié de cette pauvre créature, arrêtée à la porte d'entrée, et qui évidemment n'osait pas lever la main jusqu'à la sonnette. Mme de Rênal s'approcha; Julien, tourné vers la porte, ne la voyait pas s'avancer. Il tressaillit quand une voix douce dit tout près de son oreille:

«Que voulez-vous ici, mon enfant?»—Julien se tourna vivement, et, frappé du regard si rempli de grâce de Mme de Rênal, il oublia une partie de sa timidité. Bientôt, étonné de sa beauté, il oublia tout, même ce qu'il venait faire. Mme de Rênal avait répété sa question.—«Je viens pour être précepteur, madame,» lui dit-il enfin, tout honteux de ses larmes, qu'il essuyait de son mieux.»

Ce petit paysan au teint si blanc, aux yeux si doux, que l'on prend pour une jeune fille déguisée, porte déjà, sous son extérieur si poétique et si frêle, un cœur dépravé par une ambition furieuse et par une vanité presque féroce. Il a juré de faire fortune, et à tout prix il tiendra son serment. Toutes les corruptions sont déjà en germe dans cette jeune âme. Incrédule et hypocrite, il a appris le latin et la théologie chez le bon vieux curé Chélan, qu'il trompe indignement, et il se destine à entrer dans les ordres. Mais sa vocation a été chez lui l'effet d'un profond calcul. Ce Machiavel enfant s'est dit, dans le secret de son âme, que les voies de l'ambition changent avec les époques. Sous Napoléon, il eût été soldat, avec quel enthousiasme, avec quel feu! Sous Charles X, il veut être prêtre, et il calcule qu'après tout le traitement d'un évêque vaut bien celui d'un général. Il cache, comme un secret honteux, son idolâtrie pour Napoléon; il enfouira plus tard, dans sa paillasse, le portrait du grand homme. Il l'adorera à la dérobée, mais devant le monde il se signera avec horreur quand on prononcera ce nom détesté. C'est, avec sa mine de fillette, le plus infâme petit roué qu'il y ait au monde. Il le montrera de reste dans la suite de l'histoire. Il y a dans la peinture de cette scélératesse précoce, de cet aplomb dans l'hypocrisie, de cette candeur infâme, une invraisemblance criante. Eh quoi! ce jeune garçon ne connaît rien de la vie et du monde, et vous en faites déjà un monstre par l'imagination et par le cœur! Quelle bizarrerie! Ajoutez que Stendhal a la ferme intention de faire admirer ce jeune drôle et de nous intéresser, de gré ou de force, à ses succès dans le monde. Il lui donne, sans s'inquiéter de la contradiction, une âme de feu, une fierté ombrageuse, une dignité intraitable. Dans le même cœur tant de fierté et tant de bassesse, tant d'hypocrisie et tant de dignité! Est-ce donc de la profondeur que d'assembler ainsi des contraires? Voilà son héros, son triste héros lancé dans le roman. Il n'a que dix-huit ans, et c'est déjà un vieillard par la gravité affectée, par l'austérité des dehors, par la sécheresse effrayante de ses calculs. Il ne perd pas de temps pour arriver à ses fins. Il est seul, sans appui dans cette riche maison. Il veut s'y créer des dalliances, des protections, ou plutôt il veut y devenir le maître, et ce roué, qui n'est qu'un enfant, entreprend de séduire cette belle et vertueuse femme, Mme de Rênal; il ne l'aimera que plus tard, et déjà il médite de la perdre. Lui, un pauvre abbé qui sort de sa chaumière, elle une belle dame; lui presque un enfant, elle, déjà mère de grands enfants! Est-ce là du vraisemblable?

L'été arrive, on prend l'habitude de passer les soirées sous un immense tilleul à quelques pas de la maison. Julien touche un soir, par hasard, dans l'obscurité, une main qui se retire bien vite. Son parti est pris. Il pense aussitôt qu'il est de *son devoir* d'obtenir que l'on ne retire pas cette main, quand il la touchera. L'idée d'un devoir à accomplir, et d'un ridicule à subir s'il n'y parvient pas, éloigne tout plaisir de son cœur. Il se prépare à cette grande tentative avec un sang-froid effrayant: ce n'est pas la passion qui le pousse, c'est la vanité. Cette vanité féroce, intraitable, lui dicte sa sentence: au moment précis où dix heures sonneront, il exécutera ce que, pendant toute la journée, il s'est promis ou il montera chez lui se brûler la cervelle. A dix heures sonnantes, il étend la main, et prend celle de Mme de Rênal, qui résiste en vain et qui cède. La séduction commence. Bientôt Mme de Rênal est la maîtresse de ce vaniteux petit abbé, qui a bien le front de faire à tout propos des scènes de dignité blessée au mari outragé. Les lettres anonymes arrivent; la médisance fait son œuvre, le mystère est divulgué; il faut partir. Julien entre au séminaire avec la protection du bon abbé Chélan. La seconde partie du roman commence.

A défaut d'élévation, il y avait au moins, dans la première partie, de l'intérêt, des scènes vives et variées, de l'entrain. Le récit était vif, et se soutenait dans des conditions suffisantes, sinon de vraisemblance, du moins de possibilité. A dater de l'entrée de Julien au séminaire, tout change, tout est hors du ton et de la couleur. Stendhal nous esquisse, dans une peinture effroyable, l'intérieur d'un séminaire, et nous explique par le menu les moyens raffinés dont se sert le pouvoir occulte de la congrégation pour corrompre ces jeunes âmes et leur inoculer les poisons secrets des pernicieuses doctrines. L'imagination de Stendhal, qui toute sa vie fut préoccupé d'une idée fixe, la police, applique ses idées fantastiquement lugubres à la politique des jésuites qui devient quelque chose de gigantesque et de terrible. Julien ne fait que traverser ces sombres régions, livrées à l'épouvante et au mystère, et nous passons avec lui du séminaire dans le salon d'un des plus nobles hôtels du noble faubourg, chez M. de La Môle. Là encore même exagération, même raffinement dans le faux. C'est tout un monde d'évêques corrompus, de prêtres simoniaques, de messalines dévotes, de cafards scélérats, de diplomates dignes de la corde, avec accompagnement obligé de fats, d'imbéciles et d'écervelés. L'intrigue se débat péniblement dans ce prétendu grand monde qui, pour Stendhal, n'est jamais que le monde de l'infamie décorée et du libertinage dévot. Julien, par son intelligence haute et froide, par son grand art de la dissimulation, par ses ménagements infinis, arrive à s'emparer de la confiance du vieux marquis de La Môle, qui l'emploie aux missions les plus délicates de la diplomatie secrète. Le secrétaire intime voit de près et presque sur un pied d'égalité les grands seigneurs, et s'initie aux secrets de la haute fatuité. Il fait si bien que l'orgueilleuse Mathilde, la fille du marquis, la plus fière beauté de la cour, s'éprend d'un caprice pour le pauvre secrétaire, et se donne à lui. Mais quand Julien croit avoir tout gagé, il s'aperçoit que tout est perdu. La fière jeune fille le traite comme un laquais avec lequel on s'est oublié. Un lutte terrible s'engage dès lors entre ces deux orgueils intraitables. Julien est le plus fort, et Mathilde reconnaît son maître. Après des crises violentes, cette fille impérieuse va obtenir de son père un consentement tardif à ce mariage presque impie. Une lettre de Mme de Rênal, dictée par son confesseur, et adressée à M. de La Môle, vient détruire toutes ces espérances renaissantes, et ce grand bonheur, construit avec tant d'efforts, s'écroule. Julien part silencieux et résolu. Il se rend à l'église de Verrières, le dimanche, et d'un coup de pistolet il étend à ses pieds Mme de Rênal. Sa vengeance est accomplie. Le reste du roman devient du pur mélodrame: scène de cour d'assises, scènes de la prison, passion folle de Mme de Rênal pour son assassin, jalouise furieuse de Mathilde de La Môle, qui réclame ses droits d'épouse, exécution, scène posthume, dans le genre des scènes de charnier de Frédéric Soulié, délire amoureux de Mathilde, qui dérobe au cercueil la tête mutilée de Julien et la couve d'effroyables baisers . . . . C'est assez.

Stendhal a mis tout son art à faire de l'instrument du supplice un véritable piédestal pour son héros. Julien meurt avec des phrases, et la dernière impression que nous laisse ce singulier livre, c'est celle de la guillotine devenue presque romanesque et de l'échafaud poétisé.

On dit que l'auteur a voulu se peindre, moins l'échafaud, dans Julien. Triste idéal! et pourtant cela ne m'étonnerait pas. Julien est peint avec amour. On voit que Stendhal a caressé avec un soin tout particulier cette étrange conception. Nous savons qu'il a rêvé toute sa vie de faire peur aux honnêtes gens par la profondeur de ses vices et par les raffinements de son immoralité. Rien ne l'enchantait comme de prendre des airs sataniques et de porter sur son front la sinistre majesté de l'abîme. Il jouait au don Juan incrédule et athée, avec un indicible plaisir. A ce rêve, il en joignait un autre, le rêve du don Juan libertin, adoré des femmes. Il lui manquait pour cela bien des choses, entre autres, la beauté: il n'eut garde de la ménager à Julien, et il put ainsi se consoler de ce qu'il n'était pas, en peignant ce qu'il aurait voulu être. Un scélérat de salon, spirituel, athée, irrésistible pour les femmes du grand monde, beau et fier, quel idéal pour ce pauvre Stendhal, qui ne fut jamais qu'un athée très-laid, un fanfaron de vices, et un médiocre don Juan!

Ce roman semble être le pandémonium de la méchanceté et de la fourberie humaine. Quel type effroyable que cet abbé Frilair et cet abbé Castanède et cette maréchale de Fervaques! Parlerons-nous de ce père ignoble dont Julien, son fils, fait taire les dernières remontrances, la veille de l'échafaud, en lui promettant quelques milliers d'écus pour le lendemain de sa mort, et qui, un dimanche, après dîner, montrera son or à tous ses envieux de Verrières! *A ce prix, leur dira son regard, à ce prix, lequel d'entre vous ne serait pas charmé d'avoir un fils guillotiné?* L'horrible, poussé à ce point, n'est plus de l'horrible, c'est du grotesque impur dans le genre de Robert Macaire.

Il y a deux caractères de femmes sur lesquels Stendhal a évidemment compté pour relever un peu le niveau moral de son roman. Nous ne prétendons pas nier que Mme de Rênal n'attache le lecteur par une secrète sympathie. Il y a du charme dans cette grande dame de petite ville, délicieusement gauche, ignorant tout de l'amour, étrangère à toute coquetterie, à toute affectation. Nous ne dirons pourtant pas avec M. Colomb, qui s'extasie devant elle: *Pauvre femme! vertueuse et adultère!* Nous aimons beaucoup Mme de Rênal dans les premières pages du roman. Mais notre intérêt diminue et notre surprise augmente à mesure que le roman se développe. Mme de Rênal perd beaucoup de son charme en perdant sa vertu, et il ne nous est pas possible, comme à M. Colomb, de faire survivre sa vertu à son adultère.   Eh quoi! c'est cette femme si foncièrement pieuse, si bonne mère, si chaste, qui cède si facilement et si vite aux séductions effrontées de ce petit garçon, moitié paysan, moitié abbé?   Pas une résistance sérieuse, pas de lutte; une fascination complète!   Et quelle passion folle, délirante, romanesque, dans le reste du livre!   Quelles scènes d'amour convulsif dans la prison, lorsque cette pauvre femme affolée vient oublier son repentir, ses remords, ses expiations dans les bras de son assassin!   Que tout cela est faux!   Dans cette âme qui a perdu toute réserve et toute pudeur, puis-je reconnaître cette ingénuité rougissante, cette grâce modeste, cette timidité vertueuse que l'on nous avait retracée d'un pinceau presque délicat, au début du roman?   Stendhal se plaît ainsi à ces jeux de contradiction violente dans les caractères.   Julien est un monstre d'hypocrisie, et, en même temps, c'est un héros de noblesse, de fierté, de vaillance virile.   Madame de Rênal est la pudeur même, et la passion en fait une dévergondée qui court les prisons pour y chercher son infâme amant.   Et Mlle de La Môle!   Quelle étrange figure elle a fait dans ce roman!   Stendhal a cru faire une œuvre de maître en nous peignant cette fille noble, hautaine et belle, l'orgueil incarné dans la beauté. Mais à qui fera-t-il croire que ce soit là un personnage humain, une figure vivante?   Elle commence par mépriser Julien comme un domestique de son père, puis cette âme impérieuse cède au charme; elle aime Julien, lui ouvre sa fenêtre, le cache dans une armoire.   Comme tout cela est noble, vraisemblable!   Une fille de race, qui a dans son sang l'orgueil intraitable de tous ses ancêtres, et qui se livre, comme elle le dit, *au premier venu,* et qui, lorsque Julien lui demande des garanties de ce terrible amour auquel il n'ose pas se fier, répond comme une héroïne de mélodrame: *Déshonorez-moi, ce sera une garantie*!   Quel mot dans cette bouche si fière et dans cette âme si haute!   Et plus tard, quand après des crises violentes de mépris et de passion, après des alternatives dramatiques de fierté et d'amour, elle se laisse aller, sans plus de résistance, aux entraînements de son cœur, comme les invraisemblances s'accumulent! C'est cette fille noble qui se laissera maltraiter, avilir, mépriser par Julien, dans sa prison, comme une ancienne maîtresse qu'on veut éconduire; et toutes les énergies de son âme ne se réveilleront pas devant tant d'injures!   Et cette reine descendra de son trône pour une espèce de domestique, couvrira de baisers humiliants cette main qui la meurtrit!   Encore une fois, c'est un parti pris chez Stendhal d'étonner le lecteur par les évolutions contradictoires des caractères qu'il fait jouer sous ses yeux.   Il croit atteindre ainsi à ce *divin imprévu,* qui, selon lui, est la grande loi de l'art comme la règle suprême de la vie. Il n'atteint qu'à des effets bizarres, choquants, scandaleux. Il croit donner des preuves d'une sagacité effrayante dans l'analyse des passions, et il n'aboutit qu'à prouver son inexpérience complète dans l'art de conduire les caractères et de mener un roman. L'extrême inconséquence n'est pas plus dans la nature humaine que l'extrême logique, et un caractère qui se donne à chaque instant des démentis violents me choque autant que pourrait m'ennuyer l'uniformité convenue d'un personnage qui ne changerait jamais ni d'idées ni de langage. Je veux de la variété dans le roman, comme dans toute œuvre d'art, mais la variété n'est pas la contradiction.

J'y voudrais aussi quelques caractères purs, sur lesquels pût se porter, en toute sécurité, l'affection du lecteur. Je n'en trouve jamais dans Stendhal. Le caractère aimable et relativement pur du roman, c'est Mme de Rênal, une femme coupable. On remarquera quelle idée Stendhal se fait des femmes. Aucune de ses femmes n'est chaste. Elles se livrent toutes, un peu plus tôt, un peu plus tard, il n'y a de différence que dans le temps qu'elles y mettent, et la plus vertueuse, qui est Mme de Rênal, est celle qui cède le plus vite et sans phrase. Singulière morale du roman, qui s'accorde bien avec la pensée intime de l'auteur! Stendhal n'eut jamais, on le sait, d'autre morale que celle de Julien. Il a résumé toutes ses doctrines dans cette fameuse oraison funèbre que Julien s'adresse à lui-même, dans sa prison, la veille de sa mort: «A mesure que j'aurais été moins dupe des apparences, se disait-il, j'aurais vu que les salons de Paris sont peuplés *d'honnêtes gens* tels que mon père, ou de coquins habiles tels que ces galériens. . . . Il n'y a point de droit naturel: ce mot n'est qu'une antique niaiserie. Il n'y a de droit que lorsqu'il y a une loi pour défendre de faire telle chose, sous peine de punition. Avant la loi, il n'y a de naturel que le besoin. Les gens qu'on honore ne sont que des fripons qui ont eu le bonheur de n'être pas pris en flagrant délit. . . . Où est la vérité? Dans la religion? Oui, dans la bouche des Frilair et des Castanède? Peut-être dans le christianisme primitif? Les apôtres n'ont pas été payés. Eh quoi! saint Paul ne fut-il pas payé par le plaisir de commander, de parler, de faire parler de soi? . . . Comment, dès qu'on sera trois ensemble, croire à ce grand nom *Dieu,* après l'abus effroyable qu'en font nos prêtres? Vivre isolé, quel tourment!. . . . Je deviens fou et injuste, se dit Julien en se frappant le front.   Je n'ai pas vécu isolé sur la terre; j'avais la puissante idée du devoir.   Le devoir que je m'étais prescrit a été comme le tronc d'un arbre solide auquel je m'appuyais pendant l'orage; je vacillais, j'étais agité.   Après tout, je n'étais qu'un homme. . .mais je n'étais pas emporté.»   Il faut bien s'entendre sur ce que Stendhal-Julien entend par le devoir.   Ne soyons pas dupes d'un mot.   Le devoir, pour Julien, n'a rien d'analogue à ce que le bon sens vulgaire entend.   Ce n'est ni cette voix intime du sentiment, ni cet oracle auguste de la raison qui nous prescrit de respecter le droit, la propriété, l'honneur, la femme du prochain.   Ce n'est pas cette règle innée de l'honnête qui s'exprime dans l'âme avec tant d'autorité et de clarté, et qui nous trace la voie à suivre à travers les circonstances difficiles de la vie.   Rien de semblable dans le devoir que Julien conçoit, et auquel il a soumis inflexiblement les derniers détails de sa vie et tous les battements de son cœur.   Le devoir est pour lui la règle stricte de l'intérêt, le moyen le plus sûr et le plus prompt de faire fortune, le calcul médité de son égoïsme, ou encore l'inspiration réfléchie de son orgueil et la vengeance raffinée de sa vanité meurtrie.   Tout le caractère de Julien s'explique à la lumière du devoir, défini de cette étrange manière.   C'est ce *devoir* qui lui impose, un soir, l'obligation stricte de s'emparer, sans passion, sans désir de la main de Mme de Rênal, encore innocente, mais déjà troublée.   Par un engagement tacite envers lui-même, il osera, ou il se tuera.   Il veut à la fois faire son chemin par cet amour calculé, et se venger des dédains de M. de Rênal.   Ce même *devoir* lui conseille les plus honteuses hypocrisies pour réussir et devenir évêque.   Séminariste, il ne croit pas en Dieu, mais il s'impose le précepte de tromper tout le monde.   Secrétaire intime de M. de La Môle, il faut qu'il séduise la fille de ce noble vieillard et il y réussira par des prodiges de stratégie.   Trahi, au moment où il touchait à la fortune, par les révélations terribles de Mme de Rênal, il faut qu'il se venge, et ce même devoir qui lui a conseillé tour à tour l'hypocrisie, l'adultère, la séduction, va lui prescrire l'assassinat.   Et il se rendra cette orgueilleuse justice, au fond de son cachot, que s'il succombe sous le concours imprévu des circonstances plus fortes que sa volonté, il n'a du moins rien négligé pour se pousser dans le monde, il n'a rien abandonné au hasard, il n'a jamais violé cette loi impérieuse de son orgueil ou de son égoisme; il a pu chanceler parfois devant les rudes exigences de ce devoir qui comprimait les entraînements de son cœur, et l'arrachait aux niaiseries sentimentales de la probité vulgaire; il a pu chanceler, parce qu'il était homme; mais il n'a pas été emporté hors de sa voie. Il a pu hésiter sur sa route; il n'est pas tombé; il a marché toujours vers ce but inflexible, sa fortune ou sa vengeance. Il meurt avec cette consolation suprême d'avoir été toute sa vie un impassible scélérat. Voilà le devoir tel que Julien l'a entendu et pratiqué. C'est le plus étrange abus de mots qu'un écrivain puisse commettre.

Même défaut de sens moral dans la *Chartreuse de Parme*, le dernier roman de Stendhal et son plus célèbre ouvrage. Nous insisterons pourtant moins sur cette œuvre, d'abord parce qu'elle nous semble très-inférieure, en dépit de l'opinion commune, au *Rouge et Noir*, et surtout parce qu'elle est connue dans ses principaux détails par l'analyse emphatique et les éloges exagérés de Balzac. *Le Rouge et le Noir* est un roman odieux, souvent cynique, effronté, scandaleux; mais il y a une incontestable puissance de conception dans l'idée de cette lutte gigantesque entreprise par un homme seul, un pauvre jeune homme, un fils de paysan, contre le monde, qui le repousse d'un pied dédaigneux, et dans lequel il veut se faire une place en dépit de tous les obstacles conjurés de la fortune et de la société. Il y a même, à travers mille exagérations insensées, un certain sentiment des périls et des tentations de la civilisation moderne. C'est sans doute la calomnie du siècle; mais dans cette calomnie tout n'est pas faux, et l'idée vraie, quoiqu'à chaque instant surchargée et dénaturée, donne à ce roman, malgré ses digressions, un certain intérêt, non d'émotion, mais de curiosité. Dans la *Chartreuse de Parme*, je me demande où est l'intérêt. C'est une accumulation de scènes, sans aucun plan, sans l'ombre d'unité; c'est la chronique intérieure de toutes les intrigues et de tous les scandales qui défraient la petite cour d'un monarque imaginaire, le *fameux* prince de Parme, Ranuce-Ernest IV.

A qui s'intéresser dans ce carnaval d'événements mesquins, bizarres, tragiquement grotesques et grotesquement tragiques? Ce ne sont que des prodiges de diplomatie pour des résultats infiniment petits. Il y aurait de quoi suffire à défrayer la politique secrète de l'Europe dans ces inventions laborieusement subtiles, dans ces stratagèmes raffinés, dans ces marches et ces contremarches de la ruse et de la finesse, et cela pour faciliter l'évasion d'un prisonnier ou préparer la chute d'un de ces petits ministres qui peuplent cette petite cour. Tout cela peut être vrai et observé avec sagacité; mais tout ce qui est vrai n'est pas matière à roman, et cet effort perpétuel de l'écrivain qui tend à la profondeur, fatigue et irrite le lecteur. Si vous êtes un Montesquieu, écrivez l'histoire, mais laissez là le roman. Un beau paysage, un sentiment vrai, l'emporteront toujours en intérêt sur vos prodiges de finesse et de stratégie.

L'infatuation politique rend cet ouvrage insupportable. Le grand homme c'est le comte Mosca, le diplomate de la petite cour, compliqué d'athéisme et doublé de passion. Accumulez dans une seule tête toutes les idées qui courent par le monde sur l'art de mentir et de dissimuler, d'exciter adroitement dans l'esprit du prince une passion pour combattre une passion contraire, de provoquer à propos un désir pour le distraire d'un intérêt, de le tromper en le flattant, de le flatter en le méprisant, et d'arriver à ses fins secrètes sans les trahir jamais d'un mot, d'un regard; mettez ensemble M. de Metternich et M. de Talleyrand, tels que l'imagination vulgaire se les imagine, ne parlant que pour mentir, et quelque-fois même osant dire la vérité pour mieux tromper; placez cet *immense caractère* et cet *immense génie,* comme parle M. de Balzac, au milieu des toiles d'araignée d'une cour microscopique, vous aurez le *grand,* le *sublime* Mosca, premier ministre du prince de Parme. Le grand, le sublime ministre, naturellement affranchi des préjugés, aime passionnément la comtesse Gina Pietranera, Milanaise très-romanesque et très-facile, comme toutes les femmes de Stendhal. La Gina est veuve; par malheur, Mosca se souvient qu'il est marié, et la bigamie est un cas pendable, même pour un premier ministre. Qu'à cela ne tienne! Mosca marie la comtesse au duc Sanseverina, un joli petit vieillard de soixante-huit ans, gris prommelé, bien poli, bien propre, immensément riche, mais pas assez noble. Sanseverina, enchanté du marché, donne cent mille écus, un magnifique douaire et son palais à la Gina, et il a la délicatesse de partir, dès le lendemain des noces, pour son ambassade (prix convenu), après avoir promis de ne reparaître jamais chez lui ou chez elle, comme vous voudrez; et la nouvelle duchesse trône à la cour de Parme, entre Mosca, son heureux amant, et le prince, qui voudrait bien le devenir et qu'on a la politesse de ne pas trop décourager.

Voilà les petites infamies qu'on nous donne de l'air le plus naturel, sous prétexte de couleur italienne et de mœurs locales. Mais un charmant petit démon paraît sur l'horizon: c'est Fabrice, neveu de la Gina, et pour qui la Gina voudrait bien être autre chose qu'une tante. Ce Fabrice est une tête folle, un aimable mauvais sujet, un coureur, un viveur, rien de plus naturel que d'en faire un archevêque, un cardinal—qui sait? un pape, peut-être: c'est tout à fait la manière de voir de Stendhal. Tous les prêtres sont des Fabrice quand ils ne sont pas des Julien. Vous voyez d'ici l'intrigue. Le prince court après la Gina, que Mosca ne retient qu'à grand'peine, la Gina ne demandant pas mieux que de courir après Fabrice. Et Fabrice, après qui court-il? Après une baladine d'abord, dont il tue l'amant, puis après Clélia, la fille d'un général idiot et méchant. Tout cela s'emmêle et se démêle, se noue et se dénoue à travers les incidents les plus incohérents et les épisodes les plus inutiles, dans un récit interminable, qui prend Gina à l'âge de treize ans et la conduit à la plus respectable maturité. C'est moins un roman qu'un inextricable dédale de romans touffus et diffus surajoutés les uns aux autres, commençant au hasard et se terminant plus au hasard encore. Le tout s'achève par les amours très-peu platoniques de l'archevêque Fabrice et de la belle Clélia, devenue marquise de Crescenzi, par la mort de Clélia et la retraite de l'archevêque démissionnaire à la *Chartreuse de Parme,* qui n'est nommée qu'une fois dans les dernières lignes, et qui, par une bizarrerie prétentieuse de l'auteur, a donné son nom au roman. On n'a pas d'idée de ce fouillis d'événements qui avortent, d'incidents qui n'aboutissent pas, de développements qui ne servent à rien. C'est un monde vu à l'envers de tout bon sens et de toute vraisemblance. Qu'il y ait dans ce livre des nuances bien italiennes, et que l'analyse d'une petite cour absolue soit souvent pénétrante et fine, je ne le nie pas. Mais quand ces sortes d'analyses se prolongent trop, elles produisent une langueur et une satiété mortelles. D'ailleurs, rien ne devient faux comme une observation vraie poussée à outrance et développée sans mesure. Cette sobriété, cette tempérance dans l'analyse qui n'est qu'une des formes du tact et du goût, Stendhal ne s'en douta jamais, et c'est là une des causes qui donnent à tous ses romans un air de pure fantaisie et de contre-vérité.

Or, quand on fait de la fantaisie, il faut qu'elle soit courte et qu'elle soit amusante, et les romans de Stendhal sont tout le contraire. Ils sont interminables et ennuyeux. C'est la sentence que tout lecteur sincère portera particulièrement sur la *Chartreuse de Parme.* Ce mouvement désordonné et confus de personnages sans consistance et d'événements sans but produit un incroyable effet d'accablement et de lassitude. Stendhal aura eu beau faire, il aura eu beau imaginer les amours les plus libres, les fantaisies les plus piquantes de l'amour sensuel, les événements les plus étranges et les plus variés, il n'a pas fait naître l'intérêt puissant de la plus simple fiction, soutenue par un sentiment vrai. Il n'a pas produit, dans la *Chartreuse de Parme*, ce roman unique qu'il aurait voulu écrire, et qui tient éveillée dans son lit une *jolie marquise* jusqu'à deux heures du matin. La justesse et la mesure, cette condition de la vérité dans l'art, lui ont toujours manqué. L'exagération tue l'intérêt, et l'on sait ce que madame de Staël a dit des romans: à tout prix il y faut de l'intérêt, et c'est, comme le disait Cicéron, *de l'action dans l'orateur,* c'est la condition trois fois nécessaire.

On a loué beaucoup et souvent un épisode de la *Chartreuse* qui est digne de ces éloges, pourvu qu'on ne les pousse pas trop loin et qu'on n'oublie pas, avant tout, qu'il s'agit d'un épisode complètement inutile au roman. Je veux parler de la bataille de Waterloo, prise d'un point de vue vrai, individuel, tout à fait sincère, par Fabrice, qui se trouve y assister comme volontaire. Cette peinture est charmante, comme épigramme à l'adresse de tous ces illustres stratèges, lieutenants, voire même capitaines, qui ont été mêlés aux grandes batailles, mais en sous-ordre, et qui n'ont pu évidemment en saisir qu'un côté imperceptible dans un horizon très-borné, ce qui ne les empêche pas de vous expliquer dans le plus menu détail toutes les marches et les contre-marches, les évolutions, les tours et les détours, les changements de front et de flanc, tous les développements divers de la bataille, que le général en chef saisit à peine dans leur infinie variété, lui qui les ordonne et les suit avec une sollicitude unique, aidée d'excellents télescopes et d'aides-de-camp infatigables. Pour Fabrice, la bataille n'a été que beaucoup de bruit et d'agitation, une cavalcade incohérente et accidentée, de la boue qui vole sous le choc des boulets, des états-majors qui traversent les champs au galop, des mouvements sans suite, un immense désordre, des fuyards, des pillards, des routes encombrées de caissons et de blessés, des chevaux qu'on vole. La bataille est finie et perdue, que Fabrice se demande si elle va commencer, et toute sa vie il se demandera s'il était vraiment à Waterloo. Fabrice en a vu et en a fait autant que beaucoup de héros vantards; mais, plus modeste, il dit la vérité, et c'est cette sincérité, si rare quand on revient du feu, qui donne un accent particulièrement original et une couleur piquante à tout ce récit. Si Stendhal avait toujours été aussi simple, il aurait trouvé dans cette simplicité animée une veine d'agréables récits et de vifs succès. Le début du *Rouge et Noir* et l'épisode de *Waterloo* marquent ce qu'il pouvait faire et ce qu'il n'a pas fait en ce genre.

Les nouvelles insérées dans les Revues françaises de 1826 à 1839 reproduisent, dans un cadre amoindri, les qualités et les défauts de cet écrivain ingénieux mais compliqué. Nous ne citerons que les principales: *Vanina-Vanini.—Le Coffre et le Revenant.—Le Philtre.—Vittoria Accoramboni.—Les Cenci.—La Duchesse de Palliano.—L'Abbesse de Castro.* La plupart de ces nouvelles, comme le raconte Stendhal dans sa correspondance, sont empruntées aux chroniques romaines du seizième siècle; ce sont en général des récits courts et tragiques dont l'amour est tout le ressort. Stendhal prenait le sujet de ces nouvelles dans de vieux manuscrits qu'il fit copier dans les bibliothèques italiennes en 1834 et 1835; son travail commençait par une sorte de traduction littérale de l'italien en français; ce premier travail achevé, il rédigeait l'histoire en la francisant un peu de style et d'idée, tout en conservant, disait-il, autant que possible la naïveté primitive du texte. Nous croyons, malgré son affirmation, qu'il changeait considérablement, sans s'en douter peut-être, le ton et la couleur du récit, par un détail supprimé, par un mot ajouté. On n'était pas voltairien au XVIe siècle en Italie, et toutes ses nouvelles italiennes sentent le Voltaire d'une lieue.

Nous avons cru devoir donner une attention toute particulière aux romans de Stendhal. L'homme se retrouve tout entier dans ses fictions; c'est toujours la même haine fanatique contre l'Eglise, un mépris furieux pour la religion et pour les prêtres, une défiance instinctive pour tous les nobles penchants et les affections désintéressées du cœur, une guerre ouverte contre toutes les idées reçues en morale, et qui toutes ne lui semblent qu'une hypocrisie ou une niaiserie, une désinvolture d'égoïsme sensuel et de sans-façon qu'on nous donne pour de la couleur italienne, une grande prétention à la profondeur des vues, à la pénétration politique, au machiavélisme; c'est toujours cet air d'Alcibiade-Talleyrand qu'il donne à ses héros, comme à Julien, comme à Mosca, et qu'il aurait si bien voulu prendre pour lui-même; c'est une affectation d'esprit fort et un parti pris de sarcasme contre tous les principes, et de mépris pour les hommes. Ajoutez-y une imagination stérilement abondante qui appauvrit le roman en accumulant les incidents, au lieu de tirer d'un événement tout ce qu'il contient, et qui embrouille à chaque instant la trame du récit en la compliquant de digressions et d'épisodes;

ajoutez enfin un style très-lent, malgré sa prétention à la vivacité, un style qui semble toujours courir et qui s'arrête à chaque
instant, comme s'il avait l'haleine courte, des procédés bizarres
de narration tortueuse et oblique, n'expliquant qu'imparfaite-
ment les choses et laissant beaucoup au sous-entendu; de l'esprit,
mais voulu, souvent contourné, parfois inintelligible; beaucoup
de *manière* et d'apprêt dans le dialogue où chaque personnage
veut dire des mots profonds.   Je ne parle pas de certaines incorrections frappantes et de quelques négligences qui ne peuvent
être que préméditées et qui dès lors sont une assez triste coquetterie.   En somme de l'esprit dans le détail, un incroyable
ennui dans l'ensemble; telle est la vérité sur les romans de Stendhal, la vérité brutale, mais vraie, telle que presque personne
n'ose l'exprimer, de peur d'être exclu de l'illustre coterie des
raffinés et de passer pour un béotien.   Il y a quelque courage à se
mettre au ban du bel esprit.

Jules Barbey d'Aurevilly

Stendhal
1856

Jules Barbey d'Aurevilly, romancier dont la renommée ne fait que s'accroître de nos jours, fut aussi un critique assez perspicace. S'il a cru que «la Critique s'exerce en vertu d'une théorie morale plus haute qu'elle,»[1] s'il appréciait davantage les écrivains d'inspiration catholique, il n'a pas été pour cela insensible au génie de Stendhal qu'il a placé, dans un article du *Pays*, 13 juillet 1853, tout juste après Balzac «à la tête des artistes, des observateurs et des écrivains»[2] de la première moitié du XIXᵉ siècle. L'article que nous publions, paru également dans le *Pays* le 18 juillet 1856 et republié dans *les Œuvres et les hommes,* est l'analyse la plus poussée que Barbey ait faite de Stendhal. Prenant comme prétexte la parution de la *Correspondance* de Stendhal, il se permet de se prononcer sur l'écrivain. Tout en déplorant la philosophie fausse, «le talent perverti et pervers,» et les «pauvretés d'opinion et les superficialités d'aperçu» de Stendhal, il avoue la fascination qu'il ressent pour Beyle, voire l'empire que celui-ci exerce sur lui. Ses appréciations de la force de Stendhal alarmèrent les journaux catholiques. Barbey leur riposta par des sarcasmes, lancés dans une lettre à Trébutien, aux dépens des esprits étroits:

A *L'Univers* aussi, ils se sont scandalisés. De *L'Univers*, rien ne m'étonne. Ils ont une manière de voir courte, ombrageuse, qui peut être le Catholicisme de certains crasseux de prêtre-à-bonne-femme, mais qui n'est pas le Catholicisme d'un Cardinal. *Aubineau* qui grimace *Veuillot* dans ses articles, comme un derrière qui s'efforcerait d'être une figure, Aubineau a publié sur Beyle un article où la sublime et géniale largeur de l'esprit catholique se racornit jusqu'à l'esprit de secte. Un *Aubineau* trouve *Beyle* médiocre! C'est comme si l'on parlait de la *médio-*

crité de Machiavel ou si l'on disait que Louis XV avait
l'air commun!!! Qu'il le broie pour son athéisme, qu'il
écrase la côte du dragon, très bien! Mais qu'il ne lui
reconnaisse pas le plus charmant, le plus ensorcelant
esprit, et non seulement charmant, mais puissant, mais
profond, mais subtil, mais tout ce qu'un esprit peut être
(hors de la vérité chrétienne), il faut pour cela être une
âme condamnée à une sottise sans remède. . .un *Aubineau.*[3]

Rendons justice à ce critique qui se montre capable d'apprécier
l'œuvre d'un écrivain dont il combat les idées. Barbey, souvent
violent, n'en est pas moins, à l'occasion, compréhensif.

ᘓᔭᕋ

I

La librairie Lévy a publié dernièrement la correspondance
de Stendhal (Beyle). Beyle ou Stendhal (car les éditeurs lui ont
conservé, à ce maniaque de pseudonymes, le nom de guerre sous
lequel il a écrit ses plus beaux ouvrages) fut un écrivain très-peu
connu de son vivant, qui a publié, de 1820 à 1841, les livres les
plus spirituels. Pour beaucoup de raisons, dont nous dirons
quelques-unes, la *Correspondance* de Stendhal, quand elle parut,
dut exciter un vif intérêt de curiosité, s'il y a encore un sentiment de ce nom au service des choses de la pensée, dans ce
monde matérialisé. Ce devait être un livre *à part,* comme son
auteur,—qui ne fut point un écrivain dans le sens notoire et offi-
ciel du mot,—qui n'en eut ni les mœurs, ni les habitudes, ni
l'influence, ni l'attitude devant le public. Rareté charmante, du
reste, dans un homme qui pourtant s'est mêlé d'écrire,—dont le
talent n'a pas fait la vie, mais dont la vie, au contraire, a fait le
talent.

Or, c'était cette vie justement qu'a révélée, du moins en
fragments, la *Correspondance.* C'était cette vie que la critique a
pu consulter pour expliquer un talent bizarre souvent, mais
incontestable, trop grand pour n'être pas compté dans la littérature contemporaine. Certes, nous, autant que personne, nous
connaissons et nous flétrissons les côtés mauvais et gâtés de

Stendhal. Nous savons d'où il était sorti et où il est allé, ce dernier venu du XVIIIe siècle, qui en avait la négation, l'impiété, l'analyse meurtrière et orgueilleuse, qui portait enfin dans tout son être le venin concentré, froidi et presque *solidifié* de cette époque empoisonnée et empoisonneuse à la fois, mais qui, du moins, n'en eut jamais ni la déclamation ni la chimère! Stendhal est l'expression la plus raffinée et la plus sobre de ce matérialisme radical et complet dont Diderot fut le philosophe et le poëte. Il a pris un morceau de la lave de ce volcan du XVIIIe siècle, qui a couvert le monde de ses scories, et il a mis malheureusement dans cette lave impure la mordante empreinte d'un talent profond. Quoi qu'il ait été par les opinions et par les principes, intellectuellement Stendhal fut un homme, et c'est assez pour que la Critique s'en occupe dans un intérêt littéraire, et même dans un intérêt de moralité.

D'ailleurs, il faut bien en convenir, on n'est pas libre de le passer sous silence. On ne voile les portraits de doges que quand on les a décapités! Non-seulement Stendhal a un de ces mérites positifs qui forcent la main à la Critique, mais il a, de plus, une fascination singulière qui oblige à le regarder. Le caractère de cet esprit faux ou sincère (et, pour nous, il manquait de sincérité) est d'attirer comme une énigme. «C'est le palais dans le labyrinthe,» dont parlait cette fille de génie. . . . Il était pétri de contrastes, et sa volonté acharnée les repétrissait en lui. Matérialiste sans emphase, souterrain et fermé, il eut toute sa vie cette simplicité effrayante d'une erreur profonde, qui, selon l'Eglise et son terrible langage, est le signe de l'impénitence finale de l'esprit. Mais ce matérialiste avait vu la guerre, la grande école du sacrifice et du mépris de la matière. Il l'avait vue et il l'avait faite, et cette saine odeur de la poudre qu'il avait respirée avait préservé la vigueur de son esprit, sinon de son âme, des dernières pourritures de la corruption. C'était un homme d'action, fils d'une époque qui avait été l'action même, et qui portait la réverbération de Napoléon sur sa pensée; il avait touché à cette baguette magique d'acier qui s'appelle une épée, et qu'on ne touche jamais impunément, et il avait gardé dans la pensée je ne sais quoi de militaire et, qu'on me passe le mot, de cravaté de noir, qui tranche bien sur le génie fastueux des littératures de décadence.

Il eut beau s'éloigner, en effet, des premières fonctions de sa vie, de ses premières préoccupations; il eut beau devenir, à moitié d'existence, un observateur, les bras croisés, de la nature humaine, un pacifique dilettante de beaux-arts, un causeur de Décaméron, un capricieux de littérature qui avait fini par prendre goût aux lettres, dont il avait d'abord médit, son genre de talent, qui brusquait l'expression pour aller au fait, se ressentit toujours de la mâle éducation de sa jeunesse. Quoique homme d'action, il avait, en tout temps, beaucoup regardé dans son âme,—dans cette âme à laquelle il ne croyait pas! Les Italiennes, qu'il a tant aimées, les Lombardes, dont il était fou, ne regardent pas plus dans leur cœur, avec leurs longs regards indolents et amoureusement tranquilles, que lui ne regarda dans le sien. Fait pour le monde, comme tous les ambitieux, qui finissent par se venger, en le jugeant, de ne pouvoir le gouverner, Stendhal, misanthrope vrai au fond, mais qui cachait sa misanthropie comme on cache une blessure à chaque instant près de saigner, Stendhal fut. . . j'oserai le dire, un Tartuffe en beaucoup de choses, quoiqu'il pût être franc comme la force, car il l'avait!

Oui, un Tartuffe, entendons-nous bien, un Tartuffe intellectuel! Il le fut de naturel, d'originalité, de clarté, de logique, poussant sa tartufferie jusqu'à la sécheresse; un Tartuffe qui commença par jouer sa comédie aux autres, et qui devint, comme tous les Tartuffes, son propre bonhomme Orgon à lui-même, punition ordinaire et bien méritée de tous ces menteurs! Esprit de demi-jour et même quelquefois de ténèbres, cet Excentrique prémédité passa dans la littérature, ou plutôt à côté de la littérature de son temps, «embossé» dans une cape hypocrite, ne montrant qu'un œil, à la façon des Péruviennes sous leur mantille, un *seul* œil noir, pénétrant, affilé, d'un rayon visuel qui, pour aller à fond, valait bien tous les stylets de l'Italie, mais qui avait, croyez-le bien, la prétention d'être vu et même d'être trouvé beau. Ainsi que tous les tartuffes qui possèdent l'esprit de leur vice, et la majorité des hommes doublés d'une idée qu'ils ne disent pas, mais qui chatoie dans leur silence, comme le jais brille malgré sa noirceur, Stendhal inspire un intérêt dont on ne saurait se défendre. Ne sommes-nous pas tous des besogneux de vérité, en plus ou en moins?. . . . Il a l'attrait du mystère et du mensonge, l'attrait d'un grand esprit masqué, ce qui est bien plus qu'une belle femme masquée! La fortune de la *Correspondance*, c'est qu'on s'imagina voir son visage. On s'imagina que, dans cette vie journalière, facile, dénouée, dont cette *Correspondance* est l'histoire, il avait mis son masque sur la table et dit bravement à ses amis, pendant que le monde avait le dos tourné: «Tenez, maintenant, regardez-moi!»

Mais c'est là une imagination trompée. La Curiosité a eu le nez cassé, comme dit la pittoresque expression populaire. Ce qu'on a trouvé dans la *Correspondance* de Stendhal n'a pas été ce qu'on y cherchait. On y a trouvé certainement quelque chose de très-intéressant encore, de très-piquant, de très-instructif, mais non pas le dessous de masque auquel on s'attendait un peu, et auquel on avait eu grand tort de s'attendre; car, au bout d'un certain temps, le masque qu'on porte adhère au visage et ne peut plus se lever. Le système s'incorpore à la pensée; le *parti pris* vous a *pris* à son tour et ne vous lâche plus, et la spontanéité est perdu! La tyrannie des habitudes de l'esprit crée une sincérité de seconde main pour remplacer la sincérité vierge qu'elle tue. . . . Shakespeare, qui a pensé à tout, nous a donné l'idée de cette tyrannie dans *Hamlet,* quand, avec une intention profonde, que des critiques superficiels taxeraient peut-être de mauvais goût, il mêle aux cris les plus vrais, les plus naturellement déchirants de son Oreste du Nord, des souvenirs mythologiques et pédantesques qui rappellent l'université de Wittemberg, où le prince danois a été élevé. Stendhal, malgré l'énergie d'un esprit dont la principale qualité est la vigueur, a subi, comme les plus faibles, cette tyrannie des habitudes de la pensée. Quelle que soit la page de sa correspondance qu'on interroge, il y est et il y reste imperturbablement le Stendhal du *Rouge et Noir,* de la *Chartreuse de Parme,* de l'*Amour,* de la *Peinture* en Italie, etc., etc., c'est-à-dire le genre de penseur, d'observateur et d'écrivain que nous connaissons. Ici ses horizons varient; ils tournent autour de lui comme la vie de chaque jour que cette *Correspondence* réfléchit ou domine; mais l'homme qui les regarde, qui les peint ou les juge, n'est pas changé.

C'est toujours cet étrange esprit qui ressemble au serpent, qui en a le repli, le détour, la tortuosité, le coup de langue, le venin, la prudence, la passion dans la froideur, et dont, malgré soi, toute imagination sera l'Eve. C'est toujours (non plus ici dans le roman, mais bien dans la réalité) ce Julien Sorel (du *Rouge et Noir*) «au front bas et méchant» que les femmes, qui se connaissent en ressemblance, disaient être un portrait fait devant une glace, quoiqu'il leur parût un peu sombrement idéalisé! C'est encore aussi ce Fabrice (de la *Chartreuse*), ce Julien Sorel d'une autre époque, quand la vie, qui veloute les choses en les usant, eut adouci l'âpre physionomie du premier.

C'est, enfin, toujours le produit du XVIIIe siècle, l'athée à tout, excepté à la force humaine, qui voulait être à lui-même son Machiavel et son Borgia; qui n'écrivit pas, mais qui caressa pendant des années l'idée d'un *Traité de logique* (son traité du *Prince*, à lui), lequel devait faire, pour toutes les conduites de la vie, ce que le livre de Machiavel a fait pour toutes les conduites des souverains; voilà ce que nous retrouvons sans adjonction, sans accroissement, sans modification d'aucune sorte en ces deux volumes de *Correspondance*, où Stendhal se montre complètement, mais ne s'augmente pas! Nous y avons vainement cherché une vue, une opinion, une perspective, en dehors de la donnée correcte, et maintenant acceptée, de cet esprit, moulé en bronze de sa propre main. Dans cette *Correspondance*, qui n'est pas un livre, qui n'est pas une convention, qui a chance, par conséquent, d'être plus vraie qu'un livre, d'être moins concluante, moins combinée, moins volontaire, Stendhal ne fait pas une seule fois ce que les plus grands génies,—des génies bien supérieurs à lui,—ont fait si souvent dans le tête-à-tête d'une correspondance libre et amie. Il ne se condamne ni ne s'absout; il ne s'applaudit ni ne se siffle, il ne se reprend en sous-œuvre ni ne monte plus haut que soi pour se juger, et c'est la vérité qu'il s'est appliqué intellectuellement cette maxime affreuse qui fut la sienne: «Ne jamais, jamais se repentir.»

Donc, pas de surprise! pas de révélation nouvelle! pas de naturel véritable dans les lettres de cet homme, dont l'esprit n'*ondoie* point, ne se contredit point, et qui aimait tant le naturel,—nous a-t-il dit et répété dans tous ses livres et sur tous les tons,—mais qui l'aimait probablement comme les roués aiment les femmes candides! Pas de dédoublement de l'homme et de l'auteur, rien, en un mot, de ce qu'on trouve parfois dans ces délicieux recueils qu'on appelle de *Correspondances;* et cependant, malgré tout cela, malgré la déception, malgré cet esprit connu, et d'autant plus connu qu'il se distingue par une de ces physionomies qu'on n'oublie plus quand une fois on les a regardées, la *Correspondance* de Stendhal a le charme inouï de ses autres œuvres,—ce charme qui ne s'épuise jamais et sur la sensation duquel il est impossible de se blaser!

II

Pour notre compte, nous avons quelquefois cherché à nous

rendre raison de l'intérêt poignant qu'on éprouve en lisant Stendhal, même quand on fait le meilleur procès à son talent perverti et pervers. Nous avons voulu nous expliquer cette puissance d'un esprit si particulier, souillé par une détestable philosophie au plus profond de sa source, qui n'a ni la naïveté dans le sentiment, ni l'élévation souveraine (car, pour être élevé, il faut croire à Dieu et au ciel), ni aucune de ces qualités qui rendent les grands esprits irrésistibles. Tout en aimant d'un goût involontaire le plaisir intellectuel qu'il nous donne, nous n'en avons pas été abruti au point de ne pas voir tous les défauts et toutes les misères d'un écrivain qui en eut, pour sa part, autant que personne, si ce n'est peut-être davantage. Quand un homme, en effet, arrivé à peu près à la moitié du XIXe siècle, jure par Cabanis en philosophie, en législation par Destutt de Tracy, et par Bentham en économie sociale; quand cet homme, de l'esprit le plus mystificateur, semble se mystifier lui-même, en admirant politiquement M. de La Fayette, et ne se moque nullement de nous en nous disant que l'Amérique serait assurément un grand pays, si elle avait un Opéra, certes, on peut affirmer que les pauvretés d'opinion et les superficialités d'aperçu ne manquent pas à cet homme, de l'esprit le plus retors depuis Voltaire, et qui a vu Napoléon! Lorsque, d'un autre côté, cet observateur, digne d'être impersonnel, déclassé par les hasards de la naissance et de la vie, mais naturellement aristocrate, comme on doit l'être quand, intellectuellement, on est né duc, revêt par vanité,— ce sentiment qu'il raille sans cesse,—les plates passions du bourgeois révolutionnaire, c'est-à-dire de l'espèce d'animal qu'il devait détester le plus, et s'*ingénie* à nous rapetisser lord Byron, parce que lord Byron était un aristocrate, il nous offre, il faut en convenir, à ses dépens, un triste spectacle. Et ce n'est pas tout! Diminué par la vanité dans son intelligence, il est souvent aussi diminué par elle comme écrivain. Elle lui a donné des manières, des affectations, des grimaces d'originalité, désagréables aux âmes qui ont la chasteté du Vrai. . . . Sans doute, il est fort difficile de bien déterminer ce que c'est que le *naturel dans l'originalité*. Un critique très-fin (M. de Feletz) n'a-t-il pas prétendu, avec de très piquantes raisons à l'appui de sa prétention, que celui-là, que toute la terre appelle le *bonhomme*, avait littérairement la scélératesse des plus ténébreuses combinaisons; et qu'importe, du reste, pour le résultat! qu'importe si, dans ce tour de souplesse du *naturel dans l'originalité,* l'effort est voilé par un art suprême! Malheureusement, telle n'est pas toujours l'originalité de Stendhal. Il la cherche, il la poursuit comme la fortune; mais, si on ne craignait pas l'emploi des mots bas pour caractériser des procédés littéraires, on dirait qu'il a des *ficelles,* des *trucs* pour y parvenir. Il nous parle quelque part, dans un de ses livres, des conscrits qui, à l'armée, se jettent dans le feu par peur du feu: il ressemble un peu à ces conscrits-là. Seulement, ce n'est pas par peur de l'affectation qu'il se jette dans l'affectation: c'est par peur de la vulgarité.

On le voit, nous ne transigeons pas sur les nombreux défauts de fond et de forme qu'une étude sévère nous a fait apercevoir dans les œuvres d'un homme qui, littérairement, pour se faire remarquer, aurait mangé des araignées, comme l'athée Lalande, et religieusement, qui niait Dieu comme lui. Mais nous disons que ces défauts, qui choquent et qui dégoûtent, ne détruisent point l'empire exercé par Stendhal sur les esprits un peu fortement organisée, signe certain qu'il y a ici une puissance, une réalité de puissance,—dont la Critique est tenue de trouver le secret.

Eh bien! selon nous, c'est la force! D'autres ont la grâce, d'autre ont l'ampleur, d'autres encore ont l'abondance: Stendhal, lui, a la force, c'est-à-dire, après tout, la chose la plus rare qu'il y ait dans ce temps de cerveaux et de cœurs ramollis. Il a la force dans l'invention (voyez les héros de ses romans, et même ses héroïnes, qui sont toutes des femmes à *caractère*!), et il a la force dans le style, qui, de fort sous sa plume, devient immanquablement de mauvais goût, s'il ajoute quelque chose au jeu naturel de ses muscles et à sa robuste maigreur. Quand Stendhal est nettement supérieur, il ne l'est que par la seule vigueur de son expression ou de sa pensée. . . . Si on creusait cette analyse, on verrait, en interrogeant une par une ses facultés, qu'il a la sagacité, qui est la force du regard, comme il a la clarté brève de l'expression, qui est la force du langage. En Italie, où il a vécu, où il s'est énervé en lisant Métastase et écoutant de la musique, il a pu contracter bien des morbidesses, mais il n'a pu venir à bout de sa vigueur première. Elle a résisté. Voilà le secret de son empire sur les âmes plus énergiques que délicates, et de la révolte de ces dernières. Figurez-vous Fénelon, ou même Joubert, lisant Stendhal! Voilà aussi le secret de sa longue impopularité—ou, pour mieux dire, de la longue obscurité comme écrivain. Il n'a jamais frappé qu'un petit nombre d'hommes, mais il les a frappés, de sorte qu'ils sont restés timbrés à l'effigie de ses sensations ou de ses idées, tandis que la masse lui a toujours échappé. Il écrivait un jour cette phrase calme et amère: «La bonne compagnie de l'époque actuelle a une âme de soixante-dix ans. Elle hait l'énergie sous toutes les formes,» et certainement, en écrivant cela, il pensait à lui et à ses écrits.

Cette société, en effet, qui recherchait hier encore les luxuriances et les débauches des esprits outrés et malades, doit trouver le genre de talent de Stendhal trop simple, trop décharné, trop dur pour elle, car, même quand il se crispe et s'affecte, ce n'est jamais de cette affectation moderne qui juche à vide sur de grands mots. Depuis que cette *Correspondance* est publiée, beaucoup d'esprits ont travaillé à la gloire de Stendhal. Dans une notice pénétrante et concise, M. P. Mérimée a gravé l'épitaphe de l'auteur de *Rouge et Noir* avec le couteau de Carmen. Mais lorsque la creuse vague humaine aura cessé de jeter le peu de bruit et d'écume qu'elle jette toujours sur l'écueil d'une tombe, quand un homme vient tout récemment d'y descendre, la gloire de Stendhal ne sera guère saluée dans l'avenir que par les esprits plus ou moins analogues au sien par la force. L'énergie seule aime l'énergie. Lorsque Stendhal mourut, il allait peut-être nous donner quelque grand roman sur l'Italie du XVIe siècle, dont il s'était violemment épris. Ainsi que l'atteste la *Correspondance,* l'imagination de cette amoureux de la Passion et de la Force remontait vers la Féodalité expirante, pour y chercher des types, des émotions et des effets, et se détournait avec mépris de cette société, à âme de soixante-dix ans, dont il avait écrit encore cette autre phrase: «A Paris, quand l'amour se jette par la fenêtre, c'est toujours d'un cinquième étage,» pour en marquer la décrépitude; car la vieillesse, comme l'Immoralité, comme l'Athéisme, comme les Révolutions, descend dans les peuples au lieu d'y monter, et c'est ordinairement par la cime que les sociétés commencent de mourir.

Du reste, cette force dans le talent qui distingue Stendhal, il l'avait dans l'âme, et la *Correspondance* qu'on publie montre combien son caractère rayonnait dans le même sens que son esprit. Elle confirme par les confidences de l'intimité ce que les écrits de l'auteur nous avaient appris, c'est que toute sa vie Stendhal fit une guerre, publique ou privée, à la puissance que les faibles adorent, à l'Opinion. L'Opinion en toutes choses, Stendhal, qui n'avait pas cent mille livres de rentes pour se mettre sans danger au-dessus d'elle, l'a courageusement méprisée ou combattue, souvent à tort, parfois avec raison, mais toujours sans en avoir peur. Il la méprisa dans les arts, dans la politique, dans les lettres, dans la morale chrétienne, que cet athée ne comprit pas, aveuglé qu'il était par son athéisme, le crime irrémissible de son esprit. Ses lettres prouvent, par ce qu'elles contiennent, que l'audacieux et impassible historien des Cenci, que le défenseur presque monstrueux d'Antinoüs, dont l'audace ressemblait à une provocation perpétuelle, ne gasconnait pas dans ses thèses inouïes, et qu'il en *pensait* les propositions. Assurément, il eût mieux valu ne pas les penser et ne pas les soutenir, mais il ne s'agit pas ici du fond des choses et du mutisme radical de l'esprit de Stendhal, en fait de morale, il s'agit seulement de signaler la fermeté d'un caractère dont la force augmentait encore celle d'un esprit, qui, naturellement, savait *oser.* Dans la biographie intellectuelle servant d'introduction à la *Correspondance,* un trait rapporté par M. Mérimée nous fait mieux comprendre que tout ce que nous pourrions ajouter, le caractère de Stendhal et la solidité du métal qu'il avait sous la peau. C'était dans l'épouvantable campagne de Moscou, lorsque les hommes les plus vaillants et les mieux trempés étaient non plus abattus, mais comme dissous par la misère, le froid et la faim, et que l'armée était en proie à cette démoralisation contagieuse, qui est le désespoir des grandes masses, et qui les suicide. Stendhal, un jour, aux environs de la Bérésina, se présenta devant son chef, M. Daru, l'intendant général, rasé et habillé avec la recherche qu'il aurait eue à Paris. «Vous êtes un homme de cœur, lui dit M. Daru, frappé d'un détail qui aurait frappé aussi Napoléon, car il révélait l'homme tout entier qu'était Stendhal; et, en effet, à part la petite terreur d'être dupe, rapportée des salons, et que lui a reprochée si spirituellement M. Sainte-Beuve, il garda toujours inaltérables, dans toutes les positions et dans tous les dangers, sa bonne humeur et son sang-froid. L'année qui précéda celle de sa mort fut marquée par des symptômes de destruction prochaine, qu'il analysa dans ses lettres à ses amis, et dont il parla comme aurait fait Broussais,—un autre homme de grand talent et de grand caractère qui trouva dans l'immonde et fausse philosophie du XVIIIe siècle la borne et l'obstacle de son génie scientifique, comme Stendhal, ce grand artiste d'observation et ce grand observateur dans les arts, y trouva la borne et l'obstacle du sien.

Car on se demande, en lisant ces lettres, dont quelques-unes valent en critique ce que leur auteur a jamais écrit de plus profond et de plus piquant dans ses livres, on se demande ce qu'il eût été, ce Stendhal-Beyle, s'il avait été spiritualiste et chrétien, c'est-à-dire ce qu'aucune intelligence moderne, ce qu'aucun esprit de ce côté de temps ne peut se dispenser d'être, sans, à l'instant même, se rompre en plus ou en moins, se dessécher, se rabougrir. Si un homme de la hauteur de Goethe, en se faisant païen, comme il le devint sur ses derniers jours, a, pour tous ceux qui ne mesurent pas la grandeur du génie à son ombre, diminué la portée comme la chaleur de ses rayons, on peut s'interroger sur ce que doit produire un système d'idées, comme le matérialisme de Stendhal, sur des facultés moins nombreuses, moins enflammées et moins opulentes! Au moins, Goethe avait été chrétien; il avait été l'auteur du *Faust* et du *D'Egmont*, et, quand le christianisme a passé par un génie, c'est comme l'amour quand il a passé par un cœur: il en reste toujours quelque chose. De plus, le paganisme de Goethe s'appuyait encore à quelque chose de spirituel, à ce panthéisme qui peut tenter les poëtes, et qui est comme la *spiritualisation* de la matière! Mais le matérialisme raccourci et brute de d'Holbach, d'Helvétius, de Cabanis, que peut-il pour le génie d'un homme? Stendhal, nous l'avons constaté, avait le don de la force, et d'une force que rien n'a pu énerver; mais cette force a manqué souvent de douceur, de *liant*, de tendresse, de largeur, de plénitude. Ce n'était pas une négation qui pouvait l'élargir, lui ouvrir les entrailles, lui verser la vie! Plus que personne, Stendhal avait besoin qu'une grande et généreuse doctrine ajoutât à ses facultés et les étoffât.

Il n'était pas de la nature de Diderot, quoiqu'il en eût la philosophie. Diderot, qui croit qu'on peut faire de l'âme comme on fait de la chair, est amoureux de l'abstraction. Il étreint cette nuée en furie. C'est l'Ixion de l'abstraction avec un tempérament de satyre. Stendhal, lui, s'ajuste à son matérialisme, et s'y assimile si bien, qu'à peine s'il en parle. Il n'y a pas plus de trois lettres de la *Correspondance* où il convienne nettement de son incrédulité, et où il nie Dieu avec une insolence tranquille. Diderot parle de la matière en se cabrant d'effroi devant elle. Il a peur de mourir comme Pascal. Il a des mots qui sont des affres. «La caducité, dit-il en blémissant de se voir vieux, a un pied sur un tombeau et l'autre pied sur un gouffre.» «Stendhal, dit son biographe, M. Mérimée, ne craignait pas la mort, mais il n'aimait pas à en parler, la tenant pour une chose sale et vilaine plutôt que triste.» En se laissant saisir par la glace du matérialisme, un homme comme Diderot pouvait donc ne pas s'éteindre tout entier, tant il était bouillonnant! Mais un homme comme Stendhal, matérialiste, n'avait plus guère dans le talent que les qualités de la matière, ferme, pénétrant, aiguisé et brillant comme elle, et son esprit finissait par n'être plus qu'un admirable outil d'acier.

C'est cette plume qui ne s'est jamais amollie, même quand elle a voulu être tendre, que la *Correspondance* de Stendhal montrera mieux encore que les livres qu'il nous a laissés. Dans cette *Correspondance,* qui commence en 1829 pour finir en 1842, nous trouvons, au milieu de toutes les questions intellectuelles qui y sont agitées, plusieurs lettres où Stendhal parle d'amour pour son propre compte, et non plus pour le compte de ses héros de roman.   En les lisant, on est surtout frappé de la sécheresse d'expression d'une âme pourtant passionnée, et on sent presque douloureusement dans ces pages le tort immense que fait même à la sensibilité d'un homme le malheur d'avoir, sur les grands problèmes de la vie morale, *pensé faux*!

Hippolyte Taine

Stendhal (Henri Beyle)
1864

C'est Paul Jacquinet, professeur à l'Ecole Normale Supérieure, qui révéla à Hippolyte Taine l'œuvre de Stendhal. Le jeune Taine devint sur le champ un fervent admirateur de Beyle, faisant son éloge à sa sœur et à ses amis et le défendant contre ceux de ses connaissances qui ne l'aimaient pas. En 1863 dans l'introduction de son *Histoire de la littérature anglaise,* il nomma Stendhal comme devancier de sa propre méthode historique. Son essai sur Stendhal, paru en mars 1864 dans la *Nouvelle Revue de Paris,* est d'une importance indéniable, car il accorde au *Rouge et Noir* tout le prestige que Balzac avait accordé à *la Chartreuse de Parme.* C'est aussi l'appréciation la plus intelligente qui, jusque là, ait paru sur le *Rouge.*

Taine a reconnu en Stendhal le profond psychologue dont le but est de sonder la vie intérieure de ses personnages. Le monde de Stendhal, nous rappelle-t-il, «ne comprend que les sentiments, les traits de caractère, les vicissitudes de passion, bref la vie de l'âme.» Cet aperçu, d'autres l'avaient eu avant Taine, mais c'est Taine qui est le premier à discuter l'influence du point de vue de l'auteur sur la structure de ses romans. Dans cette perspective, ce que certains considéraient comme des faiblesses deviennent des vertus romanesques. Ainsi, si Stendhal ne profite pas des possibilités dramatiques que lui offre son récit, tel le duel avec Croisenois, c'est précisément parce qu'il ne veut pas que les événements dramatiques distraient l'attention du lecteur qui doit se concentrer sur le cœur et l'âme de Julien.

Taine a aussi eu le mérite de souligner que les personnages de Stendhal sont à la fois des êtres supérieurs et des êtres réels et originaux. Puisque Stendhal ne se limite pas à la création d'un héros traditionnel, il est libre de faire de ses personnages des êtres plus vivants et plus complexes. Là où la plupart des admirateurs de Stendhal s'étaient fait un devoir de dénigrer le personnage de Julien, Taine a osé constater qu'il n'y a «rien de mieux composé que le caractère de Julien.» Ce qui avait surtout irrité les critiques de Stendhal, c'était que celui-ci avait fait un héros d'un hypocrite. Taine a eu l'intelligence de reconnaître que l'hypocrisie de Julien n'est que «l'art de la faiblesse,» et que tout en ayant une importance stratégique pour lui, ne forme aucunement une partie essentielle de sa personnalité. Taine a également contribué à la compréhension de l'art romanesque de Stendhal, louant sa réserve dans ses rapports avec ses personnages et son économie de composition.

La ferveur de Taine pour Stendhal n'a jamais diminué. En 1875, s'excusant auprès d'Albert Collignon qui lui avait demandé un article sur Stendhal et Sainte-Beuve pour la *Vie littéraire,* il se doit de remarquer ce qui suit: «Ce sont nos deux maîtres en critique, et j'ai plusieurs fois aperçu dans le lointain une étude complète sur eux; ce serait en raccourci toute la psychologie moderne; l'un a fait les races, les groups, les époques, la psychologie générale; l'autre, les individus, la psychologie logique et de l'histoire naturelle de l'homme.»[1] A ce moment, Taine était en plein travail sur les *Origines de la France contemporaine* et dut renoncer à la tentation de revenir sur ce sujet «trop grand.» Et Taine ne parle pas que de mémoire. Dans une lettre à Paul Bourget en 1883, il note qu'il vient «comme tous les ans, de re-lire la *Chartreuse, Lucien Leuwen, Rouge et Noir,* les *Chroniques;* la *Chartreuse* me stupéfie toujours et m'enchante après quarante ou cinquante lectures.»[2]

❦

Je cherche un mot pour exprimer le genre d'esprit de Beyle; et ce mot, il me semble, est *esprit supérieur.* Expression vague au premier aspect, louange banale qu'on jette à tous les hommes de talent, ou sans talent, mais d'un sens très fort et très distinct, car elle désigne un esprit élevé au-dessus des autres, et toutes les conséquences d'une pareille place. Un tel esprit est peu accessible, car il faut monter pour l'atteindre. La foule ne vient pas à lui, car elle hait la fatigue. Il ne cherche point à être loué d'elle ou à la conduire, car elle est en bas, et il faudrait descendre.

Du reste il vit fort bien solitaire, ou en petite compagnie; à cette hauteur, il voit mieux, plus loin et plus à fond; dominant les objets, il ne choisit que les plus dignes d'intérêt, pour les observer et les peindre. Les visiteurs qui parcourent son domaine, voyant tout d'un point de vue nouveau, sont d'abord surpris; quelques-uns ne reconnaissent point le paysage; d'autres descendent au plus vite, criant que la perspective est menteuse. Ceux qui resteront, et y regarderont à plusieurs fois, étonnés par la multitude des idées nouvelles et par l'étendue des aspects, voudront demeurer encore, et demanderont au maître du logis la permission de lui rendre visite tous les jours. C'est ce que j'ai fait pendant cinq ou six ans, et ce que je compte faire longtemps encore. Essayons maintenant, *Rouge et Noir* en main, de dire pourquoi. Balzac a révélé *la Chartreuse* au public; l'autre roman mériterait la critique d'un aussi illustre maître. Tous deux se valent, peut-être même *Rouge et Noir* a-t-il plus d'intérêt, car il peint des Français, et les visages de connaissance sont toujours les portraits les plus piquants: nos souvenirs nous servent alors de contrôle; la satire y fait scandale, scandale permis, contre le voisin, ce qui est toujours agréable, parfois contre nous-même, ce qui nous empêche de nous endormir.

I

Chaque écrivain, volontairement ou non, choisit dans la nature et dans la vie humaine un trait principal qu'il représente; le reste lui échappe ou lui déplaît. Qu'est-ce que Rousseau a cherché dans l'amour de Saint-Preux? Une occasion pour des tirades sentimentales et des dissertations philosophiques. Qu'est-ce que Victor Hugo a vu dans Notre-Dame de Paris? Les angoisses physiques de la passion, la figure extérieure des rues et du peuple, la poésie des couleurs et des formes. Qu'est-ce que Balzac apercevait dans sa *Comédie humaine*? Toutes choses, direz-vous; oui, mais en savant, en physiologiste du monde moral, «en docteur ès sciences sociales,» comme il s'appelait lui-même. D'où il arrive que ses récits sont des théories, que le lecteur entre deux pages de roman trouve une leçon de Sorbonne, que la dissertation et le commentaire sont la peste de son style.— Chaque talent est donc comme un œil qui ne serait sensible qu'à une couleur. Dans le monde infini, l'artiste se choisit son monde. Celui de Beyle ne comprend que les sentiments, les traits de caractère, les vicissitudes de passion, bref la vie de l'âme. A la vérité, il voit souvent les habits, les maisons, le paysage, et il serait capable de construire une intrigue: *la Chartreuse* l'a prouvé; mais il n'y songe pas. Il n'aperçoit que les choses intérieures, la suite des pensées et des émotions; il est psychologue; ses livres ne sont que l'histoire du cœur. Il évite de raconter dramatiquement les événements dramatiques. «Il ne veut point, dit-il lui-même, par des moyens factices fasciner l'âme du lecteur.» Personne n'ignore qu'un duel, une exécution, une évasion, sont ordinairement pour les auteurs une bonne fortune. On sait comme ils ont soin de suspendre et de prolonger notre attente, comme ils s'appliquent à rendre l'événement bien noir et bien terrible. Nous nous rappelons toutes les fins de feuilletons et de volumes, dans lesquelles nous nous disons, le cou tendu, la poitrine oppressée: Bon Dieu, que va-t-il arriver? C'est là que triomphent les «tout d'un coup» et autres conjonctions menaçantes qui tombent sur nous avec un cortège d'événements tragiques, pendant que nous tournons fiévreusement les feuilles, l'œil allumé et le cou tendu. Voici dans Beyle le récit d'un événement de ce genre: «Le duel fut fini en un instant. Julien eut une balle dans le bras. On le lui serra avec des mouchoirs, on le mouilla avec de l'eau-de-vie, et le chevalier de Beauvoisis pria Julien très poliment de lui permettre de le reconduire chez lui dans la même voiture qui l'avait amené.» Le roman est l'histoire de Julien, et Julien finit guillotiné; mais Beyle aurait horreur d'écrire en auteur de mélodrame; il est homme de trop bonne compagnie pour nous mener au pied de l'échafaud et nous montrer le sang qui coule; ce spectacle, selon lui, est fait pour les bouchers. Il ne note dans cette affaire que trois ou quatre mouvements du cœur. «Le mauvais air du cachot devenait insupportable à Julien; par bonheur, le jour où on lui annonça qu'il fallait mourir, un beau soleil réjouissait la nature, et Julien était en veine de courage. Marcher au grand air fut pour lui une sensation délicieuse, comme la promenade à terre pour le navigateur qui a longtemps été à la mer. Allons, tout va bien, se dit-il, je ne manque pas de courage.—Jamais cette tête n'avait été si poétique qu'au moment où elle allait tomber. Les doux instants qu'il avait trouvés jadis dans les bois de Vergy revenaient en foule à sa pensée et avec une extrême énergie. Tout se passa simplement, convenablement, et de sa part sans aucune affectation.»—Rien de plus. Voilà le principal événement et les cinq cents pages du roman ne sont pas plus dramatiques. Julien est un petit paysan qui, ayant appris le latin chez son curé, entre comme précepteur chez un noble de Franche-Comté, M. de

Rénal, et devient l'amant de sa femme. Quand les soupçons éclatent, il quitte la maison pour le séminaire. Le directeur le place en qualité de secrétaire chez le marquis de la Mole, à Paris. Il est bientôt homme du monde, il a pour maîtresse Mlle de la Mole qui veut l'épouser. Une lettre de Mme de Rénal le dépeint comme un intrigant hypocrite. Julien furieux tire deux coups de pistolet sur Mme de Rénal; il est condamné et exécuté.—On voit que l'analyse des faits tient en six lignes: l'histoire est presque vraie, c'est celle d'un séminariste de Besançon, nommé Berthet; l'auteur ne s'occupe qu'à noter les sentiments de ce jeune ambitieux, et à peindre les mœurs des sociétés où il se trouve; il y a mille faits vrais plus romanesques que ce roman.—Maintenant demandons-nous si ce point de vue de Beyle n'est pas le plus élevé, si les événements du cœur ne sont pas les plus beaux à peindre; et pour cela, que chacun de nous se dégage de ses habitudes d'esprit personnelles. Il est clair qu'une imagination de peintre mettra au-dessus de tout une imagination de peintre, par exemple Notre-Dame de Paris. Rien de plus amusant pour une cuisinière que les histoires de Paul de Kock. J'ai connu un chasseur qui préférait à tout Cooper, parce qu'il y trouvait des chasses, des dîners froids sur l'herbe, et des bosses de bison cuites à point. Ne soyons ni chasseur, ni peintre, ni cuisinière; oublions ce qui nous plaît le plus et cherchons ce qui est le meilleur. Les objets ont des rangs, quoi qu'on dise, et le cœur de l'homme est au premier. Certainement une pensée, une passion, une action de l'âme est chose plus importante qu'un habit, une maison, une aventure; car nos sentiments sont la cause de notre conduite, de nos œuvres et de nos dehors; et dans la description d'une machine, ce qu'il y a de capital, c'est le moteur. Ajoutez que l'histoire de notre être intérieur nous touche de plus près que toutes les autres. Il s'agit alors de notre fond le plus personnel, et il nous semble que c'est de nous que parle l'auteur. Enfin, la description, même pittoresque et réussie, est de sa nature insuffisante, parce que l'écriture n'est pas la peinture, et qu'avec les griffonnages noirs, alignés sur du papier blanc, on ne peut jamais donner qu'une idée grossière et vague des formes et des couleurs; c'est pourquoi l'écrivain fait bien de ne pas sortir de son domaine, de laisser les tableaux aux peintres, de s'attacher à la matière propre de son art, j'entends aux faits, aux idées et aux sentiments, toutes choses que la peinture ne peut atteindre et que la parole atteint naturellement. En effet, en quoi nous intéressent, dans un roman, les paysages, et le détail des apparences extérieures ou de la vie physique, si ce n'est parce qu'ils portent l'empreinte de la vie morale? Une chambre dans Balzac, un visage, un costume dans Walter Scott sont des manières de peindre un caractère. La maison du père Grandet lui convient et le représente, comme une coquille son limaçon. Sans cela souffrirait-on ce style de commissaire-priseur, et voudrait-on se faire, avec l'écrivain, tapissier, brocanteur, épicier, argousin ou marchande à la toilette? Beyle a donc choisi la plus belle part, et son monde est le plus digne d'intérêt et d'étude. Premier avantage de cette place supérieure qu'occupait naturellement son esprit, et qui nous a servi pour le distinguer entre tous.

II

Une seconde conséquence, c'est que ses personnages sont des êtres supérieurs. On devine bien qu'un esprit comme le sien ne pouvait se résigner à vivre pendant quatre cents pages avec les petites pensées égoïstes et vaniteuses d'âme vulgaires. Il choisit ses gens à son niveau, et veut avoir sur son bureau bonne compagnie. Non qu'il peigne des héros. D'abord, il n'y a pas de héros et Beyle ne copie aucun écrivain, pas même Corneille. Ses personnages sont très réels, très originaux, très éloignés de la foule, comme l'auteur lui-même. Ce sont des hommes remarquables, et non de grands hommes, des personnages dont on se souvient, et non des modèles qu'on veuille imiter. Cette originalité, dira-t-on, va presque jusqu'à l'invraisemblance. Bien des lecteurs trouveront les caractères impossibles. Ils penseront que la singularité devient ici bizarrerie et contradiction. Pour moi, je retiendrais volontiers mon jugement, surtout après avoir lu ces mots de Beyle à Balzac. La lettre était confidentielle, ce qui adoucit l'impertinence: «Je parle, dit-il, de ce qui se passe au fond de l'âme de Mosca, de la duchesse, de Clélia. C'est un pays où ne pénètre guère le regard des enrichis, comme ce latiniste directeur de la Monnaie, M. le comte Roy, etc., le regard des épiciers, des bons pères de famille.» Dans *Rouge et Noir,* Mlle de la Mole, Mme de Rénal, le marquis, Julien, sont de grands caractères. Tâchons d'en expliquer un seul, le principal et le plus étrange, celui de Julien. A la fois timide et téméraire, généreux, puis égoïste, hypocrite et cauteleux, et un peu plus loin rompant l'effet de toutes ses ruses par des accès imprévus de sensibilité et d'enthousiasme, naïf comme un enfant, et au même instant calculateur comme un diplomate, il semble composé de disparates. On ne peut guère s'empêcher de le trouver ridicule et affecté. Il est odieux à presque tous les lecteurs, et fort justement, du moins au premier aspect. Parfaitement incrédule, et parfaitement hypocrite, il annonce le projet d'être prêtre et va au séminaire par ambition. Il hait ceux avec qui il vit, parce qu'ils sont riches et nobles. Dans les maisons où il reçoit hospitalité et protection, il devient l'amant de la femme ou de la fille, laisse le malheur partout derrière lui, et finit par assassiner une femme qui l'adorait. Quel monstre et quel paradoxe! Voilà de quoi dérouter tout le monde; Beyle jette ainsi sous nos pieds des épines, pour nous arrêter en chemin; il aime la solitude, et écrit pour n'être pas lu. Lisons-le pourtant, et nous verrons bientôt ces contradictions disparaître. Car à quels signes doit-on reconnaître un caractère naturel? Faut-il que nous en ayons rencontré de semblables? Point du tout, car notre expérience est toujours étroite, et il y a bien des espèces d'âmes que nous n'avons point remarquées ou que nous n'avons point comprises; et tel est Julien, puisque l'auteur le donne pour un caractère original et d'élite. Un caractère est naturel quand il est d'accord avec lui-même, et que toutes ses oppositions dérivent de certaines qualités fondamentales, comme les mouvements divers d'une machine partent tous d'un moteur unique. Les actions et les sentiments ne sont vrais que parce qu'ils sont conséquents, et l'on obtient la vraisemblance dès qu'on applique la logique du cœur. Rien de mieux composé que le caractère de Julien. Il a pour ressort un orgueil excessif, passionné, ombrageux, sans cesse blessé, irrité contre les autres, implacable à lui-même, et une imagination inventive et ardente, c'est-à-dire la faculté de produire au choc du moindre événement des idées en foule et de s'y absorber. De là une concentration habituelle, un retour perpétuel sur soi-même, une attention incessamment repliée et occupée à s'interroger, à s'examiner, à se bâtir un modèle idéal auquel il se compare, et d'après lequel il se juge et se conduit. Se conformer à ce modèle, bon ou mauvais, est ce que Julien appelle le *devoir,* et ce qui gouverne sa vie. Les yeux fixés sur lui-même, occupé à se violenter, à se soupçonner de faiblesse, à se reprocher ses émotions, il est téméraire pour ne pas manquer de courage, il se jette dans les pires dangers de peur d'avoir peur. Ce modèle, Julien ne l'emprunte pas, il le crée, et telle est la cause de son originalité, de ses bizarreries et de sa force; en cela, il est supérieur, puisqu'il *invente* sa conduite, et il choque la foule moutonnière, qui ne sait qu'imiter. Maintenant, mettez cette âme dans les circonstances où Beyle la place, et vous verrez quel modèle elle doit imaginer, et quelle nécessité admirable enchaîne et amène ses sentiments et ses actions. Julien, délicat, joli garçon, est maltraité par son père et ses frères, despotes brutaux, qui, selon l'usage, haïssent ce qui diffère d'eux. Un vieux chirurgien-major, son cousin, lui conte les batailles de Napoléon, et le souvenir du sous-lieutenant devenu empereur exalte ses dégoûts et ses espérances; car nos premiers besoins façonnent nos premières idées, et nous composons le modèle admirable et désirable, en le comblant des biens dont le manque nous a d'abord fait souffrir. A chaque heure du jour, il entend ce cri intérieur: Parvenir! Non qu'il souhaite étaler du luxe et jouir; mais il veut sortir de l'humiliation et de la dépendance où sa pauvreté l'enfonce, et cesser de voir les objets grossiers et les sentiments bas parmi lesquels sa condition le retient. Parvenir, comment? Songeons que notre éducation nous fait notre morale, que nous jugeons la société d'après les trente personnes qui nous entourent, et que nous la traitons comme on nous a traités. Vous avez été dès l'enfance aimé par de bons parents: ils ont songé pour vous à votre subsistance, ils vous ont caché toutes les vilenies de la vie; à vingt ans, entrant dans le monde, vous l'avez cru juste, et vous regardiez la société comme une paix. Donc Julien devait la regarder comme une guerre. Haï, maltraité, spectateur perpétuel de manœuvres avides, obligé, pour vivre, de dissimuler, de souffrir et de mentir, il arrive dans le monde en ennemi. Il a tort, soit. Il vaut mieux être opprimé qu'oppresseur, et toujours volé qu'un jour voleur; cela est clair. Je ne veux point l'excuser; je veux seulement montrer qu'il peut être au fond très généreux, très reconnaissant, bon, disposé à la tendresse et à toutes les délicatesses du désintéressement, et cependant agir en égoïste, exploiter les hommes, et chercher son plaisir et sa grandeur à travers les misères des autres. Un général d'armée peut être le meilleur des hommes et dévaster une province ennemie: Turenne a incendié le Palatinat. Julien fait donc la guerre, et voici sa tactique. Il comprend par divers petits événements de sa petite ville (on est en 1820) que l'avenir est aux prêtres. «Une idée s'empara de lui avec toute la puissance de la première idée qu'une âme passionnée croit avoir inventée.— Quand Bonaparte fit parler de lui, la France avait peur d'être envahie; le mérite militaire était alors nécessaire et à la mode. Aujourd'hui on voit des prêtres de quarante ans avoir cent mille francs d'appointements, c'est-à-dire trois fois plus que les fameux généraux de division de Napoléon. Il leur faut des gens qui les secondent. Voilà ce juge de paix, si honnête jusqu'ici, si bonne tête, si vieux, qui se déshonore par crainte de déplaire à un jeune vicaire de trente ans. Il faut être prêtre.»

Là-dessus, Julien fait la cour au curé, apprend le latin, et devient hypocrite. Le lecteur se récrie ici, et déclare que l'hypocrisie est en tout cas exécrable. Très bien, mais ici elle est naturelle: elle est «l'art de la faiblesse.» Julien fera la guerre en faible, c'est-à-dire en trompant. Pareillement, le sauvage rampe à terre et se tient en embuscade pour surprendre et saisir son ennemi. Les stratagèmes de l'un ne sont pas plus singuliers que l'hypocrisie de l'autre; des circonstances semblables ont appris à tous deux des ruses semblables; et Julien, aussi bien qu'un héros de Cooper, pourra être franc, loyal, fier, intrépide, et passer sa vie à déguiser et à trahir ses sentiments. Bien plus, tous deux mettront leur point d'honneur à mentir, et la grimace parfaite deviendra pour Julien la gloire suprême, comme la dissimulation impénétrable est pour le sauvage la plus haute vertu. On devine maintenant quels récits un pareil caractère offre à l'analyse, quelle singularité et quel naturel, quels combats, quels éclats de passion et quels exploits de volonté, quelles longues chaînes d'efforts pénibles et combinés tout d'un coup brisées par l'irruption inattendue de la sensibilité victorieuse, quelle variété, quelle multitude, quelle vivacité d'idées et d'émotions jetées à pleines mains par cette imagination féconde aux prises avec des caractères aussi grands et aussi originaux que le sien. «Chez cet être singulier, c'était presque tous les jours tempête.» Cette âme profonde, atteinte par sa première éducation d'une incurable méfiance, sans cesse en garde contre des ennemis qu'elle a ou qu'elle imagine, inventant des dangers qu'elle brave, se punissant des faiblesses qu'elle se suppose, mais soulevée à chaque instant au-dessus de toutes ses misères par les élans du plus juste et du plus puissant orgueil, donne une magnifique idée de la vigueur inventive et agissante de l'homme.—A peine ai-je besoin maintenant d'expliquer ses contradictions apparentes. Julien est résolu jusqu'à l'héroïsme, et sa force de volonté monte à chaque instant au sublime; c'est que le modèle idéal, non enseigné par un autre, mais découvert par lui-même, obsède sa pensée, et qu'intérêt, plaisir, amour, justice, tous les biens disparaissent en un moment, dès qu'il aperçoit son idole. Mais il est timide et embarrassé presque jusqu'à la gaucherie et au ridicule, parce que l'imagination passionnée, inquiète, lui grandit les objets, et multiplie devant lui, à la moindre affaire, les dangers et les espérances. Il déshonore deux familles, parce que son éducation lui fait voir des ennemis dans les riches et les nobles, et parce que l'amour conquis de deux grandes dames le tire à ses propres yeux de la basse condition dans laquelle il est emprisonné. Mais quand il se voit aimé par Fouqué, par le bon curé Chélan, par l'abbé Pirard, il est attendri jusqu'aux larmes, il ne peut supporter l'idée du plus petit manque de délicatesse à leur égard, les sacrifices ne lui coûtent rien, il revient à lui-même, son cœur s'ouvre et révèle toute sa puissance d'aimer. Il exécute pendant longtemps, avec un empire étonnant sur lui-même, de savants et pénibles plans de conduite, parce qu'il se les impose au nom de ce devoir et de cet orgueil, et qu'habitué à se replier et à se concentrer en lui-même, il a pu prendre le gouvernement de ses actions. Mais lorsqu'un événement subit accumule à l'improviste les causes d'émotion, toutes les barrières cèdent, il détruit en un moment son propre ouvrage, parce que l'imagination enthousiaste a pris feu, et produit la passion irrésistible. Deux mots encore pour montrer la force de ce caractère : on me les pardonnera parce que ce sont des citations :

«Le premier jour, les examinateurs nommés par le fameux grand vicaire de Frilair furent très contrariés de devoir toujours porter le premier ou tout au plus le second sur leur liste ce Julien Sorel qui leur était signalé comme le Benjamin de l'abbé Pirard. Il y eut des paris au séminaire que dans la liste de l'examen général Julien aurait le numéro premier, ce qui emportait l'honneur de dîner chez Mgr l'évêque. Mais à la fin d'une séance où il avait été question des Pères de l'Eglise, un examinateur adroit, après avoir interrogé Julien sur saint Jérôme et sa passion pour Cicéron, vint à parler d'Horace, de Virgile et des autres auteurs profanes. A l'insu de ses camarades, Julien avait appris par cœur un grand nombre de passages de ces auteurs. Entraîné par ses succès, il oublia le lieu où il était, et, sur la demande réitérée de l'examinateur, récita et paraphrasa avec feu plusieurs odes d'Horace. Après l'avoir laissé s'enferrer pendant vingt minutes, tout à coup l'examinateur changea de visage, et lui reprocha avec aigreur le temps qu'il avait perdu à ces études profanes, et les idées inutiles ou criminelles qu'il s'était mises dans la tête.»

«Je suis un sot, monsieur, et vous avez raison, dit Julien, d'un air modeste.»

Un homme de dix-neuf ans, qui au lieu de se cabrer se tient si fort et tout de suite en bride, doit devenir un homme de premier ordre et maîtriser un jour la fortune et les événements.

Quant à l'esprit, Beyle lui a donné le sien, c'est tout dire. Condamné à mort, Julien repasse dans sa mémoire ses espérances détruites, et plaisante involontairement, dans ce style pittoresque et vif dont il a l'habitude, de la même façon qu'on met son chapeau et ses gants, sans la moindre affectation ni le moindre effort.

«Colonel de hussards, si nous avions la guerre; secrétaire de légation pendant la paix, ensuite ambassadeur; car j'aurais bientôt su les affaires, et, quand je n'aurais été qu'un sot, le gendre du marquis de la Mole a-t-il quelque rivalité à craindre? Toutes mes sottises eussent été pardonnées, ou plutôt comptées pour des mérites. Homme de mérite, et jouissant de la plus grande existence à Vienne ou à Londres...

«—Pas précisément, monsieur, guillotiné dans trois jours. —Julien rit de bon cœur de cette saillie de son esprit. En vérité, se dit-il, l'homme a deux êtres en lui. Qui diable songeait à cette réflexion maligne? Eh bien! oui, mon ami, guillotiné dans trois jours, répondit-il à l'interrupteur. M. de Cholin louera une fenêtre, de compte à demi avec l'abbé Maslon. Pour le prix de cette location, lequel des deux dignes personnages volera l'autre?

«Après-demain matin, je me bats en duel contre un homme connu par son sang-froid et d'une adresse remarquable.—Fort remarquable, dit le parti Méphistophélès, il ne manque jamais son coup.

Ce passage du *Venceslas* de Rotrou lui revint subitement:

Ladislas.   ... .Mon âme est toute prête.
Le Roi.   L'échafaud l'est aussi; portez-y votre tête.

«Belle réponse, pensa-t-il, et il s'endormit.»

De pareils caractères sont les seuls qui méritent de nous intéresser aujourd'hui. Ils s'opposent à la fois aux passions générales et aux idées habillées en homme qui peuplent la littérature du dix-septième siècle, et aux copies trop littérales que nous faisons aujourd'hui de nos contemporains. Ils sont réels, car ils sont complexes, multiples, particuliers et originaux comme ceux

des êtres vivants; à ce titre ils sont naturels et animés, et
contentent le besoin que   nous avons de vérité et d'émotion.
Mais, d'autre part, ils sont hors du commun, ils nous tirent loin
de nos habitudes plates, de notre vie machinale, de la sottise et
de la vulgarité qui nous entourent. Ils nous montrent de grandes
actions, des pensées profondes, des sentiments puissants ou délicats. C'est le spectacle de la force, et la force est la source de la
véritable beauté. Corneille nous donnera des modèles, tel
contemporain des portraits; l'un nous enseignera la morale,
l'autre la vie. Au contraire, nous n'imiterons ni nous ne
rencontrerons les héros de Beyle; mais ils rempliront et ils remue-
ront notre entendement et notre curiosité de fond en comble,
et il n'y a pas de but plus élevé dans l'art.

III

Un esprit supérieur se porte naturellement vers les idées
les plus hautes, qui sont les plus générales; pour lui, observer tel
caractère, c'est étudier l'homme; il ne s'occupe des individus que
pour peindre l'espèce; aussi le livre de Beyle est-il une psychologie en action. On pourrait en extraire une théorie des passions,
tant il renferme de petits faits nouveaux, que chacun reconnaît
et que personne n'avait remarqués. Beyle fut l'élève des idéologues, l'ami de M. de Tracy, et ces maîtres de l'analyse lui ont
enseigné la science de l'âme. On loue beaucoup dans Racine la
connaissance des mouvements du cœur, de ses contradictions, de
sa folie: et l'on ne remarque pas que l'éloquence et l'élégance
soutenues, l'art de développer, l'explication savante et détaillée
que chaque personnage donne de ses émotions, leur enlève une
partie de leur vérité. Ses discours et ses dissertations sont entraî-
nants, touchants, admirables, mais tels que les ferait un spectateur ému qui commenterait la pièce: nos tragiques ne sont que
de grands orateurs. Ils sont bien plus rhétoriciens qu'observateurs; ils savent mieux mettre en relief des vérités connues que
trouver des vérités nouvelles. Beyle n'a point ce défaut, et le
genre qu'il choisit aide à l'en préserver. Car un roman est bien
plus propre qu'un drame à montrer la variété et la rapidité des
sentiments, leurs causes et leurs altérations imprévues. L'auteur
explique son héros mieux que ne ferait le héros lui-même, parce
que celui-ci cesse de sentir dès qu'il commence à se juger. Je
noterai quelques-uns de ces détails frappants, que Beyle jette à
profusion sans jamais s'y arrêter, laissant au lecteur le soin de

les comprendre.

Une lettre anonyme apprend à M. de Rénal les amours de sa femme et de Julien; cet homme, vraiment malheureux, passe la nuit à réfléchir, à douter, à parcourir tous les moyens d'espérance, de vengeance ou de consolation.

«Il passa en revue ses amis, estimant à mesure le degré de consolation qu'il pouvait tirer de chacun. A tous, à tous, s'écriait-il avec rage, mon affreuse aventure fera le plus extrême plaisir. Par bonheur, il se croyait fort envié, non sans raison. Outre sa superbe maison de ville que le roi de...venait d'honorer à jamais en y couchant, il avait fort bien arrangé son château de Vergy. La façade était peinte en blanc, et les fenêtres garnies de beaux volets verts. *Il fut un instant consolé par l'idée de cette magnificence.*»—Telle est l'intervention des idées involontaires qui rompent le mouvement de la passion et lui ôtent l'éloquence pour lui donner le naturel. Ruy-Blas, dans le désespoir et dans l'extrême angoisse, dit de même, mais avec l'accent de folie et d'imbécillité d'un homme anéanti:

Les meubles sont rangés, les clefs sont aux armoires.

L'âme cesse de penser, les lèvres disent machinalement ce que les yeux aperçoivent. Le poète des angoisses physiques conduit son héros à la stupeur. Beyle, peintre ironique de la nature humaine, mène le sien au ridicule. Cet excès de vérité est la perfection de l'art.

Comme la passion n'est qu'une idée douloureuse sans cesse traversée par d'autres, les mots associés aux idées doivent surgir aussi à l'improviste et jeter la maladie morale dans des accès inattendus.

«Mme de Rénal ne pouvait fermer l'œil. Il lui semblait n'avoir pas vécu jusqu'à ce moment. Elle ne pouvait distraire sa pensée du bonheur de sentir Julien couvrir sa main de baisers enflammés.

«*Tout à coup l'affreuse parole: «adultère,» lui apparut.* Tout ce que la plus vile débauche peut imprimer de dégoûtant à l'idée de l'amour des sens se présenta à son imagination.»

Ici le disciple de Condillac a senti que les mots nous gouvernent. Mme de Rénal ne se reprochait pas sa conduite en pensant à la chose, le mot se présente et lui fait horreur. Les mots sont des dépôts d'idées, où s'amassent lentement nos impressions et nos jugements. Toute notre vie passée s'y renferme et se lève avec eux devant nous.

Beyle continue ainsi: «*Ces idées voulaient tâcher de ternir* l'image tendre et divine qu'elle se faisait de Julien et du bonheur de l'aimer.» Quelle phrase que celle-ci pour ceux qui savent regarder en eux-mêmes! Spinoza, après l'avoir lue, eût serré les mains de Beyle. Le philosophe et l'homme du monde se rencontrent ici pour constater tous deux que c'est dans la région des idées que se livrent les combats des passions. Désirer et souffrir, c'est avoir tour à tour deux pensées contraires, faire effort pour retenir la première, et sentir l'arrivée inattendue et violente de l'autre. L'âme est comme un enfant, qui, devant un spectacle horrible, chercherait à dégager ses mains liées pour se cacher les yeux.

Encore un trait. Quand nous passons d'un sentiment à un autre, ordinairement c'est sans savoir pourquoi, et par les causes les plus légères; l'âme est changeante, et le même homme dix foix par jour se dément et ne se reconnaît plus. On a tort de se figurer un héros comme toujours héroïque, ou un poltron comme toujours lâche. Nos qualités et nos défauts ne sont point des états de l'âme continuels, mais très fréquents; et notre caractère est ce que nous sommes la plupart du temps. Ces alternatives accidentelles et involontaires sont marquées dans Beyle avec une justesse singulière. Il n'a pas peur de dégrader ses personnages. Il suit les mouvements du cœur un à un, comme un machiniste ceux d'une montre, pour le seul plaisir d'en sentir la nécessité et de nous faire dire: «En effet, cela est ainsi.»

Le bon curé Chélan, si vif, si énergique autrefois, maintenant décrépit et apathique, est venu voir Julien quelques jours avant l'exécution.

«Cette apparition laissa Julien plongé dans un malheur cruel et qui éloignait les larmes. Cet instant fut le plus cruel qu'il eût éprouvé depuis le crime. Il venait de voir la mort dans toute sa laideur. Toutes ses illusions de grandeur d'âme et de générosité s'étaient dispersées comme un nuage devant la tempête. Cette

affreuse situation dura plusieurs heures. Après l'empoisonnement moral, il faut des remèdes physiques, et du vin de
Champagne.»

Il se fait en vain des raisonnements: «Précisément, une mort
rapide et à la fleur des ans me met à l'abri de cette triste décrépitude.» Mais son cœur reste amolli et faible; Beyle ne nous en
dit pas la raison; c'est à nous de comprendre que, dans une
imagination vive comme celle de Julien, la sensation imprimée
par un objet présent anéantit tous les syllogismes. Les idées
abstraites en vain appelées et combinées ne peuvent chasser le
souvenir vivant. L'image de ce pauvre corps courbé, de ces yeux
ternes et fixes revient toute-puissante, et obsède le cerveau,
jusqu'à ce que le temps l'ait usée, ou qu'une autre sensation forte
l'ait remplacée.

«Ce sera là mon thermomètre, se dit-il. Ce soir, je suis à
dix degrés au-dessous du courage qui me conduit de niveau à la
guillotine. Ce matin, je l'avais ce courage. Au reste, qu'importe,
pourvu qu'il me revienne au moment nécessaire?—Cette idée de
thermomètre l'amusa et parvint enfin à le distraire.»

Enfin survient Fouqué qui veut vendre tout son bien pour
séduire le geôlier et sauver son ami. «Toutes les fautes de français, tous les gestes communs de Fouqué disparurent. Julien se
jeta dans ses bras. . .Cette vue du *sublime* lui rendit toute la force
que l'apparition de M. Chélan lui avait fait perdre.»

Les ébranlements acquis durent; nous ne nous donnons pas
notre élan; nous le recevons des rencontres: telle est la part que
les accidents ont dans nos faiblesses et dans nos redressements.

Maintenant comptons que le livre est tout entier composé
d'observations pareilles; on en rencontre à chaque ligne, accumu-
lées en petites phrases perçantes et serrées. Ordinairement un
auteur ramasse un certain nombre de ces vérités, et en compose
son livre en ajoutant du remplissage, comme lorsque avec
quelques pierres on bâtit un mur, en comblant de plâtras les
intervalles. Il n'y a pas dans tout l'ouvrage de Beyle un seul mot
qui ne soit nécessaire, et qui n'exprime un fait ou une idée
nouvelle digne d'être méditée. Jugez de ce qu'il contient! Or ce
sont ces traits qui marquent à un esprit sa place. Car à quoi
mesure-t-on sa valeur, sinon aux vues originales et nouvelles qu'il

a de la vie et des hommes? Toutes les autres connaissances sont spéciales; elles classent leur possesseur entre les gens de son métier. Un chimiste peut exceller dans sa science, un administrateur fera parfaitement son office, et tous deux peut-être seront fort médiocres. On les estimera comme des outils très utiles, mais point autrement. Chacun de nous a son atelier où il expédie une besogne laide et ennuyeuse. Le soir, nous quittons l'habit de travail, nous nous réunissons, nous mettons ensemble nos idées générales; celui qui en a le plus est au premier rang: c'est dire le rang de Beyle.

IV

Reste un point capital. Car, pour obtenir le premier rang, il faut non seulement avoir des idées, mais les dire d'une certaine manière. C'est peu de les posséder, il faut s'en servir avec grâce. Elles sont comme l'argent: il est beau d'en avoir, et plus beau de savoir le dépenser. Supposez un homme qui les présente avec affectation, en s'extasiant sur leur importance, en racontant tout ce qu'elles lui ont coûté de peine, en cherchant par des exagérations ou des tours d'adresse à surprendre l'admiration de ses auditeurs; on dira peut-être: Voilà un penseur. Mais on ajoutera certainement: Voilà un homme de mauvais goût; ce riche ne sait pas porter ses richesse; elles l'accablent, et le rabaissent au niveau d'autres plus pauvres que lui. Tel est, par exemple, le défaut de Balzac: il prévient à chaque pas les lecteurs que ses personnages sont grandioses, que telle action qu'il va raconter est sublime, que telle intrigue qu'il combine est extraordinaire. Il appelle son Vautrin le Cromwell du bagne. Il nous avertit que les artifices de Mme de Cadignan laissent bien loin en arrière l'hypocrisie de Tartufe. Dans un mouvement de colère généreuse, un vieux colonel, Chabert, casse sa pipe bien-aimée. «Les anges eussent ramassé les morceaux de la pipe.» N'est-ce pas dire au lecteur en paroles bien claires: Avouez que je suis un génie sublime? Faire soi-même son panégyrique, c'est empêcher les autres de le faire: il faut laisser aux petits le travail de se guinder sur des échasses; Balzac avait assez de talent pour se passer de charlatanisme, et il serait plus grand, s'il avait moins voulu paraître grand.—D'autres, sans prétention, mais à force de verve et de sympathie, se passionnent et souffrent avec leurs personnages. Tel est George Sand. Il ressent l'émotion qu'il excite: lorsqu'il raconte, il devient acteur; l'accent de sa voix se trouble et son drame se joue tout entier dans son cœur. Cette faculté si noble est d'un artiste. Mais prendre part aux misères et aux émotions humaines, c'est descendre jusqu'à elles; celui-là semble bien plus haut placé, qui remue les passions des autres sans se troubler lui-même, qui, entouré de personnages et d'auditeurs transportés, reste calme, debout en pleine lumière, sur une hauteur, pendant qu'au-dessous de lui s'agite la bataille des désirs déchaînés. Certainement rien ne va plus droit au cœur, ni ne touche plus profondément que les peintures de Beyle; mais il raconte sans se commenter; il laisse les faits parler d'eux-mêmes; il loue les gens par leurs actions. Une fois ou deux, je crois, il juge son héros; voyez de quel ton: «Ses combats étaient bien plus pénibles que le matin. *Son âme avait eu le temps de s'émouvoir.* Ivre d'amour et de volupté, il prit sur lui de ne pas parler.—C'est, selon moi, l'un des plus beaux traits de son caractère. Un être capable d'un pareil effort sur lui-même peut aller loin, *si fata sinant.*» Beyle fuit l'enthousiasme, ou plutôt il évite de le montrer; c'est un homme du monde, qui se comporte devant ses lecteurs comme dans un salon, qui croirait tomber au rang d'acteur si son geste ou sa voix trahissaient une grande émotion intérieure.—Sur ce point, bien des gens lui donnent raison. Prendre le public pour confident, c'est mettre son logis dans la rue; on a tort de se donner en spectacle, de pleurer sur la scène. S'il est de bon goût de se contenir devant vingt personnes, il est de bon goût de se contenir devant vingt mille lecteurs. Nos idées sont à tout le monde, nos sentiments doivent n'être qu'à nous seuls.—Un autre motif de cette réserve est qu'il se soucie peu du public; il écrit beaucoup plus pour se faire plaisir que pour être lu; il ne se donne pas la peine de développer ses idées et de les mettre à notre portée par des dissertations. La supériorité est dédaigneuse, et ne s'occupe pas volontiers à plaire aux hommes ni à les instruire: Beyle nous impose les allures de son esprit, et ne se laisse pas conduire par le nôtre. Ses livres sont écrits «comme le Code civil,» chaque détail amené et justifié, l'ensemble soutenu par une raison et une logique inflexibles; mais il y a place entre chaque article pour plusieurs pages de commentaires. Il faut le lire lentement ou plutôt le relire, et l'on trouvera que nulle manière n'est plus piquante, et ne donne un plaisir plus solide. Avouons-le, le style à développements, celui de Rousseau, de Buffon, de Bourdaloue, de tous les orateurs, a quelque chose d'ennuyeux. Ces écrivains savent à merveille prouver, expliquer, faire entrer de force une conviction dans des esprits inattentifs, étroits ou rebelles. Mais ils plaisent à ceux-là plutôt qu'aux autres. Leur art consiste à répéter cinq ou six fois de suite la même idée avec des expressions toujours nouvelles et plus fortes, si bien que leur pensée, sous une forme ou sous une autre, finit par trouver une entrée, et pénétrer dans l'esprit le moins ouvert, ou le mieux fermé. Cette méthode convient fort bien à la chaire et à la tribune, parce que, dans une assemblée, l'auditeur sot, distrait ou hostile n'écoute pas ou ne comprend pas. Mais un homme qui est de bonne foi, qui a l'habitude de penser et qui lit tranquillement un livre dans son cabinet, entend et juge votre pensée tout d'abord et dès sa première forme. Son opinion est fait à l'instant. S'il achève la longue période, c'est pour voir un tour d'habileté littéraire, pour apprécier la dextérité de l'auteur, et son talent de piétiner sans avancer. Au bout d'une page, cette sorte de curiosité est satisfaite : on trouve que l'auteur marche trop lentement, on lui demande moins de phrases et plus d'idées. Au lieu de poser si régulièrement et si paisiblement un pied devant l'autre, on voudrait qu'il fît de grandes enjambées. Beyle est, pour aller vite, le meilleur guide que je connaisse. Il ne vous dit jamais ce qu'il vous a déjà appris, ni ce que vous savez d'avance. En ce siècle, où chacun a tant lu, la nouveauté incessante et la vérité toujours imprévue donnent le plaisir le plus relevé et le moins connu.

V

Il y a pourtant un accent dans cette voix indifférente : celui de la supériorité, c'est-à-dire l'ironie, mais délicate et souvent imperceptible. C'est le sang-froid railleur d'un diplomate parfaitement poli, maître de ses sentiments et même de son mépris, qui hait le sarcasme grossier, et plaisante les gens sans qu'ils s'en doutent. Il y a beaucoup de grâce dans la mesure, et le sourire est toujours plus aimable que le rire. De grosses couleurs crues dont d'un effet puissant, mais lourd ; un esprit fin peut seul attraper les nuances. La raillerie dans Beyle est perpétuelle, mais elle n'est point blessante ; il se garde de la colère aussi soigneusement que du mauvais goût. Il se moque de ses héros, de Julien lui-même, avec une discrétion charmante. Julien, en homme d'imagination, voit dans tous les gens du séminaire des génies profonds, de savants hypocrites ; il admire entre autres l'abbé Chas Bernard, directeur des cérémonies, qui lui parle pendant des heures entières des ornements gardés en dépôt dans le trésor de la cathédrale:

«Le déjeuner de dix heures fut très gai; jamais l'abbé Chas n'avait vu son église plus belle.

«Cher disciple, disait-il à Julien, ma mère était loueuse de chaises dans cette vénérable basilique; de sorte que j'ai été nourri dans ce grand édifice.—Depuis le rétablissement du culte par Napoléon, j'ai le bonheur de tout y diriger. Cinq fois par an, mes yeux la voient parée de ces ornements si beaux; mais jamais elle n'a été si resplendissante, jamais les lés de damas n'ont été si bien attachés qu'aujourd'hui, aussi collants aux piliers.

«Enfin, il va me dire son secret, pensa Julien, le voilà qui me parle de lui. Mais rien d'imprudent ne fut dit par cet homme, évidemment exalté.—Et pourtant il a beaucoup travaillé, il est heureux, se dit Julien; le bon vin n'a pas été épargné. Quel homme! quel exemple pour moi!»

Julien ne devine pas encore que le meilleur moyen de cacher sa pensée est de n'en point avoir. On voit comment les faits sans commentaire se chargent de critiquer les personnages. Parfois la moquerie est jetée en passant; on ne sait si Beyle y a songé, tant elle est naturelle et ressemble au pur récit:

«Quoi, ma fille ne sera pas duchesse! quoi, ma fille s'appellera Mme Sorel!—Toutes les fois que ces deux idées se présentaient aussi nettement à M. de la Mole, les mouvements de son âme n'étaient plus volontaires.»

Si parfois Beyle raille avec intention meurtrière, il assomme les gens avec une élégance parfaite. C'est le ton d'un grand seigneur, qui garde les plus belles manières, tout en goûtant le plaisir de rosser un plat coquin.

«Julien remarqua quelque chose de singulier dans le salon: c'était un mouvement de tous les yeux vers la porte, et un demi-silence subit. Le laquais annonçait le fameux baron de Tolly, sur lequel les élections venaient de fixer tous les regards. Julien s'avança et le vit fort bien. Le baron présidait un collège. Il eut l'idée lumineuse d'escamoter les petits carrés de papier portant les votes d'un des partis. Mais, pour qu'il y eût compensation, il les remplaçait à mesure par d'autres petits carrés de papier portant un nom qui lui était agréable. Cette manœuvre décisive fut aperçue par quelques électeurs, qui s'empressèrent de faire compliment au baron Tolly. Le bonhomme était encore pâle de cette grande affaire. Des esprits mal faits avaient prononcé le nom de galères. M. de la Mole le reçut froidement. Le pauvre baron s'échappa—S'il nous quitte si vite, c'est pour aller chez M. Comte, dit M. Chalvet.—Et l'on rit.»

Le salon de M. de la Mole et celui de M. de Rénal fournissent vingt portraits dignes de La Bruyère, mais plus fins, plus vrais, plus différents des figures de fantaisie, plus brefs, excellents surtout, parce qu'ils sont de la main d'un homme du monde observateur, et non d'un moraliste, et qu'on n'y sent pas, comme dans les *Caractères,* l'amateur de phrases parfaites et frappantes, le littérateur jaloux de sa gloire, l'écrivain de profession.

Ce dernier trait achève de peindre Beyle. «La part de la forme, disait-il, devient moindre de jour en jour. Bien des pages de mon livre ont été imprimées sur la dictée originale. Je cherche à raconter avec vérité et clarté ce qui se passe dans mon cœur. Je ne vois qu'une règle: être clair. Si je ne suis pas clair, tout mon monde est anéanti.» Au fond, la suppression du style est la perfection du style. Quand le lecteur cesse d'apercevoir les phrases et voit les idées en elles-mêmes, l'art est achevé. Un style étudié et qu'on remarque est une toilette qu'on fait par sottise ou par vanité. Au contraire, un esprit supérieur est si amoureux des idées, si heureux de les suivre, si uniquement préoccupé de leur vérité et de leur liaison, qu'il refuse de s'en détourner un seul instant pour choisir les mots élégants, éviter les consonnances, arrondir les périodes. Cela sent le rhéteur, et l'on sait mauvais gré à Rousseau d'avoir «tourné souvent une phrase trois ou quatre nuits dans sa tête,» pour la mieux polir. Cette négligence voulue donne aux ouvrages de Beyle un naturel charmant. On dirait, en le lisant, qu'on cause avec lui. «On croyait trouver un auteur, dit Pascal, et l'on est tout étonné et ravi de rencontrer un homme.» Supposez-vous dans votre chambre, avec quelques amis, gens d'esprit, et obligé de leur raconter un événement de votre vie; l'affectation vous ferait horreur: les mots sublimes et les antithèses sonores n'oseraient vous apparaître. Vous diriez la chose comme elle est, sans l'agrandir, sans chercher à briller, sans apprêt. Tel est le récit de Beyle. Il écrit sans se figurer qu'un public l'écoute, sans vouloir être applaudi, face à face avec ses idées qui l'assiègent, et «qui'il a besoin de *noter*.» De là plusieurs qualités singulières, que certaines écoles littéraires lui reprocheront, par exemple la nudité du style, la haine de la métaphore et des phrases imagées. Il est plaisant de voir Balzac prétendre «que le côté faible de Beyle est le style,» supposant sans doute que le bon goût consiste à mettre des enluminures aux idées. Il croyait lui-même enrichir la langue, lorsque, «dans une des assises les plus travaillées de son édifice littéraire,» il commençait ainsi: «A quel talent devrons-nous un jour la plus émouvante élégie, la peinture des tourments subis en silence par les âmes dont les racines, tendres encore, ne rencontrent que de durs cailloux dans le sol domestique, dont les premières frondaisons sont déchirées par des mains haineuses, dont les fleurs sont atteintes par la gelée au moment où elles s'ouvrent?» Il s'estimait grand coloriste parce qu'il inventait des métaphores ichtyologiques, et parlait «des avortements inconnus où le frai du génie encombre une grève aride.» Ces images prolongées sont comme des robes écarlates à longues queues trainantes, où l'idée trébuche ou disparaît. Beyle, à cet égard, est tout classique, ou plutôt simple élève des idéologues et du sens commun; car il faut dire hardiment que le style métaphorique est le style inexact, et qu'il n'est ni raisonnable ni français. Quand votre idée, faute de réflexion, est encore imparfaite et obscure, ne pouvant la montrer elle-même, vous indiquez les objets auxquels elle ressemble; vous sortez de l'expression courte et directe, pour vous jeter à droite et à gauche dans les comparaisons. C'est donc par impuissance que vous accumulez les images; faute de pouvoir marquer nettement dès la première fois votre pensée, vous la répétez vaguement plusieurs fois, et le lecteur, qui veut vous comprendre, doit suppléer à votre faiblesse ou à votre paresse, en vous traduisant vous-même à vous-même, en vous expliquant ce que vous vouliez dire et ce que vous n'avez pas dit. A ceux qui prétendent que les couleurs éclairent, on répond que dans la lumière pure il n'y a pas de couleurs. Beyle est aussi net que les Grecs et nos classiques, purs esprits, qui ont porté l'exactitude des sciences dans la peinture du monde moral, et grâce auxquels parfois on se sait bon gré d'être homme. Entre ceux-ci, Beyle est au premier rang, de la même façon et par la même raison que Montesquieu et Voltaire; car il a comme eux ces mots incisifs et ces phrases perçantes qui forcent l'attention, s'enfoncent dans la mémoire et conquièrent la croyance. Tels sont ces résumés d'idées contenus dans une image vive ou dans un paradoxe apparent, d'autant plus forts qu'ils sont plus brefs, et qui d'un coup éclairent à fond une situation ou un caractère. Julien, au séminaire, finit par comprendre la nécessité de la démarche humble, des yeux baissés, de toute la tenue ecclésiastique. «Au séminaire, il est une façon de manger un œuf à la coque qui annonce les progrès faits dans la vie dévote.—Que ferai-je toute ma vie? se disait Julien. Je vendrai aux fidèles une place dans le ciel. *Comment cette place leur sera-t-elle rendue visible?* Par la différence de mon extérieur et de celui d'un laïque. . .» Et ailleurs: «*L'opinion publique est terrible dans un pays qui a la Chartre.*—Je vais chercher la solitude et la paix champêtre au seul lieu où elles existent en France, dans un quatrième étage donnant sur les Champs-Elysées.» Les mots sur Paris sont charmants et abondent. En voici un, par exemple: «Toute vraie passion ne songe qu'à elle: c'est pourquoi, ce me semble, les passions sont si ridicules à Paris, où le voisin prétend toujours qu'on pense beaucoup à lui. Je me garderai bien de raconter les transports de Julien à la Malmaison. Il pleura. Quoi! malgré les vilains murs blancs construits cette année, qui coupent le parc en morceaux? Oui, monsieur. *Pour Julien, comme pour la postérité, il n'y avait rien entre Arcole, Sainte-Hélène et la Malmaison.*» J'ai achevé la citation pour montrer comment les idées profondes arrivent coup sur coup, en fusillade. Elles échappent à la première lecture, parce qu'elles sont partout et jamais en saillie. A la deuxième elles fourmillent, et on aura beau relire, on en trouvera toujours de nouvelles. Beyle les jette en forme de transitions, de dialogues, de petits événements; c'est là son *remplissage:* vous diriez un prodigue qui bouche les trous de ses murailles avec des lingots d'or. Et ce style piquant n'est jamais tendu, comme parfois celui de Montesquieu, ni bouffon, comme parfois celui de Voltaire; il est toujours aisé et noble, jamais il ne se contraint ou ne s'emporte; c'est l'œuvre d'une verve qui se maîtrise, et d'un art qui ne se montre point.

Est-ce un écrivain qu'on puisse ou qu'on doive imiter? Il ne faut imiter personne; on a toujours tort de prendre ou de demander aux autres, et en littérature c'est se ruiner qu'emprunter. D'ailleurs la place d'un homme comme lui est à part; si tout le monde était, ainsi que Beyle, supérieur, personne ne serait supérieur, et pour qu'il y ait des gens en haut, il faut qu'il y ait des gens en bas.—Est-ce un écrivain qu'il faille lire? J'ai tâché de le prouver. S'il nous choque au premier coup d'œil, nous devons, avant de le condamner, méditer cette définition de l'esprit qu'il met dans la bouche de Mlle de la Mole. Beyle avait l'original en lui, c'est pourquoi sans doute il peignait si bien. «Mon esprit, j'y crois; car je leur fais peur évidemment à tous. S'ils osent aborder un sujet sérieux, au bout de cinq minutes de conversation ils arrivent, tout hors d'haleine et comme faisant une grande découverte, à une chose que je leur répète depuis une heure.»

Emile Zola

Stendhal

1880

Emile Zola et Stendhal avaient, certes, des intérêts communs. Comme l'a signalé M. F. W. J. Hemmings,[1] ils étaient tous les deux des matérialistes, des incrédules, des hommes qui croyaient qu'on s'achemine vers la vérité en examinant les faits scientifiquement, c'est-à-dire, sans préjugés. La formule, à résonance zolienne, «La science moderne, seule religion du XIXe siècle,» ne vient pas de la plume de Zola, rappelle M. Hemmings, mais de celle de Stendhal.

Cela n'empêche pas que Zola, qui a lu Stendhal dès 1864, n'ait pas apprécié à sa juste valeur ce romancier d'une allure, somme toute, tellement différente de la sienne. C'est en 1880 que Zola publie en traduction russe dans le *Messager de l'Europe* à Saint-Pétersbourg son article sur Stendhal. L'essai trouvera sa place par la suite dans *les Romanciers naturalistes* et relève de l'effort de Zola pour se donner une ascendance. Il faut dire qu'il n'a pas mal choisi en nommant Balzac, Stendhal et Flaubert. Bien que Zola ne mette pas Stendhal au même niveau que ses deux autres «devanciers,» il lui accorde, néanmoins, un rôle historique important. Le très grand mérite de Stendhal est— d'après Zola—d'avoir su résister aux folies du roman romantique. Du point de vue de l'histoire littéraire, donc, Stendhal ferait la transition dans le roman «entre la conception métaphysique du dix-huitième siècle et la conception scientifique du nôtre.» C'est ainsi que Zola reconnaît à Stendhal un rôle «tellement considérable» dans la littérature contemporaine et qu'il se permet de le mettre «à la tête du mouvement» de la littérature actuelle.

Toutefois, Henri Beyle demeure pour Zola un romancier incomplet. Tout en avouant que Stendhal est bon psychologue, Zola lui reproche de n'être pas suffisamment physiologiste et se doit de le blâmer pour «son dédain du corps, son silence sur les éléments physiologiques de l'homme et sur le rôle des milieux ambiants.»   Les personnages de Stendhal, selon la perspective de Zola, ne sont que de «purs phénomènes cérébraux,» des machines montées par leur créateur.   Aussi manquent-ils de l'étoffe de la réalité et se révelent-ils «beaucoup plus spéculations intellectuelles que des créatures vivantes.»   Que l'auteur de *Germinal* ne s'est-il rendu compte que Stendhal visait dans ses personnages une réalité différente de la sienne!   Il est plaisant de voir Zola se plaindre que le fameux miroir de Stendhal ne reflète que la tête, et admettre en même temps que Stendhal «a été le premier romancier qui ait obéi à la loi des milieux géographiques et sociaux.»   Autre lacune chez Stendhal: il manque de sérieux.   Stendhal écrivait pour se divertir, ce qui explique pourquoi il manque de méthode, pourquoi sa composition, son style, sont si relâchés.

Ce qui rachète Stendhal, c'est qu'il est arrivé à la vérité en dépit de ses lacunes.   «S'il est un de nos maîtres, affirme Zola, s'il est à la tête de l'évolution naturaliste, ce n'est pas parce qu'il a été uniquement psychologue, c'est parce que le psychologue en lui a eu assez de puissance pour arriver à la réalité, par dessus ses théories, et sans le secours de la physiologie ni de nos sciences naturelles.»

Est-ce là le mot final de Zola sur Stendhal?   On l'avait cru. C'est grâce à M. Hemmings encore, cette fois dans un article paru dans *Stendhal-Club,* que nous apprenons que Zola relisait Stendhal lors de son exil en Angleterre en 1898.   S'il n'a pas changé son opinion sur *le Rouge et le Noir,* il est à remarquer qu'il finit par louer la *Chartreuse,* dont il parle dans son journal en ces termes: «C'est un livre bien extraordinaire qu'il me semble lire pour la première fois. Je l'avais sans doute mal lu jadis. Il éveille en moi tout un monde d'admirations et d'objections.»[2]   Et Zola de vouloir écrire un nouvel article sur Stendhal. . .

❧

Stendhal est certainement le romancier le moins lu, le plus admiré et le plus nié sur parole.   On n'a rien écrit sur lui de définitif, et il reste un peu à l'état de légende.   Très préoccupé par son talent, très désireux de l'étudier, j'ai pourtant hésité longtemps avant de me mettre à ce travail, par crainte de ne pas dresser la figure de l'écrivain sous une lumière franche et limpide. Mais le rôle de Stendhal, dans notre littérature contemporaine, est tellement considérable, que je dois me risquer, quitte à ne pas faire autant de clarté que je le voudrais sur des œuvres complexes, qui ont déterminé, avec celles de Balzac, l'évolution naturaliste actuelle.

Il faut dire que Stendhal lui-même s'est plu, de son vivant, à s'envelopper de mystère. Ce n'était pas un esprit de bonhomie, une nature large et droite, au vieux sang gaulois, produisant tranquillement devant tous. Il compliquait sa besogne de toutes sortes de raisonnements et de finesses, avec des airs de diplomate qui voyage incognito et qui goûte des plaisirs solitaires à se moquer du public. Il inventait des pseudonymes, il rêvait des supercheries, dont il était le seul à comprendre le sel. Cela, naturellement, n'allait pas sans un dédain affecté de la littérature. Né en 1783, homme du siècle dernier par des attaches mondaines et philosophiques, il était blessé de notre grande production littéraire, n'imaginant pas qu'on pût vivre de sa plume, ne faisant d'ailleurs rien pour cela et regardant dès lors les lettres comme un délassement, une récréation de l'esprit, et non comme une carrière. Il tenta tour à tour la peinture, le commerce, l'administration; puis, après avoir fait la campagne de 1812 à la suite de nos armées, il finit par entrer dans la diplomatie, où l'appelait certainement la structure de son crâne; mais il y garda une situation modeste, il fut pendant longtemps et mourut simple consul à Civita-Vecchia. Ses contemporains ne nous le représentent pas moins comme plus fier de sa place de fonctionnaire que de son titre d'écrivain; on raconte que, lorsque le gouvernement de Juillet le décora, il tint à ce que cette croix récompensât le consul, et non le romancier. La pose de Stendhal fut d'être un écrivain amateur. Il se distinguait ainsi de ce pullulement d'hommes de lettres, aux doigts tâchés d'encre, dont il avait horreur. Il échappait à l'enrégimentement, montrait pour la rhétorique le dédain de Saint-Simon, restait à ses propres yeux l'homme d'action qu'il avait toujours rêvé d'être. A l'en croire, son œuvre demeurait l'accident dans son existence.

Ce que j'appellerai la légende de Stendhal est partie de là. Malgré ce qu'il a écrit sur lui-même, malgré ce que les contemporains ont pu laisser, l'homme en lui est très peu connu. On se méfie, on craint sans cesse une mystification, avec cet esprit compliqué, qui semble toujours vouloir «rouler» la foule, comme un diplomate «roulerait» un roi, auprès duquel il remplirait une ambassade. J'ai lu tout ce qui a paru sur Stendhal, et je déclare n'en être pas plus avancé. Les contemporains, comme Sainte-Beuve, dont je parlerai tout à l'heure, paraissent l'avoir jugé à fleur d'épiderme. Il ne se livrait guère, et l'on ne faisait pas d'effort pour le pénétrer. Aujourd'hui, la besogne devient plus difficile encore. Je sais bien que le mieux est de prendre les choses naïvement, de ne pas se laisser étourdir par toutes ces finasseries, de se dire qu'en somme les machines les plus chargées de rouages sont souvent celles qui cachent le moteur le plus simple; c'est ce que je vais faire d'ailleurs. Seulement, j'ai voulu d'abord constater l'état de la question, en montrant combien peu, à cette heure, nous possédons Stendhal, par suite des déguisements et des complications où il s'est complu, d'une façon toute naturelle sans doute. Sa nature était là.

Il ne nous reste qu'à le chercher dans ses œuvres. C'est le plus sûr moyen d'arriver à une vérité, car les œuvres sont des témoins que personne ne peut récuser. Cependant, il faut bien dire que les œuvres de Stendhal ont jusqu'ici redoublé l'obscurité autour de lui. Jugées avec passion, et dans des sens contraires, elles sont niées ou acclamées, sans qu'il existe encore sur elles un jugement exact, qui mette définitivement l'auteur en sa place. Nous retrouvons même ici la légende. Dans le camp des artistes, on cite toujours ce mot de Stendhal: «Chaque matin, je lis une page du Code pour prendre le ton»; et cela suffit à le faire exécrer de la bande romantique, tandis que le mot est applaudi par les rares adversaires de la rhétorique triomphante. La phrase a pu être dite et écrite, mais elle ne suffit vraiment pas pour étiqueter un écrivain. J'estime que l'étude du rôle de Stendhal, dans le mouvement de 1830, éclairerait beaucoup l'histoire de ce mouvement, car Stendhal a commencé par appuyer le romantisme; il ne s'en est séparé que plus tard, lorsque le coup de folie lyrique des grands poëtes de l'époque a définitivement triomphé. Aujourd'hui, on a le tort de croire que Victor Hugo a créé le romantisme de toutes pièce, en l'apportant comme son originalité propre. La vérité est au contraire qu'il l'a trouvé tout formé et qu'il l'a simplement conquis, par ses puissantes facultés de rhétoricien; il en a fait sa chose, il l'a plié à son despotisme. Aussi a-t-on vu s'écarter les esprits originaux, qui n'entendaient pas être absorbés. Stendhal, qui était de vingt ans l'aîné de

Victor Hugo, resta dans les traditions de style du XVIIIe siècle, très choqué de la langue nouvelle, plein de railleries pour ce flot d'épithètes qu'il jugeait inutiles, pour ces festons et ces astragales sous lesquels la vieille phrase française perdait sa netteté et sa vivacité. Ajoutons que l'enflure des sentiments et des caractères, la démence et l'humanitairerie des œuvres le blessaient davantage encore. Il voulait bien l'évolution philosophique, la révolution dans les idées, mais il refusait de toute sa nature cette insurrection de carnaval, déguisant les éternels Grecs et les éternels Romains en chevaliers du Moyen Age. De là son mot sur le Code, qui ameute encore les artistes et qui est demeuré, pour beaucoup de gens, la caractéristique de son talent. En vérité, le document est mince. Je le répète, nous sommes toujours dans la légende.

On a fort peu écrit sur Stendhal, surtout si l'on songe à la masse énorme d'articles et même de livres que nous avons sur Balzac. Je ne connais que trois études consacrées à Stendhal, qui comptent réellement: celles de Balzac, de Sainte-Beuve et de M. Taine. Or, l'entente est loin de se faire. Balzac et M. Taine sont pour, Sainte-Beuve est contre; j'ajoute que les trois ne me paraissent pas aller au fond du sujet, que chacun voit le romancier par un côté, sans le montrer dans sa véritable place et dans le rôle qu'il a joué. Après avoir lu les trois études, on demeure inquiet, on n'est pas satisfait pleinement, on sent très bien que Stendhal vous échappe encore.

L'étude de Balzac est un élan d'enthousiasme. Il admire tout, il loue son rival en phrases superbes. Et cette admiration était sincère, car on la retrouva dans sa correspondance. Le 29 mars 1839, il écrivait à Stendhal, après avoir lu l'épisode de la bataille de Waterloo, dans *Le Constitutionnel:* «C'est fait, comme Borgognone et Wouvermans, Salvator Rosa et Walter Scott.» Puis, après avoir lu le livre, le 6 avril, il écrivait de nouveau: «*La Chartreuse* est un grand et beau livre: je vous le dis sans flatterie, sans envie, car je serais incapable de le faire, et l'on peut louer franchement ce qui n'est pas de notre métier. Je fais une fresque et vous avez fait des statues italiennes. . . Ici, tout est original et neuf. . . Vous avez expliqué l'âme de l'Italie.» Tout cela est plein de bonne foi et d'élan, mais j'avoue ne pas trop comprendre les statues italiennes opposées à la fresque; et, d'autre part, le Borgognone et le Wouvermans, le Salvator Rosa et le Walter Scott, cette étrange salade de noms, me

surprennent et me dérangent.   En critique, je crois qu'il faut
des idées nettes.   Balzac sentait fortement le génie de Stendhal.
Il a tâché de nous communiquer son admiration, sans démonter
la personnalité du romancier, sans nous faire toucher du doigt
le mécanisme de ce rare esprit, fonctionnant, au début du siècle,
dans les lettres françaises.

Si nous passons à Sainte-Beuve, nous trouvons une étude
pleine d'aperçus ingénieux, tournant autour du sujet sans jamais
conclure.   Cela est fin et vide.   Pourtant, Sainte-Beuve s'est laissé
emporter un jour, à propos de Stendhal, jusqu'à lâcher un jugement décisif, ce qui lui arrivait bien rarement.   Il a écrit, dans
un article consacré à M. Taine: «Une fois, M. Taine nomme
Stendhal; il le citera surtout dans son livre des *Philosophes,* et
le qualifiera dans les termes du plus magnifique éloge (*grand
romancier, le plus grand psychologue du siècle*).   Dussé-je perdre
moi-même à invoquer de la part de M. Taine plus de sévérité
dans les jugements contemporains, je dirai qu'ayant connu
Stendhal, l'ayant goûté, ayant relu encore assez récemment ou
essayé de relire ses romans tant préconisés (romans toujours
manqués, malgré de jolies parties, et, somme toute, détestables),
il m'est impossible d'en passer par l'admiration qu'on professe
aujourd'hui pour cet homme d'esprit, sagace, fin, perçant et
excitant, mais décousu, mais affecté, mais dénué d'invention.»
Le mot est lâché, les romans de Stendhal sont détestables.

Ailleurs, Sainte-Beuve déclare préférer le *Voyage autour de
ma chambre,* de Xavier de Maistre.   Il y a évidemment ici un
heurt de deux tempéraments différents.   Il faut récuser Sainte-
Beuve, qui, malgré sa finesse d'analyse habituelle, s'en tient à
une appréciation de surface.   Sans doute Stendhal est décousu,
sans doute il est affecté parfois; mais conclure que ses romans
sont détestables, sans fournir d'autres raisons, sans faire un effort
pour aller plus à fond, c'est risquer une condamnation en l'air,
c'est tout au moins ne donner que le jugement brutal, en négligeant de nous faire connaître les considérants.   L'étude de
Sainte-Beuve est la causerie d'un lettré, que révolte une nature
opposée à la sienne; elle n'explique rien et ne peut conclure.

Avec M. Taine, nous rentrons dans une admiration absolue.
Je sais que son étude sur Stendhal, publiée en 1866, dans ses
Essais de critiques et d'histoire, n'est pas pour lui complète et
définitive; il aurait voulu la reprendre, l'élargir, car il la considère

comme indigne de Stendhal. Mais nous n'y trouvons pas moins les raisons très nettes de son admiration. Il débute par ces lignes: «Je cherche un mot pour exprimer le genre d'esprit de Stendhal; et ce mot, il me semble, est esprit supérieur.» Dès lors, il part de là, et en employant son procédé systématique, il rapporte tout à ce mot, ou plutôt il fait découler de lui tout ce qu'il trouve dans la personnalité de Stendhal. Je me contenterai de la citation suivante. Après avoir dit que Victor Hugo est un peintre et Balzac un physiologiste du monde moral, il ajoute: «Dans le monde infini, l'artiste se choisit son monde. Celui de Stendhal ne comprend que les sentiments, les traits de caractère, les vicissitudes de passion, bref, la vie de l'âme.» Tout est là, l'admiration de M. Taine est expliquée. Le philosophe qui est en lui, a trouvé son romancier dans l'idéologue Stendhal, comme il le nomme lui-même, dans le psychologue et le logicien auquel nous devons *Le Rouge et le Noir* et *La Chartreuse de Parme*. C'est également de ce point que je partirai; seulement, je ne conclurai pas comme M. Taine, disant, au sujet de Julien Sorel, que «de pareils caractères sont les seuls qui méritent de nous intéresser aujourd'hui.» La formule littéraire actuelle est plus large, et tout en mettant Stendhal à la tête même du mouvement, il faut déterminer strictement son action et ne pas fermer la route derrière lui, par suite d'un pur engoûment de philosophe. Après les louanges débordantes de Balzac, la causerie révoltée de Sainte-Beuve et la satisfaction philosophique de M. Taine, il est temps, je crois, qu'on cherche à dire sur Stendhal la vérité exacte, en l'analysant sans parti pris d'aucune sorte, et en lui donnant sa véritable part du siècle.

A leur apparition, les deux principaux romans de Stendhal: *Le Rouge et le Noir* (1831) et *La Chartreuse de Parme* (1838), n'eurent aucun succès. L'étude si élogieuse de Balzac ne détermina pas le grand public à les lire; ils restèrent entre les mains des lettrés, et encore furent-ils peu goûté. Ce fut vers 1850 seulement qu'une sorte de résurrection se produisit. Elle étonna beaucoup Sainte-Beuve, qui finit par s'en montrer scandalisé. Puis, M. Taine, exprimant sans doute l'opinion du groupe d'amis qu'il avait connus à l'Ecole normale, lança les mots de «grand romancier» et du «plus grand psychologue du siècle.» Dès lors, on fit profession d'admirer beaucoup Stendhal, sans le lire davantage et, sans le mieux juger. La question en est là, entre les artistes qui le nient et les logiciens qui l'exaltent.

Je n'étudierai en lui que le romancier, et même je m'en tiendrai à deux de ses romans: *Le Rouge et le Noir* et *La Chartreuse de Parme,* en négligeant ses nombreuses nouvelles et en ne m'arrêtant pas à sa première œuvre: *Armance, scènes d'un salon de Paris,* qui fut publiée en 1827.

II

Pour faciliter mon analyse, je définirai d'abord le talent de Stendhal, puis je passerai à l'examen de ses livres et j'appuierai mon jugement sur des exemples. C'est renverser la besogne, car je vais d'abord donner ici une conclusion des notes que j'ai prises, en relisant, la plume à la main, *Le Rouge et le Noir* et *La Chartreuse de Parme.* Mais j'estime que c'est la seule façon d'être clair.

Stendhal est avant tout un psychologue. M. Taine a fort bien défini son domaine, en disant qu'il s'intéressait uniquement à la vie de l'âme. Pour Stendhal, l'homme est uniquement composé d'un cerveau, les autres organes ne comptent pas. Je place bien entendu les sentiments, les passions, les caractères, dans le cerveau, dans la matière pensante et agissante. Il n'admet pas que les autres parties du corps aient une influence sur cet organe noble, ou du moins cette influence ne lui paraît point assez forte ni assez digne pour qu'il s'en inquiète. En outre, il tient rarement compte du milieu, j'entends de l'air dans lequel trempe son personnage. Le monde extérieur existe à peine; il ne se soucie ni de la maison où son héros a grandi, ni de l'horizon où il a vécu. Voilà donc, en résumé, toute sa formule: l'étude du mécanisme de l'âme pour la curiosité de ce mécanisme, une étude purement philosophique et morale de l'homme, considéré simplement dans ses facultés intellectuelles et passionnelles, et pris à part dans la nature.

C'est, en somme, la conception des deux derniers siècles classiques. Sans doute, les idées premières sur l'homme, les dogmes ont pu changer; mais nous nous retrouvons encore en face d'une métaphysique qui étudie l'âme comme une abstraction, sans vouloir rechercher l'action que les rouages de la machine humaine et que la nature tout entière exercent évidemment sur elle. Aussi, M. Taine a-t-il été amené lui-même à comparer Stendhal à Racine. «Stendhal, dit-il fut l'élève des idéologues, l'ami de M. de Tracy, et ces maîtres de l'analyse lui ont enseigné la science de l'âme. On loue beaucoup dans Racine la connaissance des mouvements du cœur, de ses contradictions, de sa folie; et l'on ne remarque pas que l'éloquence et l'élégance soutenues, l'art de développer, l'explication savante et détaillée que chaque personnage donne de ses émotions, leur enlève une partie de leur vérité. . .Stendhal n'a point ce défaut, et le genre qu'il a choisi aide à l'en préserver.» Le parallèle peut d'abord surprendre, mais il est strictement juste. Chez le poëte tragique et chez le romancier, le procédé est le même; seulement, il est employé avec des rhétoriques différentes. C'est toujours, je le répète, une psychologie pure, dégagée de toute physiologie et de toute science naturelle.

Dans un psychologue, il y a un idéologue et un logicien. C'est là que Stendhal triomphe. Il faut le voir partir d'une idée, pour montrer ensuite l'épanouissement de tout un groupe d'idées, qui naissent les unes des autres, qui se compliquent et se dénouent. Rien de plus fin, de plus pénétrant, de plus imprévu que cette analyse continuelle. Il s'y complaît, il déroule à chaque minute la cervelle de son personnage, pour en faire sentir les moindres replis. Personne n'a possédé à un degré pareil la mécanique de l'âme. Une idée se présente, c'est la roue qui va donner le branle à toutes les autres; puis, une autre idée naît à droite, une autre à gauche, d'autres en avant, d'autres en arrière; et il y a des poussées, des retours, un travail qui s'organise peu à peu, qui se complète, qui finit par montrer l'âme entière à la besogne, avec ses facultés, ses sentiments, ses passions. Cela emplit des pages; on peut même dire que l'œuvre est faite de cette analyse. Le logicien conduit ses personnages avec une rigueur extrême, au milieu des écarts les plus contradictoires en apparence. On le sent toujours là, froidement attentif à la marche de sa machine. Chacun des caractères qu'il crée est une expérience de psychologue qu'il risque sur l'homme. Il invente une âme avec de certains sentiments et de certaines passions, la jette dans une suite de faits, et se contente de noter le fonctionnement de cette âme, au milieu de circonstances données. Stendhal, pour moi, n'est pas un observateur qui part de l'observation pour arriver à la vérité, grâce à la logique; c'est un logicien qui part de la logique et qui arrive souvent à la vérité, en passant par-dessus l'observation.

On nomme très souvent Stendhal à côté de Balzac et l'on ne

paraît pas voir l'abîme qu'il y a entre eux. M. Taine, qui les compare, reste vague. Il donne à Stendhal la psychologie, la vie de l'âme, et il ajoute pour Balzac: «Qu'est-ce que Balzac apercevait dans sa *Comédie humaine*? Toutes choses, direz-vous; oui, mais en savant, en physiologiste du monde moral, en docteur «ès-sciences sociales,» comme il s'appelait lui-même; d'où il arrive que ses récits sont des théories, que le lecteur, entre deux pages de roman, trouve une leçon de Sorbonne, que la dissertation et le commentaire sont la peste de son style.» Je ne comprends pas du tout la conséquence que le critique établit ici. Un docteur ès-sciences sociales n'a pas besoin de disserter ni de commenter: il lui suffit d'exposer. M. Taine note la nature du tempérament littéraire de Balzac et la donne sans raison comme le défaut fatal de sa formule. Ce qui est vrai, c'est que Balzac partait en savant de l'étude du sujet; tout son travail était basé sur l'observation de la créature humaine, et il se trouvait ainsi amené, comme le zoologiste, à tenir un compte immense de tous les organes et du milieu. Il faut le voir dans une salle de dissection, le scalpel à la main, constatant qu'il n'y a pas seulement un cerveau dans l'homme, devinant que l'homme est une plante tenant au sol, et décidé dès lors, par amour du vrai, à ne rien retrancher de l'homme, à le montrer dans son entier, avec sa vraie fonction, sous l'influence du vaste monde. Pendant ce temps, Stendhal reste dans son cabinet de philosophe, remuant des idées, ne prenant de l'homme que la tête et comptant chaque pulsation du cerveau. Il n'écrit pas un roman pour analyser un coin de réalité, êtres et choses, il écrit un roman pour appliquer ses théories sur l'amour, pour appliquer le système de Condillac sous la formation des idées. Telle est la grande différence qu'il y a entre Stendhal et Balzac. Elle est capitale, elle ne provient pas seulement de deux tempéraments opposés mais plus encore de deux philosophies différentes.

En somme, Stendhal est le véritable anneau qui relie notre roman actuel au roman du XVIIIᵉ siècle. Il avait seize ans de plus que Balzac, il appartenait à une autre époque. C'est grâce à lui que nous pouvons sauter par-dessus le romantisme et nous rattacher au vieux génie français. Mais ce que je veux surtout retenir, c'est son dédain du corps, son silence sur les éléments physiologiques de l'homme et sur le rôle des milieux ambiants. Nous le verrons bien tenir compte de la race, dans *La Chartreuse de Parme;* il fera ce premier pas de nous donner des Italiens réels, et non des Français déguisés; seulement, jamais le paysage, le

climat, l'heure de la journée, le temps qu'il fait, la nature en un
mot n'interviendra et n'agira sur les personnages. La science
moderne n'a évidemment point encore passé par là. Il reste dans
une abstraction voulue, il met l'être humain à part dans la nature
et déclare ensuite que l'âme seule étant noble, l'âme seule a droit
de cité en littérature. Et c'est pourquoi M. Taine, en logicien,
le déclare supérieur. Selon lui, il est audessus des autres, parce
qu'il reste dans la machine cérébrale, dans l'esprit pur. Cela
revient à dire qu'il est d'autant plus élevé qu'il dédaigne davantage la nature, qu'il châtre l'homme et qu'il s'enferme dans
une abstraction philosophique. Pour moi, il est moins complet,
voilà tout.

Il faut insister, car le point intéressant est là. Prenez un
personnage de Stendhal: c'est une machine intellectuelle et
passionnelle parfaitement montée. Prenez un personnage de
Balzac: c'est un homme en chair et en os, avec son vêtement
et l'air qui l'enveloppe. Où est la création la plus complète, où
est la vie? Chez Balzac, évidemment. Certes, j'ai la plus grande
admiration pour l'esprit si sagace et si personnel de Stendhal.
Mais il m'amuse comme un mécanicien de génie qui fait
fonctionner devant moi la plus délicate des machines; tandis que
Balzac me prend tout entier, par la puissance de la vie qu'il
évoque.

Je ne comprends pas le haut et le bas, chez l'homme. On
me dit que l'âme est en haut et que le corps est en bas. Pourquoi
ça? Je ne puis m'imaginer l'âme sans le corps, et je les mets
ensemble. En quoi Julien Sorel, par exemple, qui est une pure
création spéculative, est-il supérieur au baron Hulot, qui est une
créature vivante? L'un raisonne, l'autre vit. Je préfère ce
dernier. Si vous retranchez le corps, si vous ne tenez pas compte
de la physiologie, vous n'êtes plus même dans la vérité, car sans
descendre dans les problèmes philosophiques, il est certain que
tous les organes ont un écho profond dans le cerveau, et que
leur jeu, plus ou moins bien réglé, régularise ou détraque la
pensée. Il en est de même pour les milieux; ils existent, ils ont
une influence évidente, considérable, et il n'y a aucune supériorité à les supprimer, à ne pas les faire entrer dans le fonctionnement de la machine humaine.

Voilà donc la réponse qu'on doit faire aux adversaires de
la formule naturaliste, lorsqu'ils reprochent aux romanciers

actuels de s'arrêter à l'animal dans l'homme et de multiplier les descriptions. Notre héros n'est plus le pur esprit, l'homme abstrait du XVIIIe siècle; il est le sujet physiologique de notre science actuelle, un être qui est un composé d'organes et qui trempe dans un milieu dont il est pénétré à chaque heure. Dès lors, il nous faut bien tenir compte de toute la machine et du monde extérieur. La description n'est qu'un complément nécessaire de l'analyse. Tous les sens vont agir sur l'âme. Dans chacun de ses mouvements, l'âme sera précipitée ou ralentie par la vue, l'odorat, l'ouïe, le goût, le toucher. La conception d'une âme isolée, fonctionnant toute seule dans le vide, devient fausse. C'est de la mécanique psychologique, ce n'est plus de la vie. Sans doute, il peut y avoir abus, dans la description surtout; la virtuosité emporte souvent les rhétoriciens; on lutte avec les peintres, pour montrer la souplesse et l'éclat de sa phrase. Mais cet abus n'empêche pas que l'indication nette et précise des milieux et l'étude de leur influence sur les personnages, ne soient des nécessités scientifiques du roman contemporain.

Je prendrai un exemple pour me mieux faire entendre. Il y a un épisode célèbre, dans *Le Rouge et le Noir,* la scène où Julien, assis un soir à côté de Mme de Rénal, sous les branches noires d'un arbre, se fait un devoir de lui prendre la main, pendant qu'elle cause avec Mme Derville. C'est un petit drame muet d'une grande puissance, et Stendhal y a analysé merveilleusement les états d'âme de ses deux personnages. Or, le milieu n'apparaît pas une seule fois. Nous pourrions être n'importe où, et dans n'importe quelles conditions, la scène resterait la même, pourvu qu'il fît noir. Je comprends parfaitement que Julien, dans la tension de volonté où il se trouve, ne soit pas affecté par le milieu. Il ne voit rien, il n'entend rien, il ne sent rien, il veut simplement prendre la main de Mme de Rénal et la garder dans la sienne. Mais Mme de Rénal, au contraire, devrait subir toutes les influences extérieures. Donnez l'épisode à un écrivain pour qui les milieux existent, et dans la défaite de cette femme, il fera entrer la nuit, avec ses odeurs, avec ses voix, avec ses voluptés molles. Et cet écrivain sera dans la vérité, son tableau sera plus complet.

Il ne s'agit pas, je le répète, d'écrire des phrases, mais de noter chacune des circonstances qui déterminent ou qui modifient le jeu de la machine humaine. Eh bien! cette remarque, je la ferai partout, dans les œuvres de Stendhal. Preuve de supériorité, répétera-t-on. Pourquoi cela? Il n'est pas rhétoricien, et c'est tant mieux pour lui. Mais il reste dans l'abstraction, et je ne vois pas en quoi cela peut le mettre au-dessus de ceux qui vont aux réalités. Il n'y a aucune raison pour qu'un psychologue soit d'un rang plus élevé qu'un physiologiste.

Maintenant, quel est donc le coup de génie de Stendhal? Pour moi, il est dans l'intensité de vérité qu'il obtient souvent avec son outil de psychologue, si incomplet et si systématique qu'il puisse être. J'ai dit que je ne voyais pas en lui un observateur. Il n'observe pas et ne peint pas ensuite la nature en bonhomme. Ses romans sont des œuvres de tête, de l'humanité quintessenciée par un procédé philosophique. Il a bien vu le monde, et beaucoup; seulement, il ne l'évoque pas dans son train train réel, il le soumet à ses théories et le peint au travers de ses propres conceptions sociales. Or, il arrive que ce psychologue, dédaigneux des réalités et tout entier à sa logique, aboutit, par la pure spéculation intellectuelle, à des vérités audacieuses et superbes que jamais personne n'avait osées avant lui dans le roman. C'est là ce qui m'enthousiasme. J'avoue être peu touché de ses subtilités d'analyse, du tic-tac d'horloge continuel qu'il fait entendre sous le crâne de ses personnages; le mouvement m'en paraît discutable parfois, et d'ailleurs ce n'est pas là de la vie pleine et franche. Des philosophes peuvent s'extasier, un esprit amoureux de ce qui est, de ce qui se passe journellement sous ses yeux, éprouvera toujours un malaise, en se sentant engagé dans des théories plus ou moins paradoxales. Mais, brusquement, des scènes s'ouvrent et la vie parle. A ce point de vue, je préfère *Le Rouge et le Noir* à *La Chartreuse de Parme.* Je ne connais rien de plus étonnant que la première nuit d'amour de Julien et de Mlle de Môle. Il y a là un embarras, un malaise, une faute à la fois sotte et cruelle, d'une puissance rare, tant les faits paraissent sonner la vérité. Sans doute, cela n'est pas observé, cela est déduit; seulement, le psychologue s'est dégagé de ses complications laborieuses, pour monter d'un bond à la simplicité, je dirai à la bêtise du vrai. Je pourrais citer ainsi vingt passages, où il arrive à des observations extraordinaires de justesse, par la seule logique. Personne avant lui n'avait peint l'amour avec plus de réalité. Quand il ne s'entortille pas dans son système, il apporte des documents qui dérangent toutes les idées reçues et qui font des clartés subites. Songez aux dissertations sur l'amour, aux poncifs des romans, et mettez en regard l'analyse si nette et si cruelle de Stendhal. Là est sa véritable force. S'il est un de nos maîtres, s'il est à la tête de l'évolution naturaliste, ce n'est pas parce qu'il a été uniquement un psychologue, c'est parce que le psychologue en lui a eu assez de puissance pour arriver à la réalité, par-dessus ses théories, et sans le secours de la physiologie ni de nos sciences naturelles.

Donc, pour conclure, Stendhal est la transition, dans le roman, entre la conception métaphysique du XVIIIᵉ siècle et la conception scientifique du nôtre. Comme les écrivains des deux siècles qu'il a derrière lui, il ne sort pas du domaine de l'âme, il ne voit dans l'homme qu'une noble mécanique à pensées et à passions. Mais, s'il n'en est pas encore à l'homme physiologique, avec le jeu de tous les organes, fonctionnant au milieu et sous l'influence de la nature, il faut ajouter que sa métaphysique n'est plus celle de Racine, ni même celle de Voltaire. Condillac a passé par là, le positivisme apparaît, on se sent au seuil d'un siècle de science. Aucun dogme n'écrase plus les personnages. L'enquête est ouverte et le romancier part à la conquête de la vérité; comme il le dit lui-même, il promène un miroir le long d'un chemin; seulement, ce miroir ne réfléchit que la tête de l'homme, la partie noble, sans nous donner le corps ni les lieux environnants. C'est de la réalité réduite par un tempérament de logicien et de diplomate, que ni la science ni l'art n'ont touché. Ajoutez un esprit qui s'est dépouillé de tous les préjugés pour tomber souvent dans des systèmes, une intelligence libre et pénétrante, que sa supériorité rend ironique, et qui, non contente de plaisanter les autres, se plaisante parfois elle-même.

J'aborde maintenant *Le Rouge et le Noir.* Ce n'est pas, d'ailleurs, une analyse régulière que j'entends donner ici. Je viens de relire le roman, un crayon à la main, et voici les réflexions que cette lecture a fait naître en moi.

III

Mais, avant tout, il faut dire le grand rôle que la destinée de Napoléon joue dans l'œuvre de Stendhal. *Le Rouge et le Noir* resterait incompréhensible, si l'on ne se reportait à l'époque où le roman a dû être conçu et si l'on ne tenait compte de l'état cérébral où la prodigieuse ambition satisfaite de l'empereur avait laissé la génération à laquelle appartenait Stendhal. Ce sceptique, ce railleur à froid, ce moraliste sans préjugés, cet écrivain qui se garde de tout enthousiasme, frémit et s'incline au seul nom de Napoléon. Il ne prend pas directement la parole, mais on le sent toujours vibrant d'une admiration ancienne, et sous le coup des ruines qu'a faites en lui et autour de lui la chute du colosse. A ce point de vue, il faut regarder son Julien Sorel comme la personnification des rêves ambitieux et des regrets de toute une époque.

J'irai plus loin. Selon moi, Stendhal a mis beaucoup de lui-même dans Julien. Je me l'imagine volontiers comme ayant rêvé la gloire militaire, dans un temps où les simples soldats devenaient maréchaux de France. Puis, l'empire s'effondre, et toute la jeunesse dont il faisait partie, tous ces appétits surchauffés, toutes ces ambitions qui croyaient trouver une couronne dans une giberne, tombent d'un coup à une autre époque, à cette Restauration, gouvernement de prêtres et de courtisans; les sacristies et les salons remplaçaient les champs de bataille, l'hypocrisie allait être l'arme toute-puissante des parvenus. Telle est la clef du caractère de Julien, au début du livre; et il n'est pas jusqu'à ce titre énigmatique: *Le Rouge et le Noir,* qui ne semble indiquer le règne ecclésiastique succédant au règne militaire.

J'insiste, parce que je n'ai jamais vu étudier l'influence très réelle que Napoléon a exercée sur notre littérature. L'empire a été une époque de production littéraire bien médiocre; mais on ne peut nier de quel coup de marteau la destinée de Napoléon avait fêlé les crânes de son temps. C'est plus tard que l'influence s'est produite et qu'on a pu voir l'ébranlement des intelligences. Chez Victor Hugo, la lésion s'est révélée par tout un flot de lyrisme. Chez Balzac, il y a eu une hypertrophie de la personnalité; il a voulu évidemment créer un monde dans le roman, comme Napoléon avait rêvé la conquête du vieux monde. Toutes les ambitions s'enflaient, les entreprises tournaient au gigantesque, on ne rêvait, dans les lettres comme ailleurs, que de royauté universelle. Mais ce qui m'étonne le plus, c'est de voir Stendhal atteint, lui aussi. Il ne se moque plus, il semble considérer Napoléon comme un dieu, qui a emporté avec lui la franchise et la noblesse de la France.

Voilà donc Julien, ayant fait en secret son dieu de Napoléon, et forcé de cacher sa dévotion, s'il veut s'élever au-dessus de sa condition. Tout ce caractère, si compliqué et au premier abord si paradoxal, va être bâti sur cette donnée: une nature noble, sensible, délicate, qui, ne pouvant plus satisfaire son ambition au grand jour, se jette dans l'hypocrisie et dans les intrigues les plus compliquées. En effet, suprimez l'ambition, Julien est heureux dans ses montagnes; ou bien donnez à Julien un champ de bataille digne de lui, il triomphera superbement, sans descendre à de continuelles roueries de diplomate. Il est donc bien l'enfant de cette heure historique, un garçon d'une intelligence supérieure obligé par tempérament de faire une grande fortune, qui est venu trop tard pour être un des maréchaux de Napoléon, et qui se résout à passer par les sacristies et à opérer en valet hypocrite. Dès lors, son caractère s'éclaire, on comprend ses soumissions et ses révoltes, ses tendresses et ses cruautés, ses tromperies et ses franchises. Il va d'ailleurs à tous les extrêmes, il montre autant de naïveté que d'adresse, il est plus ignorant encore qu'il n'est intelligent. Stendhal a voulu montrer l'homme avec ses contrastes, selon les circonstances. Certes, l'analyse est des plus remarquables; jamais on n'a fouillé un cerveau avec autant de soin. Je me plains seulement de la tension continuelle du personnage; il ne vit plus, il est toujours et partout un «sujet,» sous l'œil de l'auteur, à ce point que ses petits actes arrivent à fournir beaucoup plus de matière que les actes décisifs de son existence.

Le début du roman est très intéressant à étudier. On n'est pas encore pris par l'intérêt, on peut se rendre compte du procédé littéraire de Stendhal. Ce procédé est à peu près celui du bon plaisir. Il n'y a aucune raison pour que l'œuvre ouvre par une description de la petite ville de Verrières et par un portrait de M. de Rénal. Je sais bien qu'il faut toujours commencer; mais je veux dire que l'auteur ne cède pas à des idées de symétrie, de progression, d'arrangement quelconque. Il écrit au petit bonheur de l'alinéa. Celui qui se présente le premier est le bien venu. Même, tant que le récit ne s'est pas échauffé, cela met quelque confusion; on croit à des contradictions et l'on est forcé de revenir en arrière, pour s'assurer que le fil ne s'est pas cassé.

Etudions surtout la façon dont les personnages font leur entrée dans l'œuvre. Ils semblent s'y glisser de biais. Quand Stendhal a besoin d'eux, il les nomme, et ils arrivent, souvent au bout d'une incidente. Aussi sa petite ville de Verrières, à laquelle il revient de temps à autre, reste-t-elle d'une organisation fort embrouillée; on la sent inventée, on ne la voit pas. En somme, cela manque d'ordre, cela n'a pas de logique. Voilà le grand mot lâché. Oui, ce logicien des idées est un brouillon du style et de la composition littéraire. Il y a là une inconséquence qui m'a frappé et qui pour moi est caractéristique. J'y reviendrai, et longuement.

Mme de Rénal est une des très bonnes figures de Stendhal, parce qu'il n'a pas trop pesé sur elle. Il a laissé à cette âme une certaine liberté. Pourtant, je constate qu'il a encore voulu la pousser à la supériorité. C'est là un des caractères de Stendhal, dont M. Taine croit devoir le louer : il répugne au personnage médiocre, il le hausse toujours, par un idéal d'intelligence. D'abord Mme de Rénal ne paraît qu'une bourgeoise assez nulle ; mais bientôt le romancier lui donne de la femme supérieure, et cela à tout propos. Rien n'est joli comme la première entrevue de Julien et de cette belle dame ; leurs amours, avec le lent a-bandon de la femme et les calculs si froidement naïfs du jeune homme, ont un accent de vérité un peu apprêtée, qui en fait un chapitre des *Confessions.* Seulement, j'avoue être bousculé, lorsque ensuite je les vois tous les deux supérieurs, et lorsque Mme de Rénal, à chaque instant, parle du génie de Julien. «Son génie, dit Stendhal, allait jusqu'à l'effrayer ; elle croyait aperce-voir plus nettement chaque jour le grand homme futur chez ce jeune abbé.» Réfléchissez que Julien n'a pas vingt ans et qu'il n'a absolument rien fait, qu'il ne fera même jamais rien prouvant ce génie dont on l'accable. Il est un génie pour Stendhal, sans doute parce que Stendhal, qui est l'unique maître de ce cerveau, y met ce qu'il croit être le fonctionnement du génie. C'est là cette lésion dont Napoléon a fêlé les têtes : pour Stendhal, comme pour Balzac, du reste, le génie est l'état ordinaire des personnages. Nous retrouverons cela dans *La Chartreuse de Parme.*

Je citerai cette phrase de Julien sur Mme de Rénal : «Voilà une femme d'un génie supérieur réduite au comble du malheur, parce qu'elle m'a connu.» Or, le pis est que Julien porte ailleurs sur cette même femme des jugements d'imbécile. Ainsi, il fait plus loin cette réflexion : «Dieu sait combien elle a eu d'amants ! elle ne se décide peut-être en ma faveur qu'à cause de la facilité des entrevues.» Cela me blesse, parce qu'il faut vraiment que Julien soit bien peu clairvoyant pour ne pas connaître Mme de Rénal, et par la petite ville où ils vivent, et par leur contact de chaque jour. Il y a de la sorte des sautes d'analyse singulières, souvent à quelques lignes de distance; ce sont de continuels crochets, qui déroutent et qui donnent à l'œuvre un caractère voulu.   Sans doute, l'homme est plein d'inconséquences; seulement, cette danse du personnage, cette vie du cerveau notée minute à minute, et dans les plus petits détails, nuit, selon moi, au train plus large et plus bonhomme de la vie.   On est presque toujours là dans l'exception.   C'est ainsi que les amours de Mme de Rénal et de Julien, surtout dans le rôle joué par ce dernier, ont à chaque page des grincements de machine, des raideurs de système dont les rouages n'obéissent pas suffisamment.   Un seul exemple: Julien est ivre d'avoir tenu dans la sienne la main de Mme de Rénal, et Stendhal ajoute: «Mais cette émotion était un plaisir et non une passion.   En rentrant dans sa chambre, il ne songea qu'à un bonheur, celui de reprendre son livre favori; à vingt ans, l'idée du monde et de l'effet à y produire l'emporte sur tout.»   On ne saurait croire combien cette distinction philosophique de l'auteur sur le plaisir et la passion me gêne; et vous voyez que, tout de suite, il a accompagné cette distinction d'un exemple, en faisant préférer par Julien la lecture du *Mémorial de Sainte-Hélène* au souvenir encore brûlant de Mme de Rénal. Je ne nie pas le fait, il est possible.   Mais il me tracasse, car je le sens mis là, non par suite d'une observation, mais par le désir d'appuyer d'une preuve sa théorie du plaisir et de la passion dans l'amour.   Partout l'auteur apparaît de même en démonstrateur, en logicien qui note les états d'âme dans lesquels il place ses personnages.   Tous les personnages de Stendhal semblent avoir la migraine, tellement il leur travaille la cervelle.   Quand je le lis, je souffre pour eux, j'ai souvent envie de lui crier: «Par grâce, laissez-les donc un peu tranquilles; laissez-les quelque fois vivre de la bonne vie des bêtes, simplement dans la poussée de l'instinct, au milieu de la saine nature; soyez avec eux bête comme un brave homme.»

Où apparaît surtout ce caractère voulu de l'œuvre, c'est dans l'étude de l'hypocrisie de Julien.   On peut dire que *Le Rouge et le Noir* est le manuel du parfait hypocrite; et, ce qui est cractéristique, c'est que l'étude de l'hypocrisie est longuement reprise dans *La Chartreuse de Parme.*   Une des grosses préoccupations de Stendhal a été l'art de mentir. Comme d'autres naissent policiers, lui semblait né diplomate, avec les complications de mystère, de duplicité savante qui faisaient la gloire légendaire du métier.   Nous avons changé cela, nous savons qu'un diplomate est généralement un homme aussi bête qu'un autre.   Stendhal n'en mettait pas moins la supériorité humaine dans cet idéal d'un esprit puissant qui se donne le régal de tromper les hommes et d'être le seul à jouir de ses tromperies. Remarquez, comme je l'ai dit, que Julien est au fond le plus noble esprit du monde, désintéressé, tendre, généreux. S'il périt, c'est par excès d'imagination: il est trop poëte. Dès lors, Stendhal lui impose uniquement le mensonge comme l'outil nécessaire à sa fortune. Il en fait un fanfaron d'hypocrisie, et on le sent heureux, quand il l'a conduit à quelque bonne duplicité. Par exemple, il s'écriera avec une satisfaction de père: «Il ne faut pas trop mal augurer de Julien; il inventait correctement les paroles d'une hypocrisie cauteleuse et prudente. Ce n'est pas mal à son âge.» Autre part, comme Julien a une révolte d'honnête homme, l'auteur prendra la parole pour faire cette déclaration: «J'avoue que la faiblesse dont Julien fait preuve en ce moment, me donne une pauvre opinion de lui.» Nous entrons dans le conte philosophique de Voltaire. C'est de l'ironie, Julien devient un symbole. Au fond, il y a une conception sociale; puis, par dessus, percent un grand mépris des hommes, une adoration des intelligences exceptionnelles qui gouvernent par n'importe quelles armes. Encore une fois, tout cela est tendu, la pente de l'existence est plus aisée. Quand Stendhal écrit: «Julien s'était voué à ne jamais dire que des choses qui lui semblaient fausses à lui-même,» il nous met en garde contre le personnage, qui, d'un bout du livre à l'autre, est plus une volonté qu'une créature.

Avec cela, les pages superbes abondent. On trouve partout ce coup de génie de la logique dont j'ai parlé; la vérité éclate dans des scènes inoubliables, comme la première nuit de Julien et de Mme de Rénal. Jamais l'amour, avec ses mensonges et ses générosités, ses misères et ses délices, n'a été analysé plus à fond. Le portrait du mari est surtout une merveille. Je ne connais pas une tempête dans un homme plus magistralement peinte, sans fausse grandeur et avec le son exact de la réalité, que cette terrible lutte qui se livre chez M. de Rénal, lorsqu'il a reçu la lettre anonyme lui dénonçant les amours de sa femme. J'ai insisté sur ce début du roman, parce qu'il est à coup sûr la meilleure partie de l'œuvre, et qu'il m'a permis d'établir nettement les façons de voir et les procédés de Stendhal. Je vais maintenant pouvoir passer avec plus de rapidité sur les autres parties.

La vie de Julien au séminaire est encore un épisode

admirable. Ici l'hypocrisie si étudiée du héros ne gêne plus, parce qu'il est dans un milieu où il lutte lui-même contre des hypocrites. D'ailleurs, ce pauvre Julien se sent un bien petit garçon, avec son art du mensonge, devant des gaillards qui apportent le mensonge naturellement, sans un effort. Du coup, il lâcherait l'hypocrisie, si l'ambition ne le talonnait. Stendhal devait se trouver à l'aise dans un séminaire, où règnent l'espionnage et la défiance, de même qu'il s'y est trouvé plus tard à la cour du roi de Parme. Aussi a-t-il laissé une peinture saisissante, sinon d'une grande observation immédiate, du moins d'une déduction extraordinaire de puissance. L'arrivée de Julien, sa première entrevue avec l'abbé Pirard, la vie intérieure du séminaire, sont parmi les meilleures pages du livre.

J'arrive aux amours de Julien avec Mlle de la Môle, qui tiennent une bonne moitié de l'œuvre. C'est pour moi la moitié inférieure, car nous entrons dans l'aventure et dans la singularité.

Il ne suffisait pas à Stendhal d'avoir créé un Julien, cette mécanique cérébrale si exceptionnelle; il a voulu créer la femelle de ce mâle, il a inventé Mlle de la Môle, autre mécanique cérébrale pour le moins aussi surprenante. C'est un second Julien. Imaginez la fille la plus froidement, la plus cruellement romanesque qui se puisse voir; encore un esprit supérieur qui a le dédain de son entourage et qui se jette dans les aventures, par une complication et une tension extraordinaires de l'intelligence. «Elle ne donnait le nom d'amour, dit Stendhal, qu'à ce sentiment héroïque que l'on rencontrait en France du temps de Henri III et de Bassompierre.» Et elle part de là pour aimer Julien, dans un coup de tête longuement raisonné. C'est elle qui lui fait une déclaration, et quand il arrive dans sa chambre par la fenêtre, l'idée seule du devoir qu'elle s'est tracé, la décide à se livrer à lui, pleine de malaise et de répugnance. Dès lors, leurs amours deviennent le plus abominable des casse-cou. Julien, qui ne l'aimait pas, se met à l'adorer et à la désirer follement par le souvenir. Mais elle craint de s'être donné un maître, elle l'accable de mépris, jusqu'au jour où elle est reprise de passion, à la suite d'une scène dans laquelle elle s'est imaginée que son amant voulait la tuer. Du reste, les brouilles continuent. Julien, pour la reconquérir, est forcé de la rendre jalouse, en obéissant à une longue tactique. Enfin, Mlle de la Môle devient enceinte et avoue tout à son père, à qui elle déclare qu'elle épousera Julien. Je ne connais pas d'amours plus laborieuses, moins simples et moins sincères. Les deux amants sont parfaitement insupportables, avec leur continuel souci de couper les cheveux en quatre. Stendhal, en analyste de première force, s'est plu à compliquer leurs cervelles à l'infini, comme ces joueurs de billard illustres qui se posent des difficultés, afin de démontrer qu'il n'est pas de position capable de leur empêcher un carambolage. Il n'y a là que des curiosités cérébrales.

Du reste, l'auteur l'a parfaitement compris. Il en fait lui-même la remarque, mais avec cette ironie pincée qui se moque à la fois de ses personnages et du lecteur. Il arrête brusquement son récit, pour écrire: «Cette page nuira de plus d'une façon au malheureux auteur. Les âmes glacées l'accuseront d'indécence. Il ne fait point l'injure aux jeunes personnes qui brillent dans les salons de Paris, de supposer qu'une seule d'entre elles soit suceptible des mouvements de folie qui dégradent le caractère de Mathilde. Ce personnage est tout à fait d'imagination et même imaginé bien en dehors des habitudes sociales qui, parmi tous les siècles, assureront un rang si distingué à la civilisation du XIXe siècle.» Voilà qui est piquant et joli; mais cela n'empêche pas Mathilde d'être beaucoup plus une expérience d'auteur qu'une créature vivante.

Le procédé de Stendhal est surtout très visible dans les longs monologues qu'il prête à ses personnages. A chaque instant, Julien, Mathilde, d'autres encore, font des examens de conscience, s'écoutent penser, avec la surprise et la joie d'un enfant qui applique son oreille contre une montre. Ils déroulent sans fin le fil de leurs pensées, s'arrêtent à chaque nœud, raisonnent à perte de vue. Tous, à l'exemple de l'auteur, sont des psychologues très distingués. Et cela se comprend, car ils sont tous plus les fils de Stendhal que les fils de la nature. Ainsi, voici une des réflexions que Stendhal prête à Mathilde, parlant des gens qui l'entourent: «S'ils osent aborder un sujet sérieux, au bout de cinq minutes de conversation ils arrivent tous hors d'haleine, et comme faisant une grande découverte, à une chose que je leur répète depuis une heure.» Est-ce Mathilde, est-ce Stendhal qui parle? Evidemment, c'est ce dernier, et le personnage n'est là qu'un déguisement.

Je laisse de côté le milieu parisien dans lequel Julien se trouve placé. Il y a là d'excellents portraits; mais, à mon sens, tout ce monde grimace un peu; Stendhal nous donne rarement la vie, ses femmes du monde, ses grands seigneurs comme ses parvenus, ses conspirateurs comme ses jeunes fats, ont je ne sais quoi de sec et d'inachevé à la fois, qui les laisse à l'état d'ébauche dans les mémoires.   Jamais les milieux ne sont reconstruits pleinement.   Les têtes restent de simples profils, découpés sur du blanc ou sur du noir.   Ce sont des notes d'auteur à peine classées.

Et toujours des scènes éclatantes de vérité, comme dans un jaillissement de la logique. J'ai cité le premier rendez-vous de Julien et de Mathilde.   Il faudrait donner ces quatre pages, pour en faire entendre le son juste et profond.   Cela ressemble si peu au duo de Roméo et de Juliette, que l'impression première est une secousse désagréable; puis, on est saisi par la réalité des moindres faits.   Lisez ces lignes: «Mathilde faisait effort pour le tutoyer, elle était évidemment plus attentive à cette étrange façon de parler qu'au fond des choses qu'elle disait.   Ce tutoiement, dépouillé du ton de la tendresse, ne faisait aucun plaisir à Julien, il s'étonnait de l'absence du bonheur; enfin, pour le sentir, il eut recours à sa raison.»   Voilà le bon Stendhal, le psychologue arrivant à la vérité sur des sujets convenus, par la simple analyse des mouvements de l'âme.   Dans une autre scène, lorsque le marquis de la Môle sait tout et qu'il fait venir Julien, j'ai été frappé de la façon dont il le reçoit.   Donnez la scène à un romancier rhétoricien, et vous aurez le père en cheveux blancs, vous aurez un sermon, avec un désespoir noble.   Ecoutez Stendhal: «Julien trouva le marquis furieux: pour la première fois de sa vie, peut-être, ce seigneur fut de mauvais ton: il accabla Julien de toutes les injures qui lui vinrent à la bouche.   Notre héros fut étonné, impatienté; mais sa reconnaissance ne fut point ébranlée.»   Et plus loin: «Le marquis était réellement égaré.   A la vue de ce mouvement (Julien était tombé à genoux), il recommença à l'accabler d'injures atroces et dignes d'un cocher de fiacre.   La nouveauté de ces jurons était peut-être une distraction.»   Tel est le cri humain, la note vraie et nouvelle dans le roman.   C'est l'étude de l'homme tel qu'il est, dépouillé des draperies de la rhétorique et vu en dehors des conventions littéraires et sociales.   Stendhal a osé le premier cette vérité.

On connaît le bel épisode qui termine *Le Rouge et le Noir*. Mme de Rénal, poussée par son confesseur, écrit au marquis de la Môle une lettre qui rompt le mariage de Mathilde et de

Julien. Celui-ci, cédant à un mouvement de folie, retourne à Verrières et tire un coup de pistolet sur Mme de Rénal, agenouillée dans une église. On l'enferme, on le juge et on le guillotine. Les cinquante dernières pages analysent les idées de Julien dans sa prison, en face de la mort prochaine. Stendhal s'est donné là un régal, une débauche de raisonnements, et rien ne serait plus curieux que de comparer l'épisode au *Dernier jour d'un condamné,* de Victor Hugo. C'est très pénétrant, très original; je n'ose ajouter très vrai, car un cerveau comme Julien est tellement exceptionnel, que les points de comparaison manquent complètement dans la réalité, les condamnés à mort de cette structure intellectuelle étant fort rares. Il faut lire cela comme un problème de psychologie, posé dans des conditions particulières et brillamment résolu. Dans ce dénoûment surtout, on sent combien l'histoire est inventée, combien peu elle est écrite sur l'observation immédiate. M. Taine dit: «L'histoire est presque vraie, c'est celle d'un séminariste de Besançon, nommé Berthet; l'auteur ne s'occupe qu'à noter les sentiments de ce jeune ambitieux, et à peindre les mœurs des sociétés où il se trouve; il y a mille faits vrais plus romanesques que ce roman.» Eh bien! il est certain que, si un procès a fourni à Stendhal l'idée première de son livre, il a repris et inventé tous les caractères. Sans doute le fond de l'œuvre n'est pas romanesque, quoique les aventures d'un petit abbé devenant l'amant de deux grandes dames, assassinant l'une pour l'amour de l'autre, et finalement pleuré par les deux, jusqu'à la folie et jusqu'à la mort, constituent déjà un joli drame; mais où nous entrons en plein dans le romanesque ou plutôt dans l'exceptionnel, c'est lorsque Stendhal nous explique avec amour et sans arrêt les mouvements d'horloge qui font agir les personnages.

Ceci sort absolument du vrai quotidien, du vrai que nous coudoyons, et nous sommes dans l'extraordinaire aussi bien avec Stendhal psychologue qu'avec Alexandre Dumas conteur. Pour moi, au point de vue de la vérité stricte, Julien me cause les mêmes surprises que d'Artagnan. On verse également dans les fossés de l'invention, soit que l'on appuie trop à gauche en imaginant des faits incroyables, soit que l'on appuie trop à droite en créant des cervelles phénoménales où l'on entasse tout un cours de logique. Songez que Julien meurt à vingt-trois ans, et que son père intellectuel nous le donne comme un génie qui a l'air d'avoir découvert la pensée humaine. J'estime, pour mon compte, qu'entre le fossé des conteurs et le fossé des psychologues, il y a une voie très large, la vie elle-même, la réalité des êtres et des choses, ni trop basse ni trop haute, avec son train moyen et sa bonhomie puissante, d'un intérêt d'autant plus grand qu'elle nous donne l'homme plus au complet et avec plus d'exactitude.

IV

J'aime moins *La Chartreuse de Parme,* parce que sans doute les personnages s'y agitent dans un milieu qui m'est moins connu. Et, si l'on veut tout de suite ma pensée, j'avouerai que j'ai grand'peine à accepter l'Italie, de Stendhal comme une Italie contemporaine; selon moi, il a plutôt peint l'Italie du XVe siècle, avec sa débauche de poisons, ses coups d'épée, ses espions et ses bandits masqués, ses aventures extraordinaires, où l'amour pousse gaillardement dans le sang. Je ne sais ce que pense M. Taine du romanesque de cette œuvre, mais pour moi rien n'est plus compliqué comme intrigue, rien ne détonne plus avec l'idée que je me fais de l'Europe en 1820. Je me trouve là en plein Walter Scott, la rhétorique en moins. Peut-être ai-je tort.

J'ai déjà dit, d'ailleurs, que *La Chartreuse de Parme* est certainement le seul roman français écrit sur un peuple étranger, qui ait l'odeur de ce peuple. D'ordinaire, nos romanciers, et les plus grands, se contentent d'un peinturlurage de couleur locale tour à fait grossier, tandis que Stendhal est allé au fond de la race. Il la trouve moins platement bourgeoise, plus voluptueuse, sacrifiant moins à l'argent et à l'amour-propre. Je le soupçonne bien de l'avoir vue au travers de ses goûts et de sa nature. Mais il n'en a pas moins marqué d'un trait définitif les grandes lignes de ces tempéraments vifs et libres, dont la grosse affaire est d'aimer et de jouir de la vie, en se moquant de l'opinion.

Ici encore nous retrouvons des esprits supérieurs, des génies. J'en compte jusqu'à quatre: la duchesse Sanseverina, Fabrice, Mosca et Ferrante Palla. Nous sommes toujours dans l'intelligence pure.

Cette duchesse Sanseverina, qui emplit le livre, est bien la fille de Stendhal. Il a mis en elle tous les charmes et toutes les complications de la passion. Elle touche à l'inceste, elle va jusqu'à l'empoisonnement, et elle n'en reste pas moins l'héroïne sympathique que Stendhal adore. On le sent ravi de ses crimes, je crois même qu'il la pousse à l'atroce, par haine de la banalité. Il est fier d'elle, il dirait volontiers, dans sa joie d'étonner le monde: «En voilà une comme vous n'en voyez pas souvent!» Ecoutez cette biographie. Gina del Dongo épouse le comte Pietranera, un officier de Napoléon, qu'elle aime passionnément, ce qui ne l'empêche pas de le tromper avec un jeune homme nommé Limercati. Son mari meurt, elle a d'autres amants; enfin Mosca, le ministre du prince de Parme, tombe amoureux d'elle, et elle devient sa maîtresse. Mais, en même temps, elle est prise d'un coup de passion pour son neveu Fabrice, dont elle pourrait être la mère, ayant seize ans de plus que lui; et, dès lors, c'est cette passion qui va occuper sa vie, sans l'empêcher de continuer ses relations avec Mosca et de subir d'autres amours. Pour sauver Fabrice de la mort, elle se décide à faire empoisonner le prince de Parme par Ferrante Palla, un fou de génie qui l'adore. Ce n'est pas tout: lorsque le prince est mort, elle doit sauver Fabrice de nouveau, et cette fois elle va jusqu'à se vendre à l'héritier du trône. Enfin, elle vit tranquille avec Mosca, après avoir été torturée de jalousie par les amours de Fabrice et de Clélia. Stendhal a bien voulu lui épargner la chute avec Fabrice. J'oubliais de dire que Mosca, avant de l'épouser, la marie au vieux duc de Sanseverina-Taxis, un ambitieux très riche, qui a le bon goût de mourir et dont elle hérite; marché qui, en France, suffirait à salir une femme. Telle est l'héroïne. Ajoutez qu'elle est belle, qu'elle a une intelligence extraordinaire, et que le romancier la met dans une continuelle gloire. Je ne suis pas blessé, je ne vois pas la duchesse dans notre époque, voilà tout. Elle a vécu en France, sous la Fronde. C'est une autre Mlle de la Môle, avec des différences de nature. Stendhal me semble toujours décrocher des portraits historiques. Il n'a connu ni la femme ni l'homme modernes.

Quant à Fabrice del Dongo, il a beaucoup de Julien Sorel. Au début, nous trouvons encore la passion de Napoléon, et cela nous donne cet épisode si remarquable de la bataille de Waterloo, qui ne tient en rien au roman. Puis, vient également la lutte de l'esprit ecclésiastique et de l'esprit militaire. Comme Julien, Fabrice, qui voudrait être soldat, se trouve forcé de prendre la soutane. Les situations et les idées sont identiques. Ensuite, il est vrai, Fabrice se jette dans la passion; c'est une âme plus tendre, plus souple, plus méridionale. Un véritable héros, d'ailleurs, à la mode des romans d'aventures. Il court les chemins en distribuant des estocades. M. Taine, qui cite avec admiration la façon sèche dont Stendhal conte en deux lignes le duel de Julien, dans *Le Rouge et le Noir,* n'a pas songé à la manière toute romantique dont le romancier a dramatisé les duels de Fabrice, dans *La Chartreuse de Parme.* Il y a d'abord son affaire avec Giletti le comédien, puis l'affaire avec le domte de M., dans une cour d'auberge. Je passe les lettres anonymes dont l'emploi est très fréquent, les serviteurs déguisés, tout cet étrange milieu qui, pour moi, semble appartenir aux contes de fée; et j'arrive au délicieux épisode de la tour Farnèse, aux amours de Fabrice prisonnier avec la belle Clélia, fille du gouverneur. La situation est à peu près la même que celle de Julien dans la prison de Besançon, car Fabrice est également sous le coup d'une mort prochaine; seulement, bien que le psychologue ne lâche pas la continuelle analyse des idées, il tourne ici au conteur, et les faits romanesques prennent la plus grande place. Ce sont toutes sortes de détails singuliers et peu vraisemblables: la façon dont Fabrice se voit avec Clélia, sa correspondance avec la duchesse grâce à un système de signaux lumineux, puis des lettres envoyées dans des balles de plomb, puis les cordes introduites, puis cette miraculeuse descente d'une hauteur prodigieuse, sans qu'une sentinelle bouge; et, au milieu de tout cela, des histoires de poison à chaque page, comme au temps des Borgia. Rien n'est d'un intérêt plus vif; mais nous voilà loin de la simplicité et de la nudité du vrai. Plus tard, Fabrice, qui revient se constituer prisonnier par amour, manquera encore d'être empoisonné. Clélia se marie; lui, devient archevêque, et il la possède pendant plusieurs années, dans une chambre obscure, parce qu'elle a fait vœu de ne pas le voir et qu'elle entend observer la lettre de son serment; cette casuistique est un trait de mœurs italiennes qui nous fait un peu sourire. Enfin, lorsque Clélia meurt, Fabrice meurt à son tour, et c'est la dernière page du roman.

Le comte Mosca est la figure qui enthousiasmait le plus Balzac. On sait que Stendhal passait pour avoir voulu faire le portrait du prince de Metternich. «Stendhal a tant exalté le sublime caractère du premier ministre de l'Etat de Parme, écrit Balzac, qu'il est douteux que le prince de Metternich soit aussi grand que Mosca, quoique le cœur de ce célèbre homme d'Etat offre, à qui sait bien sa vie, un ou deux exemples de passions d'une étendue au moins égale à celle de Mosca. . . Quant à ce qu'est Mosca dans tout l'ouvrage, quant à la conduite de l'homme que la Gina regarde comme le plus grand diplomate de l'Italie, il a fallu du génie pour créer les incidents, les événements et les trames innombrables et renaissantes, au milieu desquelles cet immense caractère se déplie. Quand on vient à songer que l'auteur a tout inventé, tout brouillé, tout débrouillé, comme les choses se brouillent et se débrouillent dans une cour, l'esprit le plus intrépide et à qui les conceptions sont familières, reste étourdi, stupide devant un pareil travail. Avoir osé mettre en scène un homme de génie de la force de M. de Choiseul, de Potemkin, de M. de Metternich, le créer, prouver la création par l'action même de la créature, le faire mouvoir dans un milieu qui lui soit propre et où ses facultés se déploient, ce n'est pas l'œuvre d'un homme, mais d'une fée, d'un enchanteur.»

J'ai tenu à citer toute cette page, parce qu'elle nous renseigne exactement sur l'idée que nos aînés avaient du génie. J'avoue, pour mon compte, que le génie de Mosca ne m'apparaît pas du tout. Il n'y a pas une page dans l'œuvre où je le trouve véritablement grand. Comme politique, il ne fait rien. Il se trouve simplement mêlé à des intrigues de cour, au milieu desquelles il louvoie, en homme prudent et habile qui veut conserver sa place et ne pas perdre sa maîtresse. Tout cela me semble d'un aimable homme, pas davantage; même Mosca commet des fautes, par platitude de courtisan. Il est vrai que le génie de M. de Metternich, pas plus que celui de M. de Choiseul et de Potemkin, ne nous touchent aujourd'hui. Mosca est allé rejoindre ses modèles. Maintenant, si l'on veut se contenter de voir dans Mosca un type curieux et merveilleusement fouillé, sans l'écraser des mots d'homme sublime et d'immense caractère, il est certain que Stendhal a déployé le plus grand talent dans la mise en œuvre d'un pareil personnage. Balzac a raison de s'extasier en homme du métier sur la peinture de la cour de Parme, sur cet enchevêtrement d'intrigues qui analyse par les faits eux-mêmes le caractère de Mosca. C'est réellement un prodige d'invention, dans le bon sens du mot. On dirait les annales vraies d'une petite cour. Je ne me risque pas à résumer cette action si multiple, cette sorte de journal tenu heure par heure, où passent des portraits si nettement peints, le prince lui-même avec ses nécessités de cruauté et son fond de vanité sotte, et le terrible Rassi, et la comtesse Raversi, et toute la clique bourdonnante des courtisans. Mais, encore un coup, je proteste contre le sublime, je ne vois rien de sublime là dedans. C'est comme cette étrange appréciation de Balzac, résumant son opinion sur *La Chartreuse de Parme:* «Enfin, il a écrit *Le Prince moderne,* le roman que Machiavel écrirait, s'il vivait banni de l'Italie au XIXe siècle»; je ne la comprends pas davantage, car du diable si Ernest IV de Stendhal me représente le prince moderne, avec ses soucis d'un autre âge et son idée fixe de ressembler à Louis XIV! C'est une piquante caricature de la royauté faite par un homme d'infiniment d'esprit et rien de plus.

Je m'arrêterai un instant encore à Ferrante Palla, cette figure bizarre dont l'impression reste si vive dans la mémoire du lecteur. Ce Ferrante Palla est un proscrit politique, un tribun condamné à mort, qui en est réduit à voler pour vivre. Voici quelques-unes des phrases qu'il adresse à la duchesse, et qui résument son histoire: «Depuis qu'en remplissant mes devoirs de citoyen, je me suis fait condamner à mort, je vis dans les bois, et je vous suivais, non pour vous demander l'aumône ou pour vous voler, mais comme un sauvage fasciné par une angélique beauté. Il y a si longtemps que je n'ai vu deux belles mains blanches. . .Je tiens note des gens que je vole, et si jamais j'ai quelque chose, je leur rendrai les sommes volées. J'estime qu'un tribun du peuple tel que moi exécute un travail qui, à raison de son danger, vaut bien cent francs par mois; ainsi je me garde bien de prendre plus de douze cents francs par an.» Et c'est cet étrange voleur que la duchesse charge d'empoisonner le prince. La scène du pacte est longue. Quand il a accepté, et qu'il se retire, elle le rappelle: «Ferrante! s'écria-t-elle; homme sublime!» Il revient, il repart, et elle le rappelle encore: «Il rentre d'un air inquiet; la duchesse était debout au milieu du salon; elle se jeta dans ses bras. Au bout d'un instant, Ferrante s'évanouit presque de bonheur; la duchesse se dégagea de ses embrassements, et des yeux lui montra la porte. Voilà le seul homme qui m'ait comprise, dit-elle, c'est ainsi qu'eût agi Fabrice, s'il eût pu m'entendre.» Telle est une des scènes sur lesquelles Balzac insiste le plus, pour témoigner son enthousiasme débordant; il est vrai qu'il revient toujours à la comparaison avec Walter Scott, ce qui aujourd'hui nous gâte un peu la louange. Je crois qu'il ne faut pas trop analyser la scène au point de vue de la valeur exacte des faits. L'homme sublime m'échappe encore dans Ferrante Palla, et ce voleur original qui a l'air d'accomplir une gageure, ce tribun qui se pend au cou des duchesses, appartient beaucoup plus à l'invention qu'à la réalité. Mais ce qui me surprend plus encore, c'est l'admiration qu'il soulève chez la duchesse. Elle est aimée, cela ne devrait pas l'étonner. Bien des républicains, pour un baiser d'elle, iraient tuer le prince, d'autant plus qu'ils sont tout disposés à le tuer, même pour rien. Il est vrai que Balzac voit là l'âme de l'Itaie, et je m'incline, car il entre dès lors dans une question que je ne sens plus. Selon moi, Ferrante Palla est une des bonnes figures de Walter Scott. Stendhal n'est même plus ici le grand psychologue; il devient un conteur, il frappe l'imagination. Aussi Ferrante Palla reste-t-il dans le souvenir comme un héros d'Alexandre Dumas ou de Victor Hugo. Je voulais simplement appuyer cette opinion émise par moi: *La Chartreuse de Parme* est pour le moins autant un roman d'aventures qu'une œuvre d'analyse.

Si je résumais mon jugement, je dirais que, dans ce livre, je vois surtout une application des théories de Stendhal sur l'amour. On sait qu'il avait un système aussi ingénieux que compliqué. Or, dans *La Chartreuse de Parme*, on retrouverait sans peine tous les genres d'amour qu'il a classifiés, depuis l'amour-vanité jusqu'à l'amour-passion. C'est comme une vaste expérience, et l'Italie a été particulièrement choisie, parce que cette expérience pouvait s'y faire avec plus de facilité. Sans doute, on retrouve aussi l'idéologue; par exemple, il y a des conversations de la Sanseverina et du comte Mosca, où les deux interlocuteurs sont évidemment deux compères qui se renvoient l'un à l'autre les idées de Stendhal lui-même. En outre, les personnages procèdent toujours par longs monologues, c'est encore la même mécanique cérébrale en branle. Seulement, les faits tiennent ici plus de place.

Ce qu'il faut noter aussi, c'est que Stendhal, tout en affectant le dédain du monde extérieur, a été le premier romancier qui ait obéï à la loi des milieux géographiques et sociaux. Il fait cette remarque dans sa préface de *La Chartreuse de Parme*, remarque profondément juste: «Il me semble que toutes les fois qu'on s'avance de deux cent lieus du Midi au Nord, il y a lieu à un nouveau paysage comme à un nouveau roman.» Toute la loi des milieux est là. Comparez, par exemple, les amours de Mlle de La Môle à ceux de la duchesse Sanseverina: d'abord les tempéraments ne sont pas les mêmes, mais il est certain ensuite que les ravages différents produits par ces amours, tiennent aux différences des climats et des sociétés où ils se produisent. Il faut analyser les deux œuvres à ce point de vue. Stendhal appliquait en philosophe des théories que nous tâchons aujourd'hui d'appliquer en savants. Sa formule n'est point encore la nôtre, mais la nôtre découle de la sienne.

Il ne faudrait pas croire, d'ailleurs, que Balzac épargnât les critiques à *La Chartreuse de Parme.* Je résume ces critiques. Le livre manque de méthode; l'auteur aurait dû commencer par sa magnifique esquisse de la bataille de Waterloo; tout le début du livre, beaucoup trop long, gagnerait à être résumé en un court récit; faute d'unité, on ne sait trop où est le sujet, s'il porte sur Fabrice ou sur la cour de Parme; enfin, le dénoûment est un autre livre qui commence. Balzac écrit encore cette phrase: «Le côté faible de cette œuvre est le style.» Ces critiques sont justes. Je les résumerai ainsi: la logique manque, et dans la composition de l'œuvre, et dans le style dont elle est écrite. C'est ce qu'il me reste à étudier, avant de conclure.

V

Voyons donc la composition et le style, dans les romans de Stendhal.

Pour nous tous, enfants plus ou moins révoltés du romantisme, cette composition lâchée et ce style incorrect de Stendhal sont de grands tourments. Me permettra-t-on de faire une confession personnelle? En expliquant mon cas, je suis au moins certain de porter la question sur un terrain que je connais. Jamais je n'ai pu lire Stendhal sans être pris de doute sur la forme. La vérité est-elle du côté de cet esprit supérieur qui a le dédain absolu de la rhétorique? ou bien est-elle du côté des artistes qui ont fait à notre époque un instrument si sonore et si riche de la langue française? Et si l'on me répond que la vérité est entre les deux, à quel juste milieu devrai-je donc m'arrêter? Problème troublant pour les jeunes écrivains qui tâchent de se rendre un compte exact de leur époque littéraire, et qui ont la belle ambition de laisser des œuvres durables.

Je sais bien ce qu'on dit dans un camp et dans l'autre. M. Taine, qui est avec Stendhal, passe sous silence la question du style et de la composition. Même il semble faire un éloge au romancier de ne pas s'arrêter à ces vains détails de rhétorique. Pour lui, si Stendhal est supérieur, c'est justement parce qu'il n'est pas un rhétoricien. Dans le camp opposé, de grands écrivains, qu'il est inutile de nommer ici, nient radicalement Stendhal, parce qu'il n'a pas la symétrie latine et qu'il se flatte d'employer le style barbare et incolore du Code; et ils ajoutent, avec quelque raison, qu'il n'y a point d'exemple qu'un livre écrit sans rhétorique se soit transmis d'âge en âge à l'admiration des hommes. Tout cela est excellent. Evidemment, c'est d'un exprit supérieur, que de s'affranchir des mots et de voir simplement dans la langue un interprète docile; mais, d'autre part, l'art, ou mieux encore la science de la langue existe, la rhétorique nous a légué des chefs-d'œuvre, et il semble impossible de se passer d'elle.

Voilà donc les deux opinions contraires, entre lesquelles nous sommes tiraillés. Que de fois j'ai détesté mes phrases, pris du dégoût de ce métier d'écrivain, que tout le monde possède aujourd'hui! J'entendais sonner le creux sous les mots, et j'avais honte des queues d'épithètes inutiles, des panaches plantés au bout des tirades, des procédés qui revenaient sans cesse pour introduire dans l'écriture les sons de la musique, les formes et les couleurs des arts plastiques! Sans doute, il y a là des curiosités littéraires séduisantes, un raffinement d'art qui me charme encore; mais, il faut bien le dire à la fin, cela n'est ni puissant, ni sain, ni vrai poussé à l'éréthisme nerveux où nous en sommes venus. Oui, il nous faut de la simplicité dans la langue, si nous voulons en faire l'arme scientifique du siècle. Et pourtant, chaque fois que je me remettais à lire Stendhal, occupé de ces idées, j'étais rebuté presque tout de suite. Je l'acceptais de tête, par théorie, lorsque je ne le lisais pas. Dès que je l'étudiais, je me sentais pris d'un malaise; en un mot, il ne me satisfaisait point. Je voulais bien une composition simple, une langue nette, quelque chose comme une maison de verre laissant voir les idées à l'intérieur; je rêvais même le dédain de la rhétorique, les documents humains donnés dans leur nudité sévère. Mais, décidément, Stendhal n'était pas mon homme. Quelque chose me blessait en lui. Je l'admirais dans son principe et je me refusais, dès qu'il passait à l'application.

Eh bien! j'ai compris d'où venait mon malaise. Stendhal, ce logicien des idées, n'est pas un logicien de la composition ni du style. C'est là le trou chez lui, le défaut qui le rapetisse. N'est-ce pas surprenant? Voilà un psychologue de premier ordre, qui débrouille avec une lucidité extraordinaire l'écheveau des idées, dans le crâne d'un personnage; il montre l'enchaînement des mouvements de l'âme, il en établit l'ordre exact, il a pour expliquer chaque état une méthode d'analyse systématique. Et, dès qu'il passe à la composition, dès qu'il doit écrire, toute cette admirable logique s'en va.   Il donne ses notes au petit bonheur, il jette ses phrases au caprice de la plume. Plus de méthode, plus de système, plus d'ordre d'aucune sorte; c'est un pêle-mêle, et un pêle-mêle affecté, dont il paraît tirer vanité. Pourtant, il y a une logique pour la composition et le style, qui n'est, en somme, que la logique même des faits et des idées. La logique de tel fait entraîne la logique de l'ordre dans lequel on doit le présenter; la logique de telle idée, chez un personnage, détermine la logique des mots qui doivent l'exprimer.   Remarquez qu'il n'est pas du tout question de rhétorique, de style imagé et brillant. Je dis seulement que, dans cet esprit supérieur de Stendhal, il y avait une lacune, ou pis encore une contradiction.   Il reniait sa méthode, dès qu'il passait des idées à la langue.

Je ne puis m'étendre, et ce sont surtout ici des notes jetées. D'ailleurs, il est inutile de prouver le manque de composition logique, dans les romans de Stendhal; ce manque de composition saute aux yeux, surtout dans *La Chartreuse de Parme*. Balzac, si enthousiaste, a très bien senti que le roman n'avait pas de centre; le sujet va au gré des épisodes, et le livre, qui a commencé par une entrée en matière interminable, s'achève brusquement, juste à l'heure où l'auteur vient d'entamer une nouvelle histoire. Quant au style, il court de même tous les casse-cou. Le jugement de Balzac est encore très juste. «Le côté faible de cette œuvre est le style, dit-il, en tant qu'arrangement de mots, car la pensée éminemment française soutient la phrase.»   Cet arrangement des mots n'est précisément que la logique du style; et, je le répète, je m'étonne de ne pas la trouver chez Stendhal, qui est un maître pour l'arrangement des idées.   Je ne lui reproche pas ses négligences, des *qui,* des *que* à la pelle, des répétitions de termes qui reviennent jusqu'à dix fois dans une page, même des fautes grammaticales usuelles; ce que je lui reproche; c'est la structure illogique de ses phrases et de ses alinéas, c'est ce mépris de toute méthode dans l'art d'écrire, c'est en un mot une forme qui n'est pas pour moi la forme de ses idées.   Il est logicien, qu'il écrive en logicien; s'il n'écrit pas en logicien, il m'apporte son système d'idéologue en style lâché, il me cause un malaise, parce qu'il n'est pas complet et que quelque chose grince dans son œuvre.

On parle de Saint-Simon.   Mais Saint-Simon est un maître de la langue, dans son incorrection superbe.   Son style est un torrent qui roule de l'or, à côté du ruisseau de Stendhal, souvent très clair, mais qui se brise et se trouble à chaque accident du terrain. D'ailleurs, je ne veux pas le juger en poëte. Il se pique de n'être pas imagé, de n'avoir pas d'épithètes qui peignent, de ne sacrifier ni à l'éloquence ni à la fantaisie. Prenons-le donc pour ce qu'il veut être. Or, ce qui n'est pas correct n'est pas clair, ce qui manque de logique ne tient plus debout. Faisons bon marché de la rhétorique, mais dans ce cas gardons la logique.

Voilà donc, pour moi, quel serait le rêve: avoir cette belle simplicité que M. Taine célèbre, couper tous nos plumets romantiques, écrire dans une langue sobre, solide, juste; seulement, écrire cette langue en logiciens et en savants de la forme, du moment où nous prétendons être des savants et des logiciens de l'idée. Je ne vois aucune supériorité à patauger dans les mots, lorsqu'on a l'ambition de ne pas patauger dans les idées. Si Stendhal a écrit incorrectement et sans méthode, pour montrer combien il était supérieur, combien un psychologue de sa force se moquait de la langue, il n'est arrivé qu'à ce beau résultat d'être inconséquent et de se diminuer. Mais je crois qu'on aurait tort de voir là le mépris d'un métaphysicien pour la matière; il obéïssait à ses facultés, rien de plus. Ce que je veux dire, en somme, à notre jeunesse que les questions littéraires passionnent, c'est que la haine légitime de la rhétorique romantique ne doit jeter personne dans ce style illogique de Stendhal. La vérité n'est pas dans cette réaction. En admettant qu'on puisse se faire un style, il faut chercher à se le faire par la méthode scientifique qui triomphe aujourd'hui. De même qu'un personnage est devenu pour nous un organisme complexe qui fonctionne sous l'influence d'un certain milieu, de même la langue a une structure déterminée par des circonstances humaines et sociales. On a dit avec raison qu'une langue était une philosophie; on peut dire aussi qu'une langue est une science. Ce n'est se montrer ni bon philosophe ni bon savant que de mal écrire. Traitons la forme comme nous traitons nos personnages, par analyse logique. Un livre de composition boiteuse et de style incorrect est comme un être estropié. Je rêve un chef-d'œuvre, un roman où l'homme se trouverait tout entier, dans une forme solide et claire, qui en serait le vêtement exact.

Avant de finir, je veux faire une remarque qui me tourmente. D'où vient que les personnages de Stendhal ne s'imposent pas davantage à la mémoire? On dit qu'il a écrit pour les gens supérieurs et que de là vient le peu de popularité des types qu'il a laissés. C'est une raison mais elle ne suffit pas, car Stendhal est aujourd'hui assez lu pour que le public le connaisse. Or, il est certain que ni Julien Sorel, ni Mosca, ni la Sanseverina, ne sont dans notre intimité, comme par exemple le père Goriot et le père Grandet. Cela vient évidemment,comme je l'ai montré, de ce que les personnages de Stendhal sont beaucoup plus des spéculations intellectuelles que des créations vivantes. Julien Sorel ne laisse aucune idée nette; il est compliqué comme une machine dont on finit par ne plus voir clairement la fonction; sans compter qu'il a l'air le plus souvent de se moquer du monde. Ajoutez qu'il n'apporte pas son atmosphère, qu'il se découpe à angle aigu, ainsi qu'un raisonnement. Le père Goriot, au contraire, se meut dans son air propre, nous le voyons vêtu, marchant, parlant; l'analyse, au lieu de le compliquer, le simpli-fie; et il est sincère, et il vit pour son compte. Voilà pourquoi il s'impose, pourquoi nous ne l'oublierons plus, après l'avoir rencontré une fois. N'est-il pas singulier que Balzac, si tu-multueux et si excessif, soit en somme le génie qui simplifie et qui souffle la vie à ses personnages, tandis que Stendhal, si sec, si clair, n'arrive qu'à compliquer ses personnages, au point d'en faire de purs phénomènes cérébraux, qui semblent en dehors de l'existence? Cela m'amène à conclure. Stendhal n'a pris que la tête de l'homme, pour y faire des expériences de psychologue. Balzac a pris l'homme tout entier, avec ses organes, avec les milieux naturels et sociaux, et il a complété les expériences du psychologue par celles du physiologiste.

Je termine. Il s'est formé, à la suite de Stendhal et de Bal-zac, tout un groupe d'étranges admirateurs, qui vont chercher dans les œuvres de ces maîtres les parties fantasmagoriques, les exagérations de système, les enflures du tempérament. Ainsi, de Balzac, ils prendront *L'Histoire des Treize* et *La Femme de Trente* ans; ils rêveront du grand monde singulier que le ro-mancier avait créé de toutes pièces, ils voudront être Rastignac ou Rubempré, pour bouleverser la société et goûter des jouissances inconnues. C'est le coup de folie romantique qui a fêlé le talent de M. Barbey d'Aurevilly. Quant à Stendhal, il sera pour eux un alchimiste extraordinaire de la pensée humaine, qui tire des cervelles la quintessence du génie. Julien et Mosca leur apparaîtront comme des puits de profondeur où ils se noie-ront, et ils aimeront la Sanseverina, pour la séduction de sa naïve perversité. Avec ces dangereux disciples, tout passant devient un homme immense, le sublime court les rues. Ils ne peuvent causer dix minutes avec n'importe qui, sans faire du Balzac et surtout du Stendhal, cherchant sous les mots, manipulant les cervelles, découvrant des abîmes. Ce n'est point ici de la fantaisie; je connais des garçons fort intelligents qui comprennent de la sorte les maîtres du naturalisme moderne. Eh bien! je déclare tout net qu'ils sont dans le cauchemar. Peu m'importe que Balzac ait été le rêveur le plus prodigieux de son temps et que Stendhal ait vécu dans le mirage de la supériorité. Leurs œuvres seules sont en cause, et elles n'ont de bon aujourd'hui que la somme de vérité qu'elles apportent. Le reste peut être d'une étude curieuse, notre admiration ne doit pas y aller, surtout si cette admiration se traduit ensuite en règles d'école. Ce n'est ni comprendre ni aimer Stendhal; que de voir le monde au travers de Mlle de la Môle et de prendre Mosca pour un génie extraordinaire. Stendhal est grand toutes les fois que son admirable logique le conduit à un document humain incontestable; mais il n'est plus qu'un précieux de la logique, lorsqu'il torture son personnage pour le singulariser et le rendre supérieur. J'avoue franchement qu'alors je ne puis le suivre; ses allures de mystère diplomatique, son ironie pincée, ces portes qu'il ferme et derrière lesquelles il n'y a souvent qu'un néant laborieux, me donnent sur les nerfs. Il est notre père à tous comme Balzac, il a apporté l'analyse, il a été unique et exquis, mais il a manqué de la bonhomie des romanciers puissants. La vie est plus simple.

Notes

Introduction

[1]*Correspondance,* ed. V. Del Litto et H. Martineau, III (Paris: Bibliothèque de la Pléïade, 1968), 393.

[2]*Le Journal des Débats,* 26 décembre 1830, p. 4.

[3]*La Revue de Paris,* 19 août 1838, p. 215.

[4]*La Revue de Paris,* 1er septembre 1853, p. 702.

[5]«Préface» d'*Armance* (Paris: D. Giraud, 1853), p. i.

[6]Voir pp. 144-45 de volume.

[7]*Dernières études historiques et littéraires,* II (Paris: Michel Lévy, 1859), 310.

[8]*Ibid.,* p. 319.

[9]*Heures de travail* (Paris: Pagnerre, 1854), p. 274.

[10]*Histoire de la littérature française sous le gouvernement de juillet,* troisième édition, corrigée et augmentée (Paris: Lecoffre, 1876), II, 258-59.

[11]Voir p. 177 de ce volume.

[12]cité par Jean Mélia, *Stendhal et ses commentateurs* (Paris: Mercure de France, 1911), p. 63.

[13]Voir p. 97 de ce volume.

[14]«Préface» d'*Armance* (Paris: D. Giraud, 1853), p. iii.

[15]*Notice sur la vie et les ouvrages de M. Beyle* (Paris: Imprimerie Schneider et Langrand, 1845), p. 71.

[16]*Le Journal des Débats,* 26 décembre 1830, p. 3.

[17]cité par Adolphe Paupe, *Histoire des œuvres de Stendhal* (Paris: Dujarric, 1904), p. 84.

[18]*Le Journal des Débats,* 26 décembre 1830, p. 4.

[19]*Ibid.,* p. 3.

[20]*op. cit.,* p. 260.

[21]Voir p. 166 de ce volume.

[22]Voir p. 71   de ce volume.

[23]Voir p. 72   de ce volume.

[24]*La Revue de Paris,* 4 février 1844, p. 54.

[25]Voir p. 129 de ce volume.

[26]*L'Art et la Vie de Stendhal* (Paris: Germer Baillière, 1868), pp. 248-49.

[27]Voir p. 145 de ce volume.

[28]Voir p. 154 de ce volume.

[29]Voir p. 157 de ce volume.

[30]Voir p. 135 de ce volume.

[31]*La Revue de Paris,* 5 mai 1839, p. 59.

[32]Voir p. 101 de ce volume.

[33]Voir p. 101 de ce volume.

[34]Voir p. 256 de ce volume.

[35]Voir p. 112 de ce volume.

[36]*La Revue de Paris,* 19 août 1838, p. 216.

[37]*Ibid.*, p. 216.

[38]*op. cit.*, p. 74.

[39]Voir p. 215 de ce volume.

[40]Voir p. 215 de ce volume.

[41]Voir p. 217 de ce volume.

[42]*La Revue de Paris,* 5 mai 1839, p. 62.

[43]Voir p. 77 de ce volume.

[44]Voir p. 74 de ce volume.

[45]Voir p. 80 de ce volume.

[46]*La Revue de Paris,* 1er septembre 1853, p. 693.

Balzac

[1]*Correspondance,* III, 277.

[2]*Ibid.*, p. 555.

[3]*Ibid.*, p. 557.

[4]*Marginalia et mélanges intimes,* ed. H. Martineau (Paris: Le Divan, 1936), II, 57.

[5]*Correspondance,* III, 286.

[6]*Marginalia,* II, 365.

[7]*Ibid.*, II, 374.

[8]*Ibid.*, II, 374.

[9]*Ibid.*, II, 374.

[10]Les papiers de Stendhal en ont conservé trois brouillons qui, à quelques exceptions près, disent la même chose. Voir *Correspondance,* III,

395-405. La lettre que Balzac aurait reçue n'a jamais été retrouvée.

[11]*Correspondance*, III, 393. C'est Stendhal qui souligne.

[12]*Ibid.*, p. 394. C'est Stendhal qui souligne.

[13]*Ibid.*, p. 433.

Bussière
[1]Voir: Claude Pichois, «Auguste Bussière,» *Le Divan*, 47, no. 294 (1955), pp. 73-88.

Saint-Beuve
[1]*Contre Sainte-Beuve,* ed. Pierre Clarac et Yves Sandre (Paris: Bibliothèque de la Pléïade, 1971), pp. 221-22.

[2]«Sainte-Beuve juge de Stendhal et de Baudlaire,» *Revue des siences humaines,* fascicule 85 (janvier-mars 1957), pp. 19-20.

[3]*Le Coeur de Stendhal* (Paris: Albin Michel, 1953), II, 408-409.

Caro
[1]*Etudes morales sur le temps présent* (Paris: Hachette, 1855), p. I.

[2]*Ibid.*, p. 271.

[3]*Ibid.*, p. 280.

Barbey d'Aurevilly
[1]cité par Gisèle Corbière-Gille, *Barbier d'Aurevilly, critique littéraire* (Genève: Droz, 1962), p. 31.

[2]*Romanciers d'hier et d'avant-hier* (Paris: Lemerre, 1904), p. 9.

[3]*Les Œuvres complètes de Jules Barbey d'Aurevilly,* II: *Lettres à Trébutien (inédites)* (Paris: Bernouard, 1927), pp. 362-63.

Taine
[1]H. Taine, *Sa Vie et sa Correspondance,* III (Paris: Hachette, 1905), 279.

[2]*Ibid.,* IV (Paris: Hachette, 1907), 165-66.

Zola
[1]«Zola pour ou contre Stendhal,» *Les cahiers naturalistes,* 7, no. 19 (1961), 107-112.

[2]cité par M. Hemmings dans «Stendhal relu par Zola au temps de'l'Affaire' (documents inédits),» *Stendhal-Club,* 4, no. 16 (1962), 307.